Café

Café

Dona Jacira

LiteraRUA LAB FANTASMA

1ª Edição
Zona Norte de São Paulo
2018

Café
Dona Jacira

Coordenação editorial, diagramação e capa: Toni C.
Produção editorial e fotografia: Demetrios dos Santos Ferreira
Produção executiva: Evandro Fióti
Revisão ortográfica: Alexandre Marcelo Bueno
Apoio administrativo: Luciana Karla

Conteúdo sob licença Creative Commons 4.0

	literarua.com.br	labfantasma.com
@donajaciraoficial	@literarua	@laboratoriofantasma
@donajacira	@literarua_oficial	@lab_fantasma
@casadonajacira	@literarua_	@lab_fantasma
donajacira	videoruaproducoes	laboratoriofantasma

Obra em conformidade com o Acordo Ortográfico da Língua Portuguesa de 1990 em vigor no Brasil desde 2009.

Dados Internacionais de Catalogação na Publicação (CIP)

J12   Jacira, DONA

Café / Autor: Dona Jacira ; Coordenação editorial , diagramação e capa : Toni C. ; Produção editorial e fotografia : Demetrios dos Santos Ferreira; Produção Executiva : Evandro Fióti ; Apoio administrativo : Luciana Karla ; Revisão ortográfica : Alexandre Marcelo Bueno - Zona Norte de São Paulo : Laboratório Fantasma - LiteraRUA, 2018.

ISBN Livro Físico 978-85-66892-18-5 ISBN Ebook 978-85-66892-19-2

1. Literatura Brasileira 2. Romance 3. Poesia 4.
I. Título. II. Autor. III. Fióti, Evandro, IV. C., Toni, V. Demetrios

CDD: 920
CDU: 82-9

Informações, palestras, contato com a autora:
LAB__Fantasma
contato@laboratoriofantasma.com
Rua Conselheiro Moreira de Barros, 1078.
Santana - SP. CEP: 02018-012. Tel. +55 (11) 2337-0271 / (11) 94384-1692.

Aquisições de livros, contato com a editora:
LiteraRUA
nois@literaRUA.com.br
Av. Deputado Emílio Carlos, 179 - Sala 4 - 1º Andar.
Bairro do Limão - SP. CEP: 02721-000. Tel. +55 (11) 3857-6225 / (11) 97715-4412.

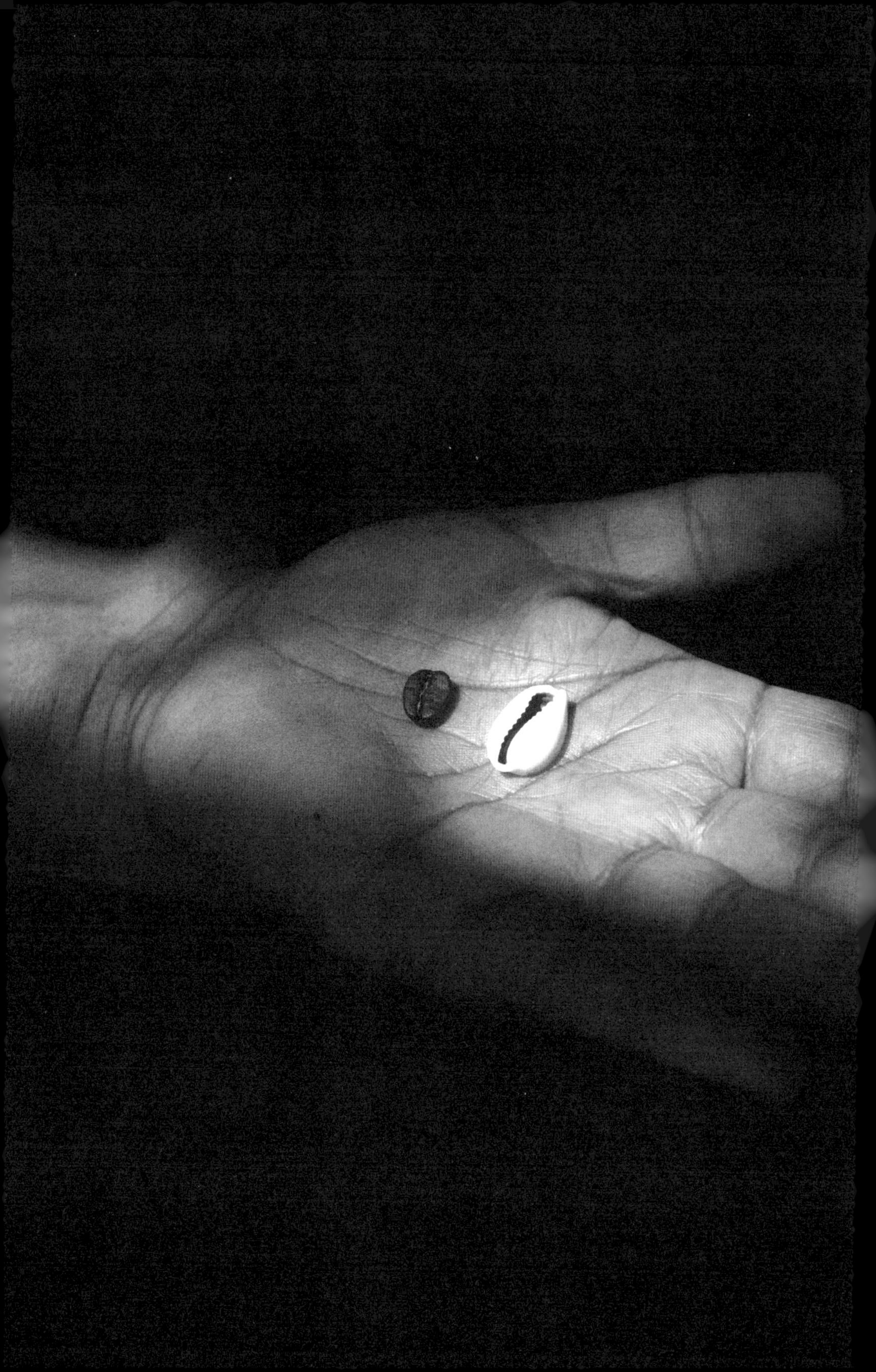

Dedicado à minha mãe,
Maria Aparecida Caldeira de Oliveira.
E a todas as mulheres que são arrimo de família, e resistentes.

Aos meus filhos,
Katia, Katiane, Leandro, Evandro e em memória de Jaqueline.
Semente paras meus netos.

E a todas as pessoas que caminharam comigo neste processo.

Minha memória é fantástica, viu?

E o que não lembro, eu invento.

Jacira Roque de Oliveria

Café

Não Contém Glúten

Feito com grãos selecionados e rigoroso padrão de qualidade.

Sumário

Agradecimentos..................................13

Prefácio..15

Apresentação....................................17

Cap. 1 - A Miúda................................22

Cap. 2 - A Perda do Território................136

Cap. 3 - Conhecendo o Mundo...............184

Cap. 4 - Despertando Instinto................240

Cap. 5 - O Golpe................................358

Cap. 6 - Fazendo Aliança.....................376

Posfácio - Indo Embora........................428

AGRADECIMENTOS

Ao tempo,
Que me permitiu vê-lo passar e passar com ele.

À entidade,
Que sempre me acompanhou, mesmo quando eu não queria.

Paulo Dias,
Por manter aberta a casa que guarda minha história e pelo afeto.

Saloma Salomão,
Por me mostrar o caminho.

Vilma Paiva,
Jandira Carvalho,
Henrique Shukman,
Roberta Estrela D'Alva,
Alexandre Ribeiro,
Por me estimularem sempre.

E a tantos que aqui estão ausentes, mas moram na minha gratidão.

E, desde que me encontrei, seja afirmado que não usarei mais o "de" que meu pai me deu sustentando uma Oliveira que diz respeito à pertença.

Que eu caminho rumo à liberdade.

A meu ver, ele é a corrente em meu pescoço dizendo: "Teu dono tem oliveiras".

Meu nome deixou de ser de outro dono, DONA JACIRA.

PREFÁCIO

Cuidado, você está entrando em terreno perigoso! O terreno das memórias. Seria bom se descalçasse os sapatos e lavasse os pés naquela bacia de alumínio que o tempo levou. Porque agora vamos tecer vida com o fio da palavra e isso exige a delicadeza do detalhe.

Ler Jacira é ouvi-la falar, a fala mansa pontuada pelas risadas. É ouvi-la cantar no meio da fala, se o assunto pede. É seguir a narrativa da mestra Griot, guardiã das histórias do seu povo. Não as histórias inventadas, mas as que formam o tecido de seu corpo, da burca (búrica, bolinha de gude) à vida adulta imposta precocemente com suas tecnologias avassaladoras.

A carruagem de Jacira atravessa o tempo e nos leva nessa viagem. A verdade nua pode ser desconcertante. Não por acaso tantos torceram o nariz para sua narrativa, quem sabe querendo maquiá-la ou fazer uma plástica aqui ou ali, sem achar gaveta certa para classificá-la. Jacira não cabe nos arquivos, é arquivo vivo! Vem da tradição dos povos ágrafos, sem escrita, que memorizavam fatos ao longo do tempo. Sua escrita é artesania que ela borda em seus cadernos e lê pra quem quer ouvir, no espaço disponível. Desenhos e bordados ilustram sua narrativa simbólica, rica em cores e texturas. Sua escrita tem cheiro de pão caseiro e morangos no pé. Mas não espere romantismo. A realidade se impõe e nos expõe. Prepare o seu coração... a viagem vai começar!

Maria do Rosário Ferreira de Souza

Dona Jacira

Apresentação

A quem possa interessar...
...ou você mesmo, querido leitor.

Este livro é um retrato de outros tempos, com todo colorido que a narrativa merece. Na hierarquia das coisas, Deus me fez caçula.

E a caçula foi alvo de diversas fotos, muitas até... tiradas na Estação da Luz e outras que iam para o fundo do monóculo, tiradas aos domingos de passeio. Mas se eu estava nelas, elas não me pertenciam, eram bens de família.

Minha irmã mais velha, arrolou nossas fotos de família ao seu enxoval e levou embora.

Anos mais tarde por uma convenção sua, deixou de ser católica para ser evangélica. Se ela mudou alguma coisa, foi de endereço, o ranço só piorou.

Ela destruiu todas as fotos de família porque segundo ela não era permitido ter imagens... Então deveriam queimar seus RGs, eu acredito.

O fato é que fiquei sem imagens deste tempo, mas quando preciso eu desenho.

Então, não se esqueça, tá? Tudo isto que conto aqui é recheado de imagens que guardo na memória. Achei que deveria dizer.

Obrigado.

Quem sou eu e o porquê viajar nesta carruagem?

Uma mulher precisa fazer todas as passagens de seu tempo. Aliás, todos precisam.

Pra ser criança quando é criança,
Adolescente quando adolescente,
Jovem quando jovem,
Adulta quando adulta.

Há que se respeitar as fases pra que possamos fazer a passagem e seguir vivendo sem ter que parar pra sanar fomes e dores que não cicatrizaram direito. E dar a quem chega a mesma oportunidade. Eu penso assim.

Nascer uma menina negra num lugar castigado pelo racismo, machismo e o paternalismo é nascer condenada antes de nascer. E crescer desta forma, numa comunidade que não se compreende, é uma caminhada que quem conseguiu sobreviver precisa contar. E RECONTAR.

Venho de uma estrada difícil e sombria, cheia de armadilhas e contradições. Ainda bem cedo, precisei criar estratégias pra não perder segredos do tempo na estrada, pois era toda minha bagagem e mais nada.

Cada porta que se abre,
cada morte que se esvazia,
cada vida que se encontra,
têm que ser compartilhada em respeito à infância.

Respeitem a infância. Salvem a infância. Guardem a infância. Protejam a infância pra que a essência acompanhe as fases e dê continuidade à infância de alguém.

Estamos tratando os miúdos como se eles tivessem que entender as crianças terríveis em nós que não se desenvolveram.

Eram tempos difíceis. Sobrevivemos.

As crianças de hoje podem assistir um estupro bem narrado na sala da casa. As crianças de ontem não podiam dizer por que o vovô, o papai, o irmão mais velho, o vizinho, o padre, o pastor e até tias e madrinhas lhe bolinavam.

A criança não podia dizer, simplesmente porque o grande sempre sabe o que faz, porque há uma sedução que caminha com esta agressão.

Há um suposto prazer junto com a permissividade.

A palavra "abuso" não estava presente. Tudo tinha uma razão de ser. E quando tudo não tinha explicação, mesmo assim ainda tinha:

Essa criança é criativa.
O papai não fez por mal, é ele que sustenta a casa.
A pior e mais agressiva, usada até hoje: você deu motivo. Foi castigo.
Ele tava brincando. Vamos brincar de segredo.
Você tá louco. Nunca mais diga isso.

Vasculhando a gaveta de cada um e cavando mais fundo nesta vala, bateremos em pedras maiores. Bem maiores.

Hoje, a todo momento, encontro pessoas me dando parabéns e agradeço.

Agradeço, passo e pergunto: por quê? E eu respondo: porque venci.

A duras penas, a golpes duros e às faltas de oportunidade, aos insultos, às injúrias. Eu venci.

Antes de vencer, eu sofri. Sofri de toda forma em mãos de pessoas as quais fui confiada. Eu não confio em ninguém que adule meus filhos. E me afasto dos que não gostam deles.

Até agradeço a sinceridade e o despeito. Porque eu estou neles. Então algo dentro de mim responde:

Sim claro que vencestes, pois que foi pra isso que trabalhamos até agora.

Construindo ponte,
esticando atalho,
clareando caminhos,
fechando becos,
calando calúnias,
fechando feridas,
cantando canções de vitória,
velando teu sono,
acalmando soluço,
e agora comemorando contigo.

Cheguei a este ponto tão prometido, nunca acreditado. Então agora o que posso eu fazer? Fazer uma breve escrita da minha trajetória e compartilhar pra quem sabe até servir de apoio a alguém. Espero que curtam.

Mantenho os pés no chão a cada verdade que chega. A cada círculo fechado.

Sou o que sou, uma guardiã dos tesouros que estão no fundo das cavernas do tempo. Eu sou guardiã de sementes.

Sou a Jacira.

Capítulo 1
A Miúda

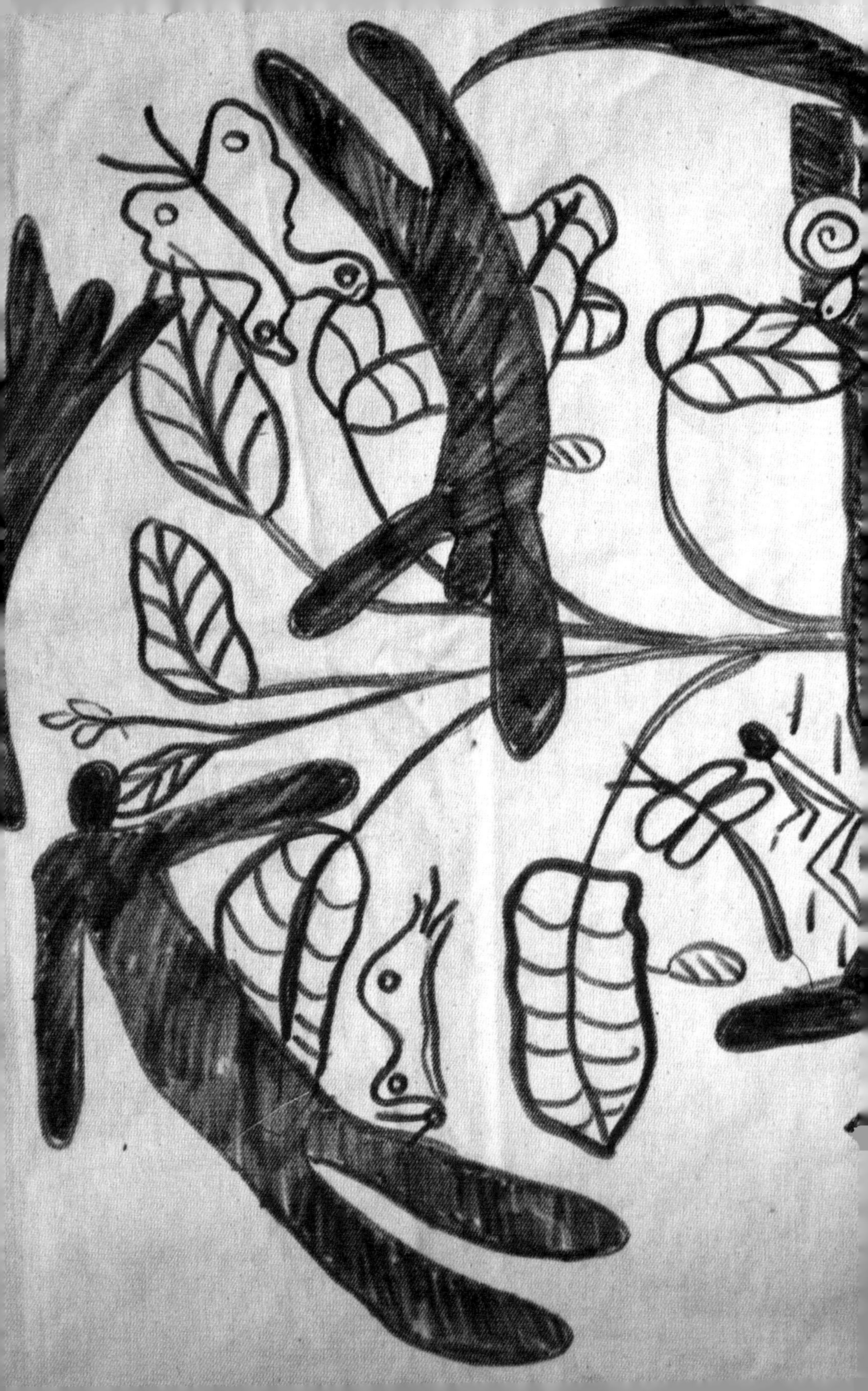

Obra
Magia, sombra e encanto
da minha infância

Técnica
Canetão sobre tecido

Miudinha

A miúda nasceu na transição entre um dia quase sagrado e o próprio. A morte levou seu pai pelas mãos, 3 meses antes.

Que futuro teria alguém que, antes de chegar, perde seu progenitor? E que desfeita, ir embora sem esperar sua caçula chegar?

Miúda passou a vida pensando em como seria ter tido um pai. Vivia pensando como seria, se não tivesse sido.

O café

Eu já estava pra sair quando ela se virá pra mim e fala: "Fique! Vou passar um cafezinho pra nós". Eu ouvi bem? Ela vai passar o preto no saco? Pra nós duas?

Era assim a fala dos grandes quando eu era infante. Falas que hoje se deixaram pra trás, assim como eu, que era infante e cresci.

Mesmo que conserve em mim se não tudo, muito dos tempos de minha infância, chego a pensar às vezes que nem cresci. Existem parênteses da infância que ficaram parados na linha do meu tempo antigo. E não raro sou tocada, acordada por coisas que vivi lá atrás.

São as personas em mim querendo sair ou ficar, querendo conversa.

É um cheiro de fumaça de café de coador que me remete logo à terra do Rei do Baião. Ele está presente em mim desde quando nem sabia quem eu era.

Eu acordava com a fumaça do café da mãe invadindo meu narizinho, enquanto ela ouvia o programa do Zé Béttio no rádio.

"'Quem é que não sofre por alguém?'
É o Zé Béttio.
'Quem é que não chora, uma lágrima sentida?'
É o Zé Béttio!"

O programa dele era sempre de madrugada e tinha de tudo: de cachorro, moleque a coronel.

Eu já não gostava do que este coronel falava. Era a ditadura no rádio e eu nem imaginava o que era isso que comandava nossas vidas.

Mas a mim só interessava mesmo o Seu Lua, só dele eu queria saber. Seu Lua cantava um lugar, em outro lugar, era a mágica de irradiar, dentro do rádio e no meu coração. Nascido e criado em Exu, que

Café

para ele é cidade, mas pra mim é o nome do senhor Egbá, o guardião das estradas, do falo, que representa a fertilidade, e das respostas sem sentido de quem não o conhece.

Até hoje quando eu passo em algum lugar e alguém deixa escapar uma fumaça de café do coador, a poesia infante retorna em mim, me toma e eu viajo.

Velejo pra trás e vou dar naquele barraquinho de tábuas onde a poesia me tomou um dia, naquele barraquinho humilde de tábuas rachadas onde a Lua também frestejava embalada, como eu, pelo perfume da fumaça do café da minha mãe.

E encantada magicamente pelas canções de Seu Lua que fluíam feito água do rádio, lá na cozinha.

É um cheiro de feijão apurado no tempero que me leva a uma história de gente descalça, gente inocente. Cheiro de poeira.

Lembrando as ruas da minha Vila, do estradão, hoje a Antonelo da Messina, barulho de água batendo, sinalizando todas as minas e cachoeiras e tanques no meio da mata onde vivi e onde íamos pra fugir do racismo da escola.

Cantar de galo, cacarejo. Que entram em mim, batem e voltam pro quintal de casa de mãe. Som de silêncio.

São os que me levam pra dentro, bem fundo de mim. Ouvir o barulho de uma folha caindo no romper da madrugada e se perguntar: quem mandou ela cair? Por que as folhas caem?

E o barulho da passarada as quatro da manhã é sim coisa de poeta.

Sons que me remetem às coisas pelas quais eu sou feita e que por isso me constituem estão em mim do jeitinho que foram postas, jogadas ao prazer da vida, de uma criança que presta atenção às mulheres de seu tempo.

E ao caminhar das almas. Não porque queria mantê-las pra sempre aos cuidados de sua memória, que de muitas, nem lembranças guarda, mas porque nasceu com um escritor no peito, e a estes não é dado o poder de fingir que não viu, pois que é responsável pela divina tarefa de contar e recontar.

Vamos juntos, leitor?

Russinha

Sempre fui livre, o destino deu-me asas à imaginação. Sou uma curiosa nata, não como nem bebo até desvendar o que quero saber.

Creia, baseio minhas pesquisas em "serve" e "não serve". Então, se você me interessar, eu saberei de você, mesmo que seja um simples buraco de formiga.

Marco o adversário, sigo atrás, marco caminhos e não perco de vista até chegar. Só desisto se ele deixar de me interessar.

Mãe rezou muito pra que isto ficasse no passado. E eu teimei pra não esquecer. Só teimo, já que não gosto de reza.

Mas por qual razão alguém me trataria como visita? Por quê?

Eu pergunto, eu respondo. Porque agora eu sou visita, vim pra isso, pra tomar este café.

Por que razão agora e só agora eu ganho este lugar tão desejado e nunca encontrado? Já cheguei a pensar que nunca fora merecido. Chegou a hora, as coisas não são no tempo que a gente quer, são quando podem ser.

Eu pergunto e eu respondo novamente. É que agora eu realmente sou uma visita, a melhor visita.

E eu em primeiro lugar... quem diria! E por outro lado até que enfim que chegou a vez de merecer este café, não há? São coisas do tempo. Agora somos duas mulheres vividas.

Eu não sou mais a "Russinha", como eu era chamada. Aquela que vivia as voltas pelo quintal salvando formigas e tatuzinhos e querendo saber quando era mesmo que o mundo se acabava. Nem a menina curiosa que queria saber se Deus era bom ou ruim afinal.

Pernas da Russinha

Mãe, lembra quando um dia na roda do poço, depois que as roupas estavam quarando e vocês pararam pra descansar? Cada mulher sentada começou a falar da beleza de suas crias e da qualidade de seus rebentos e o que desejava pra ele ou ela no futuro.

Eu fiquei ali ouvindo as falas. Quando chegou a sua vez de falar, você disse que: "Minha irmã era toda bela, tão bela que as pessoas chegavam ter inveja dela". Você a levava pra benzer constantemente por causa disso, ela vivia enfeitiçada por causa de sua beleza.

E outra mulher falava da beleza de outra cria. E você voltava na beleza da minha irmã. Eu queria saber o que você achava bonito em mim, mas você não disse. Então, de repente e sem que eu esperasse, ouvi Dona Dora dizer:

"Minha Russa pode não ter tanta beleza, mas uma coisa vou dizer, ela tem o mais belo par de pernas que eu já vi. É bunitinha sim, mas as pernas são lindas".

Fiquei contente, não importa quem falou. O que importava é que eu tinha uma beleza. O fato é que isto é para mim até hoje uma benção.

Em todo momento da minha vida que precisei de consolo e pensava "Não tenho nada que preste", este pensamento me salvou, este de ter "o mais belo par de pernas".

Até hoje em minha plenitude, a benção me acompanha a todo momento, mesmo que hoje estejam já um pouco cansadas e com algumas varizes. Ainda me alimento desta fala da mulher que não tinha laço familiar comigo, mas que me amou bastante. Eu era a filha que ela não teve.

Quintal

Eu era uma criança ativa que queria fazer coisas pra ajudar minha mãe. E isto chamava atenção das mulheres que frequentavam o quintal.

As mulheres do quintal perguntavam. Eram as mulheres da Vila que moravam por perto. Elas queriam saber de minha mãe.

"O Maria! Qual o segredo que tem que sua menina: põe a cadeira, lava louça, penteia o cabelinho, toma banho, tudo sozinha? Como é que você ensina?".

"Nem sei, ela quer fazer eu deixo".

Na verdade, mãe nem ligava. Era a fala das mulheres sobre mim que, bem cedo, tinha uma iniciativa pra coisas que eu achava necessária. Alguém tinha que ajudar.

Mas eu tinha pressa em saber, também tinha muitas perguntas. Ainda lembro quando perguntei pra você num dia qualquer: "Mãe, o seu Deus é o mesmo Deus da Bisa?".

Você não teve resposta, né... E gritou comigo assim: "Vai ser criança, seu Diabo!".

E acho eu que você foi rezar, perguntando a seu Deus por que lhe enviara aquele sinal de interrogação em forma de criança?

Eu era imprevisível com o que queria saber, tudo gerava pergunta. Conversava com os cachorros, com os troncos, com as pedras. Ficava horas numa discussão sem fim sobre a vida com meu cachorro Neguinho. E o encantado é que, pra mim, ele respondia. Dava opinião e tudo.

Às vezes, até eu me achava bem fora do eixo.

O tambor chama

Um dia eu disse: "Se na missa tocasse tambor, meu coração ia bater mais depressa".

Aí foi a Bisa que disse que "era preciso tomar cuidado com o toque do tambor porque ele aprisionava quem dele se aproximasse e nunca mais a gente voltaria a ver a família". Eu já não via minha família.

E eu falei: "Mas eu não vejo a mãe, ela só vive trabalhando".

Daí você terminou com a conversa, como sabia, dizendo: "Vai brincar, tua batata tá assando!". Vou te contar uma coisa, toda vez que me dizia isso, nunca entendia como castigo, eu imaginava um purê ou batata assada na fogueira.

Olha, eu não vim como criança, eu já era um baú de poesia..., desde sempre. Faltava só lapidar, como um diamante... bruto sim, mas muito raro e que tinha que passar pela fumaça do teu café, pra ganhar vida. Teria que ser iniciado no batente da sua cozinha.

Na minha região, punha-se a criança próxima ao batente da porta e fazia-se uma risca acima da cabeça dela. Dali, mais algum tempo, repetia-se o costume pra ver se a criança tinha crescido.

Minha mãe não fazia esta medição.

Mas toda noite ela passava alho na garganta da gente pra lombriga não subir pras narinas da gente. Isto ela fazia.

Sei que o mundo deste lugar se formou dentro de mim, pelos aromas das tuas misturas, e estes mesmos cheiros se espalharam por todo mundo onde passei. E ainda reinam comigo até agora, minha memória tem cheiro, o teu cheiro. Eu sou a memória de toda nossa linhagem, guardei tudo ou quase tudo.

A partir de agora vai exalar de mim coisas que vi, vivi e senti. Da janela da minha cozinha e pelo andar da minha carruagem. Sente-se leitor, sinta-se à vontade, vamos decolar na carruagem do tempo.

Pé de feijão

Eu sempre tive um mundo à parte, o meu mundo, ali no meu quintal mágico com formigas tatuzinhos, plantas e animais. Meu quintal era meu território todo banhado de sombra e sol.

Eu observava meus pés de feijão, eu os via crescer, dar gavinhas, flores e, de dentro da flor, ver a vagem saltar em cinco ou seis carocinhos, igualzinho ao que foi enterrado na terra. Eu descobri isso sozinha, com cinco anos, eu e a minha entidade.

A terra revelou pra mim seu segredo, que eu nem de longe poderia saber, que toda existência é pautada neste círculo. E, no entanto, este segredo foi confiado a mim porque desde sempre vim com este espírito de vigiar pra entender.

Todos os dias, eu me punha ali, debaixo do meu pé de planta, e de lá só saia quando você gritava: "Vem almoçar, minina!". Mãe nunca entende que tem hora que a gente não pode deixar a brincadeira porque ela está ficando séria. Mas quem diria isto a elas? As crianças de hoje com certeza, as do meu tempo, eram muito difíceis.

Coisa triste é a gente ter que sair correndo pra almoçar e quando volta, tá lá o belo e folgado do nosso cachorro deitado em cima da pesquisa da gente.

Na hora do café da tarde, vai lá que é só beber o que tinha pra beber e carregar os sólidos que serviam de merenda pra todo mundo. Mas na hora do almoço era injusto, tinha que sentar-se, comer devagar, mastigar direitinho e escovar dentes.

Isto levava quase a tarde toda.

Memória infante

Minha memória é fantástica, viu? E do que não lembro, eu invento.

Lembro com muito carinho de duas mulheres que me davam um mingau bem quentinho num prato branco. Eram negras. Mas eu não sei nada delas, então acho que foram duas pessoas boas que estiveram comigo com muito carinho, não sei nem seus nomes, ainda não sabia que ia ter que guardar tudo pra contar pra você agora, leitor. Mas agradeço imensamente, de coração.

Eu ainda não devia ter idade de saber quem eram, mas a lembrança ficou em mim, me davam um mingau com muito carinho. Lembro que o prato era branco e o afeto delas ficou grafado em mim como algo que se recebe por amor.

Nem imagino quem eram as duas, mas tenho muita gratidão por aquelas quatro mãos negras que me alimentavam na ausência da minha mãe.

Isto não é invenção, mulheres quando se juntam, ficam todas com o mesmo costume. Um deles era o de limpar as remelas dos zóis da gente com cuspe. De repente, elas pegavam a gente, ora pelo colarinho, pela orelha e pronto, enchia a gente de impropérios e tome lá os dedos delas cheio de saliva na gente, como se baba de mãe fosse água benta.

Este era um costume, tem mais.

Na sexta-feira maior, todo cristão comia bacalhau, porque, por alguma razão, não podia comer carne, nem de frango, nem de boi.

Na noite das histórias, dizia-se o que neste dia não poderia: pentear o cabelo, andar descalço, falar palavrão (este pra mim era o mais difícil de cumprir) e comer antes da hora determinada no jejum (nunca segui também).

Mãe disse certa vez que lá onde morava na infância dela (que eu às vezes acho que ela já nasceu deste tamanho), num dia mataram um boi numa sexta maior e a carne ficou tremendo... ninguém comeu com medo do pecado.

E tem mais que o povo faz nos costumes. A forma como se nomeava os filhos era também muito interessante. Eram nomeados por lotes, que poderia ser nome de coisas, de bicho, de religião... de acordo com a sanidade que os pais tinham, imaginava-se o nome da criançada. Os lá de casa tiveram nomes bíblicos: Geni, Gedeão, Adi, Miriam e eu, a última, que tive uma história à parte.

Quando meu pai faleceu, minha mãe ficou numa situação muito difícil e então uma mulher pediu pra minha mãe me dar pra ela em adoção. Mãe disse a ela que dar, não dava, mas que poria o nome dela em mim. Por isto eu me chamo Jacira, é um nome indígena e tem algo a ver com Jaci, a Lua.

Fui agraciada no berço.

O cortiço

Moramos num cortiço, num lugar qualquer da cidade. Era um cômodo só e tinha aquela porta cortada ao meio, que servia como porta e janela ao mesmo tempo, era um recurso de pequenas casas que hoje se chama porta balcão.

Porta tanto faz.

A mãe saía pra trabalhar e ficávamos dentro da casa, minha irmã e eu. Quando a gente acordava, púnhamos a cadeira na janela pra olhar o quintal. Então, alguma das mulheres do quintal nos pegava e botava no chão do quintal pra gente brincar.

E nós brincávamos.

Mais tarde, elas botavam a gente pra dentro e pediam segredo pra mãe não brigar.

A gente nunca contou.

Neste mesmo quintal, quando algum de nós pegava algo pra comer, qualquer mulher ali presente, até minha mãe, ensinava a gente a dividir com todos ou ir comer dentro de casa.

Era outro tempo este entre as mulheres, elas exerciam a educação em grupo como toda comunidade deveria ser. Eita tempo bom, sem memorias tristes.

Antes de morar no Jardim Ataliba Leonel, morávamos numa casinha de um cômodo, lá na Cachoeirinha, de frente pro cemitério.

Voltemos ao café

E nem sei por que cargas d'água a imagem de alguém, de um homem, me veio ao pensamento. Tio Cido.

Não sei e sei, sempre uso o perfil do Tio pra traçar a forma de educação da época, só por isso. É um parâmetro masculino coronelizado.

Mas é também pra falar da casa, da sala, das coisas, que mexeram comigo... e pra narrar 13 natais infames.

A Bisa

Emereciana, este era seu nome. Branca, olhos claros, pernas tortas, estatura mediana. Braba e autoritária, como somos todas nós. Oh! Mulher geniosa, valente e pra temperar, violenta também. Quando eu a conheci, ela não enxergava mais, mas fazia chegar seu corretivo, onde precisasse alcançar.

Chegou de repente, com dois netos a tira colo, eram órfãos de mãe e abandonados de pai. A Bisa só andava descalça e costurava a mão toda sua roupa.

Mas ela não fazia só isso. Também ia na igreja, fazia biscoitinhos de nata e olhava a gente quando a mãe não estava. Ah! Jogava no bicho.

Eu disse que ela era violenta e era, com os meninos. Injusta e religiosa, mesmo voltando da igreja toda noite, ia pra casa com o cão no coro.

"Às vezes corações que 'creem' em Deus
são mais duros que os ateus.
E jogam pedras sobre as catedrais,
dos meus deuses iorubás.
...
Religiões na Terra são archotes que clareiam."

Defesa e Alabê, de Altay Veloso.

A história de Dona Antônia

Quando chegamos no Ataliba, tudo era mato. De frente pra nós, já morava gente. Entre o capinzal, atravessando o riozinho, morava uma família.

A mãe cismou assim que chegamos, logo no primeiro dia. Disse que a moça fez careta pra ela no primeiro e até hoje, passados tantos anos, a mãe renova os votos da careta daquela senhora. Então nunca houve liga na amizade delas.

A mãe cisma e pronto. Também tenho isso, às vezes é mal entendido. Estou em tratamento pra parar.

O azar de mãe foi tanto que o rapaz desta casa foi o primeiro namorado de minha irmã. Com os tempos, as coisas meio que por encanto se misturaram, porque criança não respeita tais convenções e como só aprendem a besteira de desgostar quando crescem.

Atravessaram as pinguelas de inimizade, diminuíram fronteiras e foi assim que descobri que a tal mulher era doce. E a cara era aquela mesma.

Ta lá, viva até hoje, também já comeu o pão amassado pelo Diabo e continua com a mesma cara. E a mãe ainda cisma.

Pode ser até que algum dia foi feliz, como tanta gente ali, como eu. Pode ser sim. Mas emudeceu por sofrer demais e a careta escondia um coração bom. Mas como pra mãe, que esconde o sofrer num sorriso pra enfrentar as batalhas, a primeira impressão é sempre a que fica.

Pra outra, ficou a expressão triste no rosto, quando descobriu que era ruim e que era pra sempre.

A casa dela era muito frequentada. Ali funcionava uma rinha de briga de galos. Nem por isso via-se um sorriso no rosto dela.

Ela se deixou ficar pra sempre à margem do rio, nunca atravessou. Nunca fez a travessia e segue só, é mal entendida pela gente à sua volta. Uns têm raiva, outros pena. Ela tem solidão e falta de fala.

Seu marido tinha outras mulheres e filhos. Depois, quando ela se abraçou com a igreja e "aceitou Jesus", como dizem, se resignou. A resignação é o maior pecado cometido contra si mesmo. É a ausência da luta.

Achou ali um caminho, um caminho não, mas um atalho possível, até hoje. Ela nunca frequentou a roda do poço de casa, nem a porta de escola, nem a rua. Sempre dentro de casa, dentro de si.

Mas não é dela que eu quero falar, já que até ela mesma já se esqueceu. E sim de Dona Antônia, a mulher que logo em seguida mudou-se para a parte do fundo de nossa casa.

De repente o capim deitou o cabelo e surge todas as manhãs, de dentro do aberto, ela, a mulher forte, negra, bem falante, vinda da Bahia.

Sofrida também, mas cheia de vontade, destas pessoas que põem as coisas da vida pra cima. Eu ouvia este nome na boca do homem que cantava dentro do rádio e este nome "Bahia" me encantava, Seu Luiz.

Dona Antônia vinha de lá. Agora eu conhecia duas pessoas da Bahia.

Ela cativou a mãe, enlaçaram amizade, a toda hora estavam de conversa, de pé de ouvido, falando de si ou de outras pessoas, que ainda eram só intenção, mas que já existiam nalgum lugar.

Dona Antônia gostava de trocar pedacinhos de tudo e sempre que sentia saudade de sua terra descontava nas comidas e o primeiro bocado era pra amiga Maria.

Como o primeiro pedaço de bolo, em festa de aniversário.

Pegava ali sua melhor vasilha, ajeitava ali a moqueca de peixe ou a galinha guisada e levava ao pé da cerca de arame farpado e chamava a mãe e entregava: "Porva, Maria, porva, vá, é lá da minha terra.

A gente lá come assim. É um pedacinho, uma lasquinha da minha amada terra, a Bahia".

No início, a mãe porvava e deitava um tanto na boca da gente. Depois, muito depois, quando deu de cismar feitiço, deu de deitar fora pelas costas, pelo esquerdo da mão... vai saber? Dizem que "essa gente que vem da Bahia são tudo feiticeiro".

Hoje, vejo na fala antiga da minha mãe a contraposição na fala de Pierre 'Fatumbi' Verger, que se encantou com a mesma gente.

As mulheres da casa do Tio Cido, que moravam do lado de casa e chegaram antes de Dona Antônia, até frequentavam a nossa casa, mas não tinham esta intimidade de trocar comida. Eram brancas, se achavam melhores.

Dona Antônia e mãe ficaram unha e carne, enquanto não chegaram mais gentes na vila.

Na casa dela, eram em quatro: ela, uma filha grande, que era seu braço direito e motivo de sua desamizade muitos anos depois, o marido, Seu João, e uma filha que tivera com esta nova união.

Eram ali, duas mulheres que não traziam mais o marido de primeiras núpcias. Eram rejeitadas pelas falas das pessoas que chegavam ao bairro em formação, porque o primeiro casamento, para as pessoas fadadas ao fracasso, mesmo que seja um casamento de sofrer, era o que dava dignidade a mulher.

Oravam, viviam e esperavam que tudo um dia fosse misericórdia divina em suas vidas. Seguiam. Como diz Chico Buarque, "Mirem-se no exemplo daquelas mulheres de Atenas" e da minha Vila. Mulher que trabalhava fora era mulher mal vista. Emprego de fora de casa era pra homem.

Até mulheres que eram amantes de homens que só davam as caras quando bem entendiam viravam a cara para as duas. E ambas, tanto mãe como Dona Antônia, já haviam se arranjado com outro marido.

Agora então, de acordo com as leis da igreja, eram concubinas. Mulheres que viviam em pecado matrimonialmente.

Porém, tanto mãe, quanto Dona Antônia eram mulheres decididas sempre à frente das coisas. Eram elas as mulheres pensantes do lugar.

Sendo assim,
Se era pra lavar um defunto, elas puxavam o cordão.
Se era pra correr atrás de um suposto tarado, elas iam à frente.
Pra abrir caminho na mata, ia elas de facão na mão.
Enquanto as demais fincavam a cara na palma das mãos e se resignavam.

E também era sempre quem tinham uma xicara de café pra emprestar ou dar, uma de açúcar, de arroz, farinha, sal, dinheiro ou remédio. Coisas que lhes faltavam e não tinham a quem recorrer. E até uma latinha de cera Cardeal pra deixar o soalho bonito pra fulana receber visita do macho dela, que ninguém era besta, né? Só elas achavam que enganavam alguém.

Mas se na hora da procissão eram boazinhas, não o eram nas ausências delas. Nas portas da escola, na missa, no estradão, onde quando nos via passar cutucavam-se e diziam obscenidades sobre minha mãe e Dona Antônia, coisas que não valem a pena repetir.

Era um tempo que pra tudo se prometia uma "surra de fio de ferro". Mãe estava já pra arranjar um ferro de fio de tomada, pois a energia havia chegado na Vila e já tinha luz de poste. Agora era largar pra lá o ferro em brasa.

Então logo a mãe arranjou o fio e se já era valente sem ele... imagina então depois.

Estas duas mulheres eram na verdade tidas como mulheres ricas do lugar. Independência feminina é riqueza e causa inveja. E a inveja é um mau, um sintoma a se interpretar.

Mas infelizmente as pessoas humildes, como dizem as músicas, não gostam da ideia de ser humildes, pensam nisto como difamação. E é difamação. Ser humilde é entregar-se ao outro, dar a cara pra bater. Perdoar o inimigo. Sofrer sem reclamar. Ser humilde é uma bosta.

Aí usam a crença pra condenar com palavras aquilo que não conseguem aceitar. Em 1970 e tanto, em 1980, 1990 e anos 2000... mulheres no meu bairro tinham que ser obedientes e conformadas.

Em casa eram, naquele momento, também quatro pessoas: o tio, a mãe, minha irmã e eu. Às vezes vinha a Bisa, ela era de veneta, chegava e ia embora muito rápido.

A mãe tinha fregueses de lavar roupa e costura. Dona Antônia também. Depois elas foram trabalhar na Furnas (a empresa de energia) como faxineiras. Era de frente pra casa e de lá elas nos olhavam.

A gente via elas trabalhando e nos olhando lá de cima, do meio das ferragens. Na hora do almoço, elas vinha em casa, esquentavam a comida e a gente comia junto com elas, depois elas iam embora só voltando de tardezinha.

Fizemos amizade também com a filha dela. Eu achava bonito a fala delas com sotaque e as palavras diferentes. Elas chamavam chinelo de "japonesa", nunca descobri porquê.

As vezes, no amargor das horas que todo mundo tem, elas tomavam umas cangibrinas e aí...

"Ai ai sodade!". Abriam seus corações.

Dona Antônia dizia que havia deixado muito filhos na Bahia, com a mãe, porque não tinha o dinheiro da passagem e nem como viver com eles aqui. Dizia que quando chegou aqui, não recebeu guarida e dormiu nas ruas por muito tempo, dormiu na rodoviária, na Estação da Luz.

O coração era arreganhado de saudades dos meninos. A falta de seu torrão também lhe calava fundo no peito. E ela ia às lágrimas, daquelas que escorrem triste, por todo território do rosto e caia, lá do queixo e ia dar no chão.

Entregando a mágoa daquela mulher pra terra. Era de doer na gente, eu sentia a dor dela. Nesta hora ela pegava as fotos preto e branco e mostrava pra quem quisesse ver ali, desenhada toda sua família, naquela foto típica de família grande.

Ela se sentia culpada porque viera na frente pra arranjar trabalho, casa e depois abrir caminhos pros outros. Por esta razão só trouxe a filha mais velha.

Mas o danado foi que chegando aqui, conheceu Seu João, se gostaram e foram fazer vida juntos.

Eles tinham solidão. Aí tiveram mais uma menina, tardiamente tiveram mais uma.

A família, quando soube, ralhou com ela, agora tinha ela uma boca a mais. Depois duas. Ninguém compreende um amor na vida do outro, tampouco entende o que é viver só. Cada um só entende quando é consigo.

Ela fazia promessa de que iria trabalhar muito, fazer uma casa bem grande que coubesse todo mundo e os trariam todos pra junto dela. Podia até demorar, mas ela iria viver pra isso. Ela era a única esperança da família.

A mãe também chorava suas mazelas, foi abandonada pela mãe ainda criança por ser negra, era ela e meu tio e isto foi lá no Paraná. Viveu toda infância no mesmo lugar, onde a mãe vivia mas não podia passar perto, ela não queria.

Ela, a mãe, não admitia que seu erro do passado, seguido de outro erro maior, viesse agora passar perto dos umbrais de sua casa. Já não bastava estarem vivos! Foi levada pra trabalhar na roça, pra gastar, como é feito com todo menino enjeitado.

Quando cresceu, conheceu meu pai, que era missionário, buscava almas pra Jesus. Eles se gostaram e casaram contra vontade de sua família que era minha Bisa e os primos.

Meu pai tirou a minha mãe daquele lugar e a trouxe pra São Paulo. Quando minha mãe conta da primeira vez que chegou na Estação da Luz, ela chora e sorri. Disse que foi o lugar mais lindo que ela viu na vida dela.

Mãe e Dona Antônia viram a Estação da Luz com outros olhos. De uma foi morada triste e fria. De outra, foi alegria e luz. Ela casou e foi conhecer sua sogra em Minas Gerais e, como um enjeitado enjeita o outro, a sogra não gostou dela.

Meu pai deixou ela na casa da mãe dele e caiu no mundo novamente e mãe disse que minha vó dizia que a pessoa nunca poderia descansar embaixo de uma árvore que não da sombra.

Isto era com minha mãe que ela dizia. Pai ia e vinha, fazia outro filho e partia. Mãe deixou a casa da sogra, arranjou emprego e saiu de lá. Bateu a poeira dos pés na soleira da porta das gerais e nunca mais voltou.

Teve ao todo cinco filhos e daí narra a tristeza que foi quando pai faleceu e ela foi expulsa da casa onde morava atrás da igreja. Foi assim que o juizado de menores da ditadura levou meus irmãos pelas mãos.

E quando mais tarde ela arranjou um companheiro pra lhe fazer companhia, a maledicência lhe coroou com impropérios de toda natureza. Uma mulher só não tem direito de se arranjar.

Mas, entre lágrimas, ela dizia que iria trabalhar, construir uma casa e buscar todos pra que vivessem ao lado dela.

Os filhos de Dona Antônia e meus irmãos eram gente imaginaria pra mim. Tão parecidas em suas mágoas as duas mulheres e isto era que fortalecia a amizade entre elas. O resto, tiravam de letra.

Muito mais tarde, eu aprendi que isto, de separar a família, era pra enfraquecer o grupo.

O destino as conduzia pra vitória e foi assim que a mãe construiu a nossa casa e a Dona Antônia fez o mesmo. Construir suas casas e criar suas crias, com as forças e as armas que tinham. Não era pra elas um sonho, era um ideal de vida.

Infelizmente era assim que se construía também a inimizade delas. Depois da casa pronta, havia necessidade de fazer esgoto. Um dia, quando Dona Antônia precisou fazer o esgoto de sua casa chegar até o riachinho, não teve dúvidas: pediu a amiga que cedesse passagem, ali ao lado de seu quintal. E a mãe não só cedeu como também ajudou a fazer todo encanamento.

Os casais se ajudavam. Manilha na terra, terra por cima, tudo consumado e a amizade ia de vento em popa? Nem tanto.

A contenda já se avizinhava na boca de outras pessoas. Tudo ia bem até que a mãe trouxe todo mundo. Meus irmãos que estavam no juizado de menores.

Dona Antônia trouxe os seus que estavam na Bahia. A Vila cresceu muito, deitaram o capim e agora tínhamos ruas, ainda não tinha asfalto, mas já tinha a rua de terra batida.

A mãe mandou furar poço, a Dona Antônia agora saía pelo lado de cima de seu quintal, que dava pra outra rua. Cada qual agora tinha outras amigas, acho que isso gerou nelas ciúmes uma da outra.

O caso é que não era só isso que foi azedando o caldo. Este era o tempo em que mãe passava a jogar a comida que a antiga amiga trazia pra ela "porvar".

As duas seguiram em seus sonhos. A mãe fez a nossa casa e parou com a obra, agora tratou de embelezar o lado de dentro, com todas as belezas que ela gostava.

Mãe vaidosa, ambiciosa, escorpiana arretada, todo ano trazia pra casa um mimo: era o taco de madeira, o reboco com acabamentos nos rodapés das paredes, o chão vermelho da cozinha, quintal cimentado e a grande sala de receber visitas, com sofás e cortinas por todas as paredes, parecia cinema.

Agora tinha banheiro dentro de casa, vaso sanitário e chuveiro. Geladeira.

Já Dona Antônia fez diferente, construiu uma casa grande, depois construiu outra casa grande em cima da primeira, depois mais outra...

Dividiu tudo em quartinhos e fez um cortiço, hábito comum naquele tempo. Foi trazendo a família, enchendo os cômodos do terreiro e cobrando aluguel. Até aí, tudo bem.

Mas leitor, não esqueça a história do esgoto. A mãe trouxe a molecada do colégio.

Quando nossos irmãos, assim que chegaram do colégio, mãe botou barraca e pôs todos pra trabalharem na feira. A amiga fez o mesmo.

O restante da família seguiu cada qual seu caminho. As duas irmãs mais velhas, a minha, filha de minha mãe, e a outra, filha de Dona Antônia, criaram amizade.

Tudo o que faziam eram juntas. Era o dia inteiro pra cima e pra baixo coladas, como se fossem siamesas. Nós, os menores, cismávamos, mas era só isso, nunca deu em amizade grande.

Dona Antônia tinha um único filho, o Carlinhos, aquele que chegou depois da Bahia. Já na minha casa, eram dois meninos, mas nunca firmaram amizade. Pensavam diferente.

O tempo foi chegando, trazendo idade pra quem estava na frente. E como eu esperava idade e idade não precisa esperar, ela vem.

Os infantes esperavam crescer e ser independentes. Os jovens agora queriam viver a vida.

As duas amigas eram sempre juntas, cismando segredinhos de namoradinhos. Comiam e bebiam na mesma cuia, compravam tudo juntas e tudo igual. Sabonete, talco, brilhantina, tudo da mesma forma.

E tanto deram pra ser gêmeas nos gostos, que acharam que era bom gostar do mesmo homem. E assim se fez, e desde então deram de cismar-se uma da outra, e criar inimizade. Feito dente ruim.

Um namoro se fez e com o namoro um dos irmãos menores tinha que acompanha-las. Eu.

Pelo perigo que corriam, de deitar fora a honra da família que se escondia entre as pernas, tinha o rapaz que era sonso e queria ficar com as duas sem nunca escolher, o que queria mesmo. Mas, na verdade, ele escolhia: ele queria as duas.

Elas, sem querer abrir mão do seu direito de mulher amada, brigavam por ele. Que a vida corria assim. As mulheres se estapeavam por ele, sem ele saber.

Na casa de Dona Antônia, não sei como se deu, sei da minha. O rapaz frequentava as duas casas e mãe queria ele pra genro. Ele frequentava a outra casa também e lá também era desejado pra entrar na família.

Em casa, as paredes diziam: "Cuidado com esta gente que são gente de feitiço, não se pode confiar, nem dar as costas". Ocorre que todo mundo ali frequentava a umbanda, sem exceção, todos.

Cada amiga, agora separada da outra, buscava razão entre as novas amigas que davam o seu parecer.

E as mães se armavam com palavras. A qualquer hora, o romper desta amizade se faria. E todos nós vivíamos nas casas no círculo de pólvora, riscado com pemba branca pra curar coisa feita.

Enquanto o rapaz se divertia com as duas, as pessoas se inchavam umas contra as outras.

Um dia fomos lá no portão de Furnas esperar minha irmã que chegava do trabalho. A gente ia esperá-la pra lhe dar segurança. Ou arranjar confusão.

As filhas de Dona Antônia iam também esperar a irmã mais velha que chegava na mesma hora. Elas não eram mais amigas, o que ficou bom pra o rapaz que circulava nas duas casas, sonso e protegido.

Nós, crianças, passando pra adolescência em pleno furor da juventude, afiando as garras, doidas pra brigar. Pequenos grandes guerreiros, acuados. Mas minha irmã, quase da minha idade, era quem comandava a turba. Havia já provocações de olhares e esbarrões.

Numa noite de vento parado, a coisa desandou. Alguém esbarrou em alguém e o bate-boca começou. No meio do diz que me diz, minha irmã foi pra cima aos murros e pontapés. Deitou a outra menina no chão e subjugou ela.

Nós ganhamos, não movemos uma palha, só torcemos e festejamos. Ao chegar em casa, contamos uma história que mãe gostaria de ouvir, criamos outro tanto de coisas e o resto inventamos e, no mais, a mente dela fez a paçoca. Na outra casa não sei como foi.

Dali pra frente, fez-se um silêncio entre as duas casas, só o sonso tava de boa. E as duas casas queriam vitória. Os olhares gritavam guerra.

A nossa casa não era mais do mesmo tamanho da ex-amiga. Era maior. Agora desafeto cada vez maior, o que fez com que a quantidade de pessoas ali usando esgoto tornassem o calibre do cano usado ineficiente.

E o esgoto estourou dentro do quintal de casa. Mãe chamou a ex-amiga, agora desafeto pra conversar. A conversa até ia indo de boas. Era um dia de sol de tarde, sol de verão talvez.

A mãe não foi ter conversa de pé de ouvido como no passado, jamais. Ela falava lá de baixo do portão. Ao passo que Dona Antônia respondia lá do alto da quinta ou sexta laje.

Elas se falavam aos gritos e num dado momento o vento virou a conversa delas e o assunto que era esgoto virou caso de família. Virou tudo a mesma coisa.

Uma disse que a filha da outra estava sendo coisas que sua filha não era. As mães se acusaram de alcoviteiras acima e aí, numa amizade bonita que comeu e bebeu na bacia das almas tanto tempo, deu ruim. Tiveram de própria boca seus segredos revelados em risos e prantos, nos dias de solidão.

Tudo aquilo virou farpa em veneno, ponta de lança, tachinha exposta, prego enferrujado, caco de vidro e faca amolada ferindo ali e marcando o fim da amizade de muitos anos.

Quem olhava a discussão das antigas amigas de longe, colhia assuntos que nunca imaginava ouvir e se alimentavam em ver se dissolvendo uma relação que fora tão forte.

As mulheres vociferavam e agora tinha ali um coro: as crianças se ofendiam também. Quando as gargantas secaram, as matriarcas se recolheram.

Tudo o que era segredo em suas vidas, agora estava ali atirado no chão e nos ouvidos ferozes, pra retornar assim que pudesse. Por hora seria somente sorrisos de canto de boca e atrás das portas.

O esgoto ganhou remendo, foi um problema que ainda se esticaria muito e seria herança dos filhos das duas. A vida das duas se seguiram.

Quem me deu exemplo maior neste caso foi Dona Antônia, que um dia foi até minha casa e tentou fazer as pazes com a mãe que perdoou por cima. A mãe não perdoa. Mas Dona Antônia fez a parte dela.

O tempo continuou castigando. Era um tempo de ditadura muito difícil, tinha perseguição, pessoas sumiam e um silêncio horrendo reinava sobre o lugar.

As pessoas falavam que sabiam quem ali era nosso inimigo. A gente nunca entendia nada. Um dia, sumiu a professora negra da Rua 1, nunca mais voltou. Outro dia, sumiu outra professora que fazia encontros pra falar de coisas que não se podia falar. Depois sumiu Djalma, depois Djalma voltou.

E por último levaram Carlinhos de Dona Antônia, que nunca mais voltou. Ela moveu céus e terra pra encontrar seu único filho homem. Removeu pedras que nem ela sabia que suportaria.

Depois chorou. Depois sofreu. Depois enfiou-se na igreja pra entender o mistério das pessoas que sumiam sem morrer.

Um dia disse que a crueldade de Deus era dar fim a um filho, tirá-lo de perto de sua mãe. Depois pediu perdão, mas Deus sabia que era desespero. Eu e Dona Antônia tínhamos algo em comum. O amor pela tecelagem.

E, mesmo sob protesto, mantive a amizade com ela, pelos fios, pelas tramas. Ela agora bordava na igreja e no mutirão onde eu ia quando podia. Nunca tive amizade com as filhas dela, apenas com ela.

Ah! Ia me esquecendo, o danado do sonso se casou com a filha dela e foi um bom marido até morrer. Faleceu jovem ainda, o sonso. Nunca ouvi a fala deste rapaz, achava até que fosse mudo.

Minha irmã também se casou com um homem bom.

O filho de Dona Antônia já ia sumido há muito tempo. Eu ouvi coisas horríveis sobre ele que não conto, já se foi tanto tempo e quase todo mundo já pagou a língua.

Até no seio da família ouvi coisas que teriam sido bem doloridas pra uma mãe que perde um filho sem enterrá-lo. O tempo é senhor de todas as coisas. E a dor chega pra todos.

A coragem de Dona Antônia me ensinou tanto, pra o resto da vida. Ela ainda viveu muitos anos, comprei muito fiado na mão dela e ela foi minha chefe lá na igreja, quando eu bordava.

Tio Cido

E eu então lembrei do natal.

Ele era o convidado principal e junto com ele vinha todo o seu rebanho. Era comum se dizer assim, como se ele fosse um coronel. E era.

Permita-me trazer o Tio pra roda, já que ele será parte do assunto. Conheci ele quando viemos morar no Jardim Ataliba Leonel.

E eu nunca o esqueci porque eu já trabalhava, então esperava reconhecimento. Não entendia por que aquela gente que quase nunca vinha em casa merecia mais atenção do que eu.

Não sei como a mãe soube, mas ela é mulher e mulher sabe de tudo. De alguma forma ela soube que ali tinha um loteamento e não perdeu tempo, juntou umas economias e deu de entrada pra ir pagando a perder de vista, como todo pobre faz.

Foi assim que deu início o nosso sonho da casa própria.

Quando chegamos, tudo era mato, mas já havia moradores de casas feitas de alvenaria. A região estava ainda por povoar, de negros e mestiços, porque até então só portugueses e japoneses habitavam a região.

Em 1970, quando aqui chegamos, as vistas da gente se perdiam nas parreiras de chuchu.

Viemos num pequeno caminhão que trouxe a mudança.

Veio também um cachorro, Lulu. Mas ele pulou do caminhão e voltou pro velho bairro. A mãe buscou ele duas vezes, e por duas vezes ele voltou. Então ele ganhou corrente no pescoço. Daí ele sumiu de novo e a mãe o achou na casa da Dona Luci, uma vizinha que não tinha filhos.

Lá o Lulu tinha de tudo e era tratado como gente, até brinquedo e travesseiro ele tinha. Hoje fico pensando em como ele se acostumou logo à vida boa e nova.

Um dia, eu estava lá e Seu Alípio ia chegando do trabalho. Aí Dona Luci falou:

"O papai chegou!". Lulu e o outro cachorro corriam pra porta, saltando e sorrindo. Seu Alípio chegou, acariciou a cabeça deles e beijou Dona Luci. Nos cumprimentou e foi se sentar no sofá da sala.

Daqui a pouco vem Lulu e o outro cachorrinho, cada um com um pé do par do chinelo de seu Alípio. Fiquei impressionada e emocionada, igualzinho uma criança.

Foi por isso que ele nunca mais voltou. A mãe e meu padrasto, Seu Olívio, fizeram um barraquinho pra gente se mudar. Tinha a casinha bonitinha de morar e bem longe dela, a latrina. Era o lugar das necessidades aquele.

A latrina era um lugar que gritava: "mude mundo pra melhor, quero fazer parte da casa". E assim foi. Até hoje louvo o inventor do vaso sanitário e do chuveiro. Só quem usou latrina vai entender.

E logo começaram a construção da casa grande, na parte de trás do quintal. A casa foi feita toda de alvenaria, tijolo por tijolo.

Tinha sala, cozinha, banheiro e dois quartos.

Na frente, onde antes era o barraquinho, foi plantado um abacateiro, uma goiabeira, uma mangueira e um pé de mixirica. E tinha um pé de planta que soltava flores bem branquinhas na minha cabeça.

Fiz dali o meu território.

Ao lado do nosso lote de 250 metros quadrados, ficava uma área imensa que era de uma família japonesa. Nossa vista perdia-se de vista no verdume do chuchuzal.

O lote de cima era ocupado pelo Tio e sua família. Eram cinco pessoas, sendo quatro adultos e uma criança. Acho que eles chegaram primeiro e chamaram a mãe.

Acho que era por isso que, em toda festa ou ocasião importante, ele vinha e nos dava o "ar de sua presença". E mesmo quando morava do lado, pernoitava.

Eram parentes próximos, não muito.

Vez ou outra a Bisa aparecia. E do mesmo jeito desaparecia.

Tao logo nos instalamos, tratamos de conhecer a área. O que hoje é a Rua Lucas Alaman, antes era capinzal, com um trilho no meio.

Atravessando o riachinho. Na outra margem morava Dona Geralda, que logo fez amizade com a mãe. Ela cruzava o rio pra prosear coisas de mulheres.

Mulheres falam de tempo, dinheiro, serviço, o tarado da região, os vizinhos que chegaram antes e deles... maridos.

Cada casa era muito longe da outra, então precisava realmente cruzar fronteiras pra dizer "estou aqui".

Seguindo em frente, da direção da minha casa, íamos sair na casa de algumas pessoas que mãe tomou birra. Era gente criadeira de caso e de galos de briga.

Brigas de galo era um esporte ali naquela casa. Num certo dia, fazia-se um cercadinho e ali vários homens traziam seus galos pra brigar. Na maioria, eram Galos Índios enormes, vermelhos, com cara de bravos.

Quando começava a briga das aves, chegavam mais homens pra assistir a contenda e jogar dinheiro, apostando numa daquelas criaturas que se bicavam, muitas vezes até o adversário cair morto.

A briga não era só dos galos

Nessa casa morava uma família abastada que tinha um fusca e o chefe da casa era chofer de taxi. Seu hobby eram as rinhas de galos que um monte de gente ia assistir.

Lá no Ataliba tanta gente brigava que isto nunca que era privilégio só dos galos do vizinho. Ele e mãe nunca se deram.

Quando isto quase se tornava possível, num domingo tenebroso, o vizinho bateu palmas no portão da nossa casa e disse que o Neguinho, nosso cão de guarda que mais dormia do que guardava, havia comido um galo dele inteirinho.

Ocorre que o galo dele, me entenda, era um galo índio. Estes galos são enormes e valentes. Seria impossível esta façanha.

E depois de tanta descompostura dos dois lados, depois de estragarem seus domingos, cada um se retirou pra suas vidas. E nunca, nunca fizeram as pazes.

Subindo o espaço do que seria no futuro um escadão, e andando pro lado da mão que não escreve, dava num butequinho cheio de crianças, todos loirinhos. A cada ano, aquela mulher tinha mais um.

E quando teve vários, fugiu com um vizinho e deixou todas as crianças com o marido. O pai castigava a filha mais velha por ela se parecer muito com a mãe, que nunca mais voltou. Eu rezava pra mãe dela vir buscá-la. Gente covarde faz assim, bate em quem não pode se defender.

Todo mundo sabia e comentava a boca pequena. Isto sempre foi assim, antes se comentava que eles eram ricos, depois como o mau feito, era da conta de todo mundo.

Por várias vezes, o rapaz que fugiu com a esposa dele voltou na vila. E eu nunca vi ou ouvi ele dizer que ia bater no homem que pôs chifre nele.

Em frente deles, mora uma família de cinco pessoas: casal e filhos que, quando brigavam, todo mundo tinha que saber. Ela descompunha ele que desconsertava com ela.

Tempos depois não puderam mais pagar o lote e foram despejados. Como pagariam se nenhum dos dois trabalhava?

Construíram um barraquinho ao lado do riachinho e deram início a uma grande ocupação, bem no lugar onde havia um projeto de fazer uma escola. Aí tudo ficou bem perto da gente e dava pra ver com nitidez e entender os palavrões com mais clareza.

Tocava assim: até que ele batia nela, ela botava fogo nas camas, no barraco. Um dia separaram-se. Não pararam de brigar, mas pelo menos não tiveram mais filhos.

Ela tinha um luxo, um gozo na vida, penteava bem seus cabelos lindos e crespos, como hoje estão os de Maria Bethânia.

Depois, pegava sua latinha de fumo de corda, sentava-se em algum lugar e ali picava o danado, depois pegava o papel de pão, salivava nele, espalhava um bocado de fumo dentro e enrolava. Fazia vários cigarros e tornava a guardar na latinha.

Eu aprendia tudinho. Um dia, eu teria minha própria latinha de fumo. Aprendi chamar "Gota Serena" com ela.

La atrás na rua onde moravam antes, morava também uma família de pretos finos. Naquela casa de casal e três filhos, as crianças ganhavam presente de natal.

Minha amiguinha Eliane ganhou certa vez uma boneca chamada Tippy. A boneca tinha uma bicicleta e andava sozinha. Um dia, enquanto nossas mães conversavam, ela foi me mostrar a boneca.

A mãe dela era destas pessoas que sofrem dos nervos, então falava pulando e dando gritinhos e sempre dizia que vinham de família abastada.

Bom, olhamos a boneca e fomos ao que nos interessava: brincar de uma brincadeira muito nossa e íntima. E assim esquecemos a boneca feliz andando de bicicleta, dentro do galinheiro.

Na hora de ir embora, ninguém encontrava a danada, porque ela tinha se escondido da gente. Deu o que fazer pra achar essa danada e a mãe dela dava seus vários pulinhos de nervoso. Enfim, a fujona foi encontrada, cheia de cocô de galinha e capim.

As mulheres sempre andavam juntas, batendo o mato e lavando roupas ou indo andar na Avenida Sezefredo Fagundes.

Quando chegamos no Ataliba, as casas eram distantes umas das outras e o capim era muito alto, de forma que as mulheres pegavam um pedaço de pau e batiam o mato pra ele murchar e cair.

Abrindo trilhas no meio da mata pra espantar cobras e lagartos e a gente podia caminhar pelos trilhos. Também era para pôr roupa pra quarar.

Até mesmo quando iam mais longe, visitar lá alguma mulher parida, algum doente ou algum velório, que era o que mais tinha, elas iam assim uma atrás da outra e nós, entre elas, ora na frente ora atrás junto com os cachorros da gente e dos outros.

A gente nunca pegava ônibus pra nada, as mulheres saiam do Ataliba e se embrenhavam mata adentro trouxas de roupas pra lavar e a gente.

Era assim que elas achavam pés de abóbora de pimenta e ninhos inteiros de galinha repletos de ovos.

O capim, durante o dia, não fazia medo, mas quando anoitecia era medonho no escuro, parecia um monte de braços querendo nos agarrar. E os adultos falavam histórias assombradas na beira da fogueira e deixava a gente morto, arrepiado de medo de passar perto do capim sozinho depois que escurecia. Mas, de dia, era uma aventura só.

Mais tarde, quando a gente cresceu, usamos o mesmo recurso pra entrar no resto de mata que ainda havia, pra namorar e pra nadar nos tanques enormes que havia dentro da mata. Ou só pela curiosidade mesmo, entrávamos no Ataliba e íamos até Vila Galvão, passávamos onde hoje é o Jardim Filhos da Terra e Jova Rural.

Aquele universo era todo nosso, os herdeiros das batedeiras de mato.

Mas, em festas, como o natal, as vizinhas e as mulheres que frequentavam o poço e as que tomavam a bacia grande emprestada não vinham.

Era natal, dia de congregar com a família.

Todo mundo arrumava a casa pra receber gente que viria de além dos muros da estrada. Como a nossa volta estão sempre as pessoas do nordeste, as malas vinham cheias de saudade, farinha d'água, manteiga de garrafa, carne de bode, jabá, carne seca, peixe salgado, camarão.

Não vinham coisas de plástico nem bonecas comuns e quando vinham eram mágicas, de barro ou madeira ou louça. Traziam brinquedos feitos a mão. Era outra forma de presentear.

Era um carrinho de madeira, uma boneca de pano, brinquedos mágicos para o dono poder brincar com ele. Nunca como a boneca da minha coleguinha que brincava sozinha.

Bonecas de pano eram feitas porque as pessoas não tinham dinheiro pra comprar as tais que já falavam sozinhas.

A gente ganhava também umas bonecas de plástico vermelho que se chamavam "Para Pedro", vinham com os braços virados pra cima eternamente. Eu cortava as minha pra elas ficarem articuladas.

Mãe dava a pilora, ainda mais porque eu as usava pra fazer freio de carrinho de rolimã.

Mas eu fiz muita boneca de sabugo de milho de caroço de manga, baseadas em mim mesma e nas bonecas mágicas que eu via.

Aqui também se usava muito dar comida de presente. Quando alguém paria, dava-se galinha, polenta e canja.

Os parentes se beijavam e comemoravam, depois iam embora levando lágrimas nos olhos e deixando outros olhos embaciados.

Nunca saí da minha terra e do meu bairro e não pretendo. Acho triste quando alguém vai embora e chora. E quem fica chora, a gente nunca devia de se separar de quem a gente gosta.

Então não vai, ué. Destino chama.

Mas, no correr de janeiro adentro, eram histórias das visitas que não acabavam mais.

Pessoas que tinham sobrenomes que não eram nem Oliveira, nem Santos, nem Silva, nem Andrade... enfim, sobrenomes não convencionais, tipo Maria de Aparecida Strawberry, por exemplo.

Contavam façanhas de outras galáxias. Eram pessoas que se chamavam só pelo sobrenome.

E tinha a Dona Solange, que registrou seu filho com o maior nome do mundo: Jesus.

Jesus saiu bem ao contrário da proposta almejada. Era o Satanás da vila.

Jogava pedra, brigava, boca suja, preguiçoso, mentiroso, mas muito bom em pipas, peladas e burcas de gude. O resto não lhe cativava. Pense um rapazote baixinho, pele clara queimada de sol, cheio de pintas marrom no rosto e o principal: dentes da frente separados e enormes.

Ele gostava de cuspir pelo vão dos dentes. Cabelo ruivo, assim era Jesus. E, pra melhorar, era o caçula numa família de nove irmãos.

Ele amanhecia e anoitecia na rua do larguinho em frente à minha casa. Eu também. Vivíamos de comer frutinhos do mato, como fisális, maria pretinha, capim gordura, uma ou outra ameixa quando era tempo e até preá a gente comeu.

Mas a graça era ver a mãe de Jesus o chamando.

Parecia um galo... ela se colocava lá em cima do escadão, afastava as pernas, ajeitava os braços, enchia o peito de ar e soltava o verbo:

"Jesuuuuuuuuuuuuuuuuuuuuuuuuuuuuuuuuuuuuuuuus!"

Era como se estivesse pedindo a própria salvação e falando aos céus.

Jesus ficava vermelho e nós, roxos de rir. Era muita gozação em cima dele.

Nós não tínhamos parentes distantes, só aqueles ali, que viviam dois paços acima do Tio. Enfim, abaixo de Deus, a pessoa dele nos bastava.

O natal, Tio Cido e a casa

A casa começava a ganhar vida em setembro. Pintar paredes, trocar cortinas, levantar as cercas, observar os animais na engorda, encomendar um pernil a mais pro Seu Dito do Pescocinho, contar os garrafões de vinho, as cachaças e os vasilhames pra comprar cervejas, pois não se comprava cerveja sem o casco.

Ah! A lata de gordura com as carnes dentro, as bolachas feitas no forno a lenha pela Bisa, as compotas, os doces de mamão, de chuchu em calda e ele, o único panetone simbolizando nossa riqueza, ficava lá no alto, em cima do móvel mais alto, tão distante de nossas mãos.

Comer uma fatia dele antes de 25 de dezembro era impossível. Era mais fácil alcançar a graça divina.

E a toda arrumação se ouvia, "Será que ele vai gostar?".

A cozinha era de vermelhão, a cera que a gente passava nela tinha o nome de Cardeal, era um nome religioso. Nesta festividade, o piso ganhava um toque a mais de cera.

O resto da casa era de taco de madeira, sem *Cascolac* e precisava brilhar. Acho que no brilho se guardava coisas que remetiam aos labores da matriarca da casa e de todos nós. Por esta razão, o taco era raspado brutalmente, com o peso de nossas mãos, sobre a palhinha de aço.

A gente debruçava sobre o bolo metálico e punha ali toda força do corpo sobre ela pra que ela tirasse da madeira aquilo que os adultos compreendiam como sujeira.

A palha de aço fazia sangrar nossas mãos sem dó nem piedade e com razão. O que tinha ela que estar ali dando um duro danado pra este tal de natal? Ora bolas.

Depois de tudo raspado varrido, passava-se então uma camada de cera, sim Cardeal também. Agora era esperar a cera secar e vinha a vez dele, o escovão pra forjar ali o brilho na madeira pra que ela se tornasse brilhosa. A palhinha era tão agressiva quanto o natal todo.

Quase tudo pronto

Pronto. O chão tava pronto, poderia até se comer nele.

Não posso deixar de dizer ao povo de hoje o que era o escovão, um ser impiedoso ovalado..., pronto: imagine uma tartaruga de rabo longo, de ferro que cismava em grudar no chão e dele não arredava pé, às vezes a gente caía, mas a danada nem um passo dava.

Até hoje, quando me lembro deste sacrifício em vão, encaminho em pensamento ao inventor dela o desejo pra ele ir pro inferno dos esfregões e dos pisos brutos e que o castigo dele seja esfregar o piso do tal diabo, se existir mesmo... mas não sem antes passar a cera Cardeal em pasta.

Sim, se há mesmo justiça, o grande inventor do universo deve ter um inferno particular só pra inventores de engenhocas que nunca deram certo, onde a única pessoa que lucrou foi o estafermo criador.

Mais tarde, muito mais tarde, a mãe comprou uma enceradeira. Era um luxo e era só ligar na tomada que ela saía dançando pela casa afora, mas quebrava muito e então o escovão aparecia de novo. Um dia, o pai do Reginaldo, Seu Leon, concertou a dita cuja e mudou algo nela. Então ela passou a andar pra trás, era uma manobra pra fugir dela e a mãe disse ao Seu Leon poucas e boas! Ela tirou dos cachorros e pôs nele tudo o que bem quis por.

Esta fala era muito engraçada. Quando alguém xingava alguém, quem ia contar dizia: "Tirou dos cachorros e pôs nele".

Afinal, por que tanto trabalho? Era natal. A arrumação era feita de tarde, depois do trabalho, e nas segundas-feiras, que era o dia de folga da mãe, que era feirante também.

A importância do dia

O dia tinha lá suas importâncias porque, quando a casa recebia visitas, dificilmente a gente era chamado atenção ou sofria penalidades. Tudo era acumulado pra um acerto de contas assim que todos fossem embora. Entre o natal e o ano novo, era festa.

E tinha um ano inteirinho pra acerto de contas velhas e das que viriam.

Além do mais, tinha muita comida, refresco, roupa nova, sapato novo, tinha um panetone em cima do armário e, naquele tempo, estavam surgindo dois negócios bons pra caramba, que só apareciam de ano em ano: eram o presunto e a mortadela. Só o cheiro já compensava, quando deitava o frio no meio do pão, aí era vida.

Não era tão agonizante, a rua estava em festa, o mundo estava em festa. Tudo era novo, as pessoas prometiam coisas para fazer e alcançar no ano que vem.

Pra criança, tudo é bonito e pra mim também era. Mas eu reparava, uai, depois que cresci então, pude falar tudo o que achava.

Eu poderia ter me formado em jornalismo, como não consegui e conheço os fatos, pois são os que vivi, sou contadora de histórias ou fofoqueira, como quiser.

Não corro mais o risco de apanhar, nem de ficar de castigo. Nem vem Maria, agora olhar de soslaio e ameaçar. Não vai dar em lugar nenhum. Perdeu!

Natal é coisa de criança e pra quem acredita e neste caso o ano roda e ele volta de novo.

As mesmas pessoas voltam
As mesmas promessas
As mesmas ladainhas
As mesmas comidas

Só alguém nunca veio: o bom velhinho branco de barbas brancas que ousa vestir roupa de inverno no verão e ainda voar pelo céu, quando nem podíamos andar de ônibus.

Mas ele não podia me trazer nada, porque como criança, felicidade eu já tinha. O tempo é que me deu a ausência dele. Gente grande é que precisa deste engodo, viu?

Receita de natal

A mãe é uma cozinheira fabulosa, cheia de artes e no natal tinha um banquete.

Um dia antes, ela escolhia as galinhas e matava. Desculpem amigos vegetarianos, mas não é possível comer a galinha se ela estiver viva. Eu ficava do lado dela, queria aprender como se fazia, nunca consegui. Tenho pena, mas não se engane, no prato eu adoro.

Eu não mato, mas mando matar. Sou mandante.

Seu Luiz cantava isso...

> *"Teve pena da rolinha que o menino matou*
> *Mas depois que torrou a bichinha, comeu com farinha... gostou".*

Comendo com a Bisa

A Bisa tomava leite com sal todo dia pela manhã. Pra nós, ela misturava tudo o que tinha sobrado da janta e esquentava numa panela. Só punha farinha e deixava bem gostosinho. Depois se sentava nalgum lugar, pegava bocados com as mãos e apertava. Este bolinho se chamava capitão. Ela amassava e punha na boca da gente.

Era muito bom.

Quando a mãe fazia polenta, ela punha pra esfriar na janela, o gato se sentava do lado, parecia que ele era o dono. Daí a mãe não brigava com ele, porque sabia que ele não iria mexer. Tava quente.

Ela chamava a Bisa e nós e íamos pro mato pegar folhas pra comer com polenta. A gente procurava bastante folha de serralha. A serralha se parece muito com o picão, mas não é. Pra comparar, a mãe dizia: "Picão é pra banho de assento", "Mas que assento, mãe? Da letra ou o da cadeira?", "Você vai saber quando chegar a hora".

Depois pegávamos o caruru, que em alguns lugares se chama bredo. Ela dizia que caruru parecia com erva de bicho que tem um miolinho vermelho, já caruru não tem e é redondinho.

"Toda vez que for pegar planta de comer, veja se o passarinho come. Se ele come, nóis come também". Também íamos mata adentro colher jurubeba, pra mãe pôr na conserva. Era amargo.

Quando voltávamos pra casa, a polenta estava lá e o gato do lado. Ele não tinha mexido. Como a mãe disse, tava quente.

Sem pena da galinha

Ingredientes:
Uma galinha;
Arroz que baste;
Alho a gosto;
Óleo;
Cebola;
5 tomates;
Açafrão ou cúrcuma, o que achar primeiro;
Sal e pimenta do reino.

Como fazer:

Tempere a galinha e deixe por 24 horas na vinha d'álho (gosto de falar isso).

Comece pela galinha. Se você, como eu, gosta de galinha velha, saiba que vai demorar, então deixe de preguiça e comece cedo.

Galinha cozida, olha espero que tenha usado óleo, sal, alho, cebola, sem eu falar, era pra isso.

Coloque o arroz e mexa tudo. Em seguida, coloque água quente e deixe ferver.

Não mexa demais senão a carne desmancha. Quando a água for secando, coloque mais até dar o ponto que você gosta.

Daí é só servir. Tem gente que gosta de pôr queijo e gratinar. Eu não gosto, mas o arroz é seu.

Não dê ouvidos a mim nesta hora, se quiser, pode comer até com areia da praia.

E o que eu faço com os tomates, açafrão e pimenta do reino?

Use a sua imaginação, caro leitor.

Acompanha:

Maionese;
Pernil;
Nunca comprei peru (este passarinho grande) nem Chester em minha casa, eu não tinha dinheiro nem interesse;
Peru assado;
Salada de alface;
E sobremesa.

Para os acompanhamentos, não porei as receitas, cada um tem a sua. Eu nunca fiz na minha casa. E pelo que vejo agora tem tudo isso pronto, em qualquer esquina.

Só mexo com tradição.

Doce de abóbora com coco

Depois de todo banquete numa festa tão importante, tão cheia de gente, uma dona de casa prendada tinha que fazer ali um desfecho.

Deixar seus convidados com desejo de voltar e as crianças salivarem ao recordar tal momento. Toda refeição se fechava com um doce. Doce não, uma obra de arte.

Poderia ser de mamão verde, de chuchu, arroz doce ou até aquele maravilhoso grude chamado quebra-queixo.

Minha mãe era mestra em doce de abóbora, sabe por quê? Vou dizer.

Minha casa era a primeira da rua. A seguir, tinha um terreno enorme onde, no passado, deve ter sido habitado por gente que plantava, eu acho. Por esta razão, no meio da mata, as mulheres, ao bater o mato, encontravam pés de pimentas enormes e pés de abóbora imensos. Com estas abóboras que encurvam e são amarelinhas por dentro.

Às vezes, precisavam duas ou três mulheres pra carregar uma única abóbora. E como o pé era antigo, havia dias que elas acumulavam uma riqueza imensa deste fruto. O pé de abóbora serviu de alimento pra muita gente.

Até o dia que um espírito de porco, que eu não direi o nome, foi até lá e arrancou as abóboras que quis. Depois ele procurou a raiz e matou o pé. Fez o mesmo com as pimenteiras.

Então, como eu ia dizendo, era uma fartura de abóbora. Para se fazer um doce de abóbora, é preciso...

Ingredientes:
Uma banda de abóbora pra doce;
Açúcar;
Coco ralado;
Cravo canela;
Eu gosto de baunilha.

Como fazer:

Nunca faça esta receita batendo a abóbora no liquidificador ou processando, não tem nada a ver. Isso é coisa de chefe e nós somos mestras, coisa de quem vive a coisa toda. Não se estuda pra ser mestra. Ser mestra é ser líder e isto demanda conhecimento, traquejo e malícia, minha amiga. E nós temos.

Doce bom dá trabalho, tem que cortar a abóbora em cubos e por pra cozinhar com bastante água. Cubra ela com água.

Vá espetando com garfo quando começar a amolecer. Coloque açúcar, água e tampe.

Deixe lá, sem sair de lá. Esteja lá. Doce cozinhando é como algumas pessoas: tem que cuidar de perto, senão desanda.

Mas de vez em quando desanda e até melhora, viu?

Vá colocando a seu gosto a canela, o cravo e a baunilha. Baunilha é coisa minha, viu?

Quando a abóbora começar a desmanchar, você pode dar uma mãozinha.

Pronto ela, desmanchou. Agora é só esperar que a calda vai engrossar.

Retire do fogo e deixe esfriar.

Acho que vou chover no molhado aqui, mas é preciso. Eu sei e todo mundo sabe e quem não sabia passará a saber que: descendo de gente que foi escravizada. Calma, não chore meu irmão ou irmã brancos. Não é esta minha intenção.

Quero falar do doce acima, sim. Este de abóbora, mais precisamente da forma.

Dizem os antigos que quando os escravizados aqui chegaram, entre tantas maldades, eram proibidos de tomar leite. Pra não dar prejuízo, eu não duvido.

Por esta razão, pra que eles não tomassem o leite de vaca e descem prejuízo, criaram uma história de que leite com manga era veneno.

Hoje sabendo que manga não dá o ano inteiro e que os africanos conheceram gado bem antes de vir pra cá, percebi que era uma grande mentira. Não sei se em algum tempo deu certo.

Tardiamente aprendi o jongo, patrimônio imaterial da humanidade, trazido da África e que ainda segue sendo ensinado de pai pra filho, mas que o branco vivia se envolvendo

Então, nas festas onde os ditos donos de terra se envolviam entre os meus ancestrais, pra tirar deles alguns segredos, eles tinham suas formas de se comunicar. Como o jongo tem porfia e contenda, era preciso guardar estes segredos diante daqueles que não eram bem quistos.

Então, nas festas de terreiro, o branco, o de fora, era chamado de casca de coco porque a parte de dentro da fruta, a castanha, diz respeito ao grupo familiar.

Dizem que foi assim que o coco uniu-se com a abóbora, pra reforçar a fala ou a ausência dela na presença do inimigo nas festas. Desta mesma forma, estudando eu aprendi que quando um negro fugia, e sendo ele bantu, não conhecia as falas islâmicas dos malês.

Então, existia um código e, ao encontrar um nego fugido, o feitor dizia algo assim "Assalamaleicam" e os negros que sabiam a resposta diziam "Maleicamsalam". Era um cumprimento da terra mãe que aqui distinguia quem recebia ajuda ou não na hora da fuga.

Isto fez com que surgisse a conversa de que os maleses eram grandes feiticeiros da palavra, tornando-se casca de coco entre seus patrícios.

Estas são informações que chegam até a gente de boca em boca, coisa de quem se perdeu de sua própria história e precisa juntar os caquinhos deste quebra-cabeça.

Estas histórias sempre chegavam fragmentadas na beira da fogueira, num velório, num preparo duma festa. Ao programar um doce, fosse ele de abóbora, chuchu, ou outro qualquer, sempre tinha quem dizia: "Vai levar coco?".

Não era fácil porque tinha que ralar o danado e isto era feito em ralos enormes que acabavam por ralar as pontas do dedo de quem o ralava. Então, tinha gente que não colocava.

Aí abria-se ali um espaço pra história, desta ressignificação da cozinha afro-indígena-brasileira.

Olha, tanto a galinhada quanto o doce ficam mais saborosos se forem feitos em panela de barro.

Mas é outra viagem, porque na panela de barro é preciso desligar o fogo antes da hora, pois quando se apaga o fogo, a panela continua cozinhando. Aprendi isso na raça após queimar comida e panela.

E para acompanhar, bebidas da época que eram: vinho, cachaça, cerveja e groselha ou tubaína.

O mistério do guarda-roupas

No Ataliba, era quase impossível a gente andar de ônibus, pois não precisava e porque não podia andar de ônibus sem um adulto. Era regra.

Quando alguém adoecia, era tratado em casa, com mesinhas, garrafadas e reza.

Até tinha um ônibus com focinho de caminhão, chamado Jardineira, que entrava lá e nem fazia falta, pois todo mundo ia a pé pra todo lugar e ninguém reclamava.

Mas às vezes era preciso levar um curioso no médico pra saber se quebrou ossinhos, se seria preciso fazer Raios-X e enfaixar o danado. Eu tinha vontade de pôr gesso.

Quando coloquei, tirei antes da hora, eu queria me coçar e não alcançava.

Mas teve um dia que eu tentei derrotar o meu próprio Adamastor marítimo, aquele do triângulo das bermudas, subindo em cima do guarda-roupas pra ver o que tinha lá em cima.

Antes de tentar a façanha, eu planejei. Tentei pôr a escada, era curta. Cadeira sobre cadeira.

Tentei escalar de todas as formas o guarda-roupas do quarto da mãe, que eu sabia que dentro tinha roupa, mas e em cima? O que afinal ele escondia lá em cima, onde os nossos olhos não podiam ver e as mãos não podiam alcançar, o quê?

Eu queria fazer com ele o mesmo que mãe fazia comigo quando queria saber meus segredos. Ora se ali ninguém poderia ter segredos, por que ele podia?

Não eu não permitiria que ele continuasse sem se revelar pra família. Queria que ele dissesse, afinal, o que estava escondendo lá em cima.

Que naquele momento, pra mim, seria a própria travessia do canal, do que eu não sabia e do que eu queria saber. E foi assim que naquele dia infeliz eu resolvi escalar as escadas criadas por mim.

Eu abri as gavetas. Como eu ainda não havia pensado nisto? Era só abri-las e pronto. Gente, o resto é história.

Mas ele virou sobre mim. Quando a mãe chegou, avaliou o caso, chamou minha irmã Geni e disse: "Leva no pronto socorro de Santana".

Então, ela saiu na frente resmungando pela "tarde que seria desperdiçada comigo". E eu saí logo atrás, na rabeira dela, sabendo que ela teria que me aguentar porque a mãe mandou.

Você sabe o suplício de ser entregue aos cuidados de irmã adolescente que está começando rebanhar? Então saiba, a última coisa que importa pra ela é o que você está sentindo.

Eu sabia que não seria uma viagem fácil. Mas mãe a mandou, tinha que obedecer e pronto. Iria valer a pena porque eu iria andar de ônibus, ver outras ruas.

E quem sabe até se ela me quisesse fazer um mimo, talvez eu comeria alguma besteira. Isto seria quase um milagre, dado que não fomos criadas juntas e não tínhamos ligação por afeto familiar.

A gente tinha acabado de ser apresentadas uma a outra como irmãs, mas ela já era adolescente e eu quase. E tem uma coisa que a gente não era: amiga.

Ela saiu pela porta afora expressando a raiva de ter que seguir aquela ordem e eu segui atrás mancando e gemendo. Depois esqueci de mancar e gemer, ninguém tinha notado.

Sobe morro, desce morro e, enquanto ela não juntava a corriola todinha, nada feito. E a toda conversa alguém perguntava: "Sua irmã tem que ficar com a gente?" Ela torcia o bico e dizia "Minha mãe mandou".

Ela nem sabia mais o que era para fazer com o contrapeso, até que lembrava.

A mãe da gente não era boba, ela mandava a gente com minha irmã pra todo lugar pra depois colher da nossa boca os caminhos que a danada passava e principalmente se tinham barbas e romances nestes caminhos.

Os adultos eram espertos e não eram. Desdenhavam da nossa molequice, achando que tudo era oba-oba e se lascavam. Se eles nos oferecessem vantagens, como dinheiro, teriam a "fita toda", como se diz hoje em dia.

Como achava que a gente tinha que dizer a verdade só porque o padre dizia, que era pecado mentir, cobrávamos uns trocados das irmãs mais velhas pra gente rodar domingo no Dangue, também chamado de Chapéu Mexicano, quando a mãe acreditava que deveríamos estar na missa.

Éramos pequenos negociantes neste mister de cuidar da honra da família, contanto que quando soasse o sino ao término da missa, a honra saísse de onde estivesse e se encontrasse conosco ali, aos pés da escadaria da igreja de Nossa Senhora do Carmo. Todo mundo satisfeito. Elas contentes e nós com um resumo do que poderia ser dito.

A não ser que brigássemos, aí era possível roer a corda. Mas aí apanhava todo mundo. A mãe rodeava o poço massageando nosso couro com a Vara de Família. "Vara de Família" era vara de pitangueira.

Minha irmã saiu, eu saí atrás. Ela passou na casa de várias amigas, até achar uma que fosse com ela. Sair com as amigas da irmã mais velha sempre foi muito chato.

De tardezinha, chegamos no pronto socorro. Ela contou a história para o doutor com pouco caso, sabe como é, né... com desdém. O médico examinou e não pediu nem chapa, mandou pra casa.

Fizemos a via sacra até chegar em casa. Chegamos já de noitinha.

A mãe perguntou: "O que foi que o doutor disse?"

"Ele falou que não quebrou nada". Então foi a mãe que tentou quebrar. Pegou eu, deu uma surra e botou pra dormir.

No outro dia, eu subi de novo em cima do guarda roupa e não tinha nada. Só esta história.

Quando a mãe ia comprar nossos sapatos pro natal, ela pegava um cordão e media todos os pês de ponta à ponta, e ia lá e comprava. A gente ficava contente, era natal.

Tempos depois, ela passou a levar todo mundo com ela, mas tinha que lavar os pés antes, depois ela deixava até escolher.

Conheci o Tucuruvi. Era muito bonito, todo iluminado, as ruas abarrotadas de pessoas comprando e a gente... Eu morria de medo de me perder da mãe.

E, finalmente, no dia 24 de dezembro de tardezinha, a gente tomava banho e colocava roupa nova, penteava o cabelo com a risca no meio pra dividir, passava banha de porco no cabelo penteado, nas pernas e braços e, então, era só esperar ele: o natal.

O que mesmo que se comemorava?

Era o dia do meu aniversário, mas isso não tinha a menor importância. A princípio nem pra mim mesma. As pessoas sempre dizem assim:

"Quem faz aniversário em 25 de dezembro, ganha dois presentes".

É mentira, ganha nenhum.

Crianças que ganhavam brinquedos, esperavam que eles viessem, parentes que tinham saudades, esperavam que eles viessem.

As casas eram arrumadas pra receber pessoas que chegariam a qualquer hora e depois do natal ou ano novo, iriam embora deixando seus corações cheios de saudade e muita lembrança boa.

A gente ganhava roupa, sapato. Eu ganhava assunto, sou assunteira. Presente não saia do bolso da mãe, ela não tinha dinheiro. Nem disposição.

Mãe sempre deixou bem claro que o "minino se cria com qualquer coisa". Só mudou esta fala quando os netos lhe clarearam a luz da existência. Queria que ela tivesse sido minha vó também.

Algumas vezes fomos à Missa do Galo. E por vários anos havia a reza do terço. Assim que a primavera entrava no meio, narrando a passagem da história de Maria, de José, do menino do cavalinho e haja rodar o Rosário em Salves Rainhas, Credos, Ave Maria e Pai Nosso.

Eram encontros de casa em casa, sempre no cair da noite. Fazia-se perto do natal e na semana santa pra seguir a liturgia.

Quando os anos amadureceram e a escola foi construída, vieram pra nossa região os seminaristas. Homens mandados por Deus pra estudar e morar na região, pra alegria das mulheres e azedume das beatas.

Beata não é mulher, é um espírito andante que vaga na sacristia como se ali tudo lhe pertencesse. Quando morre, vira fantasma. E dependendo do caráter, para tudo ela terá dois pesos e duas medidas, que levará todas as pessoas que ela defende ao céu e todo o resto pros quintos dos infernos, em vida. Pessoalmente.

Nos dias em que o jejum era solicitado, eu tratava logo de botar algo debaixo do travesseiro pra ir beliscando até que desse a hora do jejum acabar.

As pessoas diziam que eu era forte, que suportava o jejum sem lastimar. Se agora alguém ficar sabendo leitor, foi você que contou!

A mãe não tinha como comprar presentes e eu achava que isso era obrigação do Papai Noel. Ela não tinha como, então ela se fazia de dura e dizia que podíamos brincar com o que bem quiséssemos. E isso era verdade.

Galinha,
Passarinho,
De Cantar,
Pega-Pega,
Beijo,
Abraço,
Aperto De Mão,
Queimada.

E também a gente não tinha grandes exigências, quase não víamos TV. Quando víamos, não havia brinquedo de criança, o que tinha era o comercial da Pernambucanas no inverno. Tinha um lobo que já vendia frigideira T-fal e os anúncios de café, lembra?

"Depois de um sonho bom,
a gente levanta,
toma aquele banho,
escova os dentinhos.
Na hora de tomar café, ...,
que a mamãe prepara,
Com todo carinho".

Eita!

O maior dos nomes se fez... capricorniano

Era também o dia de natal, mãe. Você não usava o ferro à carvão pra passar roupa, nem carregava aquela sacolona enorme, maior que você, equilibrada na cabeça, com tudo o que você vendia na feira. Não ligava a sonata pra ouvir o Léo Canhoto & Robertinho, Tonico & Tinoco.

Sei que já falei sobre, mas vou reforçar. Tenho necessidade de reforçar.

Sempre observei e agora que sou grande em idade, posso me atrever. As pessoas dizem que nós, do signo de capricórnio, somos difíceis de engolir, gente ruim pra viver perto. É o que dizem.

Nunca nos entendem nem percebem que somos observadores demais pra nos enganarem por muito tempo.

Entretanto, por ironia do destino, Jesus nasceu capricorniano coitado, será que foi descuido? E ninguém o associa a um capricorniano comum, será que é medo? E justo quem foi nascer no mesmo dia? Eu.

Insatisfeitos em mexer na data de nascimento, fizeram de um beduíno, um homem branco de olhos claros, só pra dizer que não pode ter vindo de gente igual a nós. Sei muito bem que a razão de ninguém falar mal de um avatar desta dimensão, na verdade.

E a forma como tudo em nossa vida foi trocado. Vejo hoje que todos os avatares nascem como líderes de algum lugar e que, pela força ou pela fala, conseguem mover multidões.

Então, temos deuses do mar, do ar, da terra, do sol, da chuva... alguns têm relação com todo universo e estão em todo lugar.

Mas leitor, não sei o que você acha. Eu não me via nesta festa. Só fui associar cor de pele, colonização, racismo e paternalismo ontem. Palavras como "laico" e "afrodescendente" acabaram de ser libertadas agora.

Quero que fique bem claro que, mesmo assim, respeito toda forma de crença, porque aprendi que religiões e mitos crescem a partir de como foi a geografia do lugar. Foram desenvolvidas pela natureza para receber os ancestrais.

Você vai ficar roxo com o que aprendi sobre o dia do meu aniversário, mas não será agora.

Voltando ao assunto, na verdade, no dia 25 de dezembro, nenhum de nós parecia estar lembrado. Os sentidos estão voltados pra comida, pra bebida e bem pouca gente faz jus ao nascimento do salvador.

Eu até li a bíblia da Bisa procurando por ele, mas não estava lá. Encontrei uma mulher que conversava com uma cobra em nítido português e foi punida por isso, porque ela andava nua pelo paraíso. É como se a cobra tivesse dado a ela uma lanterna ou desconfiômetro. Nunca uma maçã.

Mas, a bem da verdade, quem se salvou mesmo? Ele nasceu no maior perrengue, numa estrebaria, filho de gente pobre, foi perseguido. Viveu mal e porcamente, até ser traído perseguido, condenado e morto.

Em seu caminho, só fez o bem, só teve boas falas, só usou sinceridade e verdades. E mesmo assim o povo (justo), o condenou.

Às vezes penso que está história foi inventada. A parte sofrida só veremos na sexta-feira santa, enquanto comemos bacalhau. Num é qualquer peixe que salva não, viu?

Eu não gosto da ideia de que a gente vem sofrer na Terra, por isto e por aquilo, porque a Terra é linda.

E só vai descansar e ser feliz quando entregar o corpo ao chão. Isso é bestagem, quero o meu e quero hoje. Quem quiser ser feliz do outro jeito, que pegue a outra fila, uai.

Porque quando morrermos, ficaremos muito tempo mortos. Então, aproveita o dia pra farrear, beber, dançar e amar.

Falando em amar, muita gente aproveitava pra fazer as pazes. Mas acaba que ficavam bêbados bem cedo, pra suportar a presença de gente que nem queriam ver.

E o medo de ser castigado era uma das razões.

Outra razão é aproveitar a data, já que vai ter mesmo que chamar tanta gente, vai aproveitar pra trocar moveis e lustrar meninos pra jogar sua evolução na cara deste ou daquele e, por esta razão, os aniversariantes, seja lá quem forem, ficaria a ver navios.

E como a festa nunca era pra nós, a gente punha reparo. Há coisas que a gente não conseguia explicar.

A morte aos olhos de uma criança

O mistério da morte e o sentir.

Toda vez que morre alguém, fico com o peito apertado e não consigo chorar. Mesmo quando acontece em casa, fico muito constrangida porque as pessoas cobram, eu sei.

Mas meu peito quase explode com uma dor tamanha tentando entender o mistério da morte. Até hoje.

Eu não consigo achar nada, mas meu peito acha tudo tão dolorido e essa dor demora pra ir embora.

As pessoas grandes de hoje evitam falar sobre o assunto até. Mas na minha infância, não era assim. Sabíamos tudo sobre o que acontecia na casa de alguém depois que ele entregava a alma a Deus. Ninguém nunca disse que a gente não poderia ir e, além do mais, quem levaria os recados? Não havia mais pombos-correios. E os carteiros não se prestavam a este serviço.

Então, era coisa pra menino.

Cada um de nós buscava uma maneira de se virar pra entender o que nos incomodava de verdade.

Eu tinha medo de gente morta pra caramba. Sabe lá o que é conviver com a pessoa, ver ela falar e sorrir até ontem e, no dia seguinte, ela não ser mais viva e ainda virar gente assombrada, de braços dados com nunca mais? "Nunca mais" é uma frase muito pesada.

A morte do pai

Já começava pela morte do meu pai, que morreu três meses antes do meu nascimento. Pra mim era inexplicável que alguém sabendo que outro alguém vai nascer, vai embora assim do nada.

Sempre sonhei com um pai vivo, ele nunca morreu pra mim. Nunca pensei em Seu Estácio, meu pai morto. Sempre fantasiei.

Aliás, vivo de fantasias. Imagino pra mim tudo de melhor, um namorado gentil sem ser medíocre, amizades sinceras, pessoas que me ouçam como eu as ouço.

É horrível falar com pessoas de memória curta que não se conhecem direito. Mas, se ela tiver pra mim, algum encanto, tolero até descobrir se a amizade vai decolar ou afundar.

Sou assim deste jeitinho.

Tenho uma grande amiga que trabalha comigo e elogia minha comida. Acredita que preparo minha cozinha pra recebê-la. Minha cozinha não, meu mirante.

Tem sido minha melhor companhia. E de bons amigos, surgem bons conselhos. E foi assim que, o que era só pra deleite nosso, começou a virar trabalho. Comecei a panificar e vender. É minha cozinha mirante poética.

Elas me reconheceram, gente. Descendo de uma linhagem de cozinheiras. Sou capaz de ler a sorte no aroma da cozinha.

Elas me reconheceram, adoro. Por isso tem cadeira na minha CMPS - Cozinha Mirante Poética, mista no Pé da Serra.

Minha conversa é cheia de outras conversas.

Sempre pensei nele como um homem grande, negro forte, bom pai, que me colocaria no colo e me ensinaria as coisas. Que sairia pro trabalho de manhã, depois de beijar a mãe e beber o café que ela fazia.

Que iria até a minha cama, me faria carinho, diria para que Deus tomasse conta de mim e que eu obedecesse a mamãe. De tarde, chegaria cansado, cheio de assunto do trabalho e faria planos pra vida, pra casa.

No domingo, ele assentaria tijolos na casa nova e eu levaria um por um pra ele ir assentando entre camadas de cimento.

Depois do almoço, iriamos todos pra casa da Dona Dora assistir ao programa do Silvio Santos. Voltaríamos às oito da noite, a mãe daria janta e a gente iria dormir.

Eu dormiria com eles, porque eu via muitas sombras de noite e ele com certeza iria acreditar em mim e iria esperar eu dormir, pra depois dormir.

Depois que o tempo passou, meus planos mudaram também.

No domingo, ele assistiria o Desafio ao Galo, depois de voltar da missa. Eu sabia que ele era evangélico, mas, no meu entender, família tinha que andar junto e se eu ia na igreja católica, ele também iria.

Enquanto a mãe fizesse o almoço, ele ficaria rodando o botão da TV pra todo lado. Depois do almoço, a gente cochilaria, acordaria, jantaria e dormiria de novo.

Só nos dias de eleição, ele ficaria com um papel e caneta na mão, somando os votos de Arena e MDB, que nem de longe eu sabia o que era.

Nunca imaginei ele batendo na minha mãe, como era na casa de alguns vizinhos, mesmo porque visivelmente quem mandava em tudo na nossa casa era a mamãe.

A mãe mandou enquadrar uma foto com o rosto dele e pendurou na parede. Depois tirou porque provocou ciúmes no meu padrasto. Será que ele gostaria que alguém tirasse a foto do pai dele da parede? Porque ele não era o meu pai.

Eu sentia saudades de alguém que nunca vivi, mas gostaria de ter vivido pra contar como era. Tinha saudade dele sempre que minha mãe falava como ele era.

Todo morto é bom.

Meu pai era presbítero missionário e viajava pelo mundo buscando almas pra Jesus e fundando novas sedes da Igreja.

Mas gostava de uma pinguinha, viu? Era muito doente, passou algum tempo internado naquele lugar frio onde se tratavam as pessoas com tuberculose, lá em Campos do Jordão. A doença acabou por levá-lo.

Mas ele pelo menos registrou as crias que fez. Desta forma, minha mãe pode receber uma ajuda do governo, um pecúlio, como se dizia naquele tempo. Nunca por trabalhar tanto tempo pra igreja, pois igreja é a coisa mais dependente do mundo. Neste negócio de vender a salvação alheia, tá sempre precisando, sempre.

Mas meu pai o que queria era a salvação e, pelo que sei, eu desconfio que tenha conseguido porque mãe diz que ele entornava uma cachaça violenta. Pobre homem que se deixou enganar.

Nossa família morava numa casa que era da igreja onde meu pai congregava e era missionário presbítero. Quando ele morreu mãe foi despejada pela igreja.

Por não ter para onde ir, com tanta criança, o governo deu uma solução. Enviou meus dois irmãos Adi e Gedeão pra um convento em Itápolis. Eles passariam a ver minha mãe uma vez por ano.

Um dia, a mãe foi visitar os meninos e me levou com ela. Eu não sabia muito bem quem eram eles e eles não sabiam sobre mim também. Depois, fomos embora e eu nunca mais vi aqueles meninos.

Mais tarde eles vieram passar um natal. Depois sumiram novamente. Depois vieram embora de vez, mas aí ficaram lá até a adolescência.

E minha irmã Geni foi pra um outro convento aqui em São Paulo. Ficou nele 8 anos e saiu de lá formada com a quarta série. Eu e minha irmã Mirian iríamos pra este convento anos depois.

Era um lugar de muros altos com guardas armados na porta. Maus tratos, humilhação, violência. Tudo de ruim eu passei naquele lugar maldito. Eu só tinha vontade de sair de lá ou morrer...

Ali era um estágio anterior a uma cadeia.

Do pouco que sei da família do meu pai, a Vovó, sua mãe, chamava minha mãe de "árvore sem sombra". Isto fez com que a gente nunca convivesse com eles, nunca conhecemos ninguém da família de pai.

É o que eu digo, os adultos brigam e quem paga o pato é a criança.

Enfim, a minha Vó por parte de pai morreu pra sempre, não porque de fato tenha morrido, mas porque nunca esteve. Nunca soube como ela era e como ela nunca se mostrou. Eu pintei ela de nada.

Todas as pessoas que não vieram me ver a infância passar, eu pintei de nunca e de invisível.

A enjeitada

E neste sentido, conheci mortes de pais presentes ausentes. A menina enjeitada ficou grávida aos doze anos de um rapaz casado. Ela ainda era muito criança e o instinto de mãe não aflorou lá nela.

A vida dela também foi um canto horrível de entoar, mesmo tendo pai e mãe. Seu pai cantava a música do "aqui, eu que mando", enquanto a mãe cantava a música do "sou mais fraca, então eu corro". E os dois juntos entoavam uma só canção.

Quem criará os filhos que fazemos quando estamos de boa?

Lembro da mãe dela sempre em casa, pedindo ajuda pra fugir das agressões dele e da total falta de comida, roupa e entendimento. Ela não sentia que vivia, sentia a vida passar.

Depois que a menina enjeitada pariu, ela continuou acreditando que o pai da criança seria presente, nunca fujão. Ainda haveria de amá-la. A gente passa a vida procurando amor e cai em ciladas desta natureza.

A menina enjeitada agora tinha uma criança enjeitada, que a mãe tomava conta, a irmã e as vizinhas e quem do miúdo tivesse compaixão.

Ele não mamou na mãe,
porque ela não estava lá.
Ele não tomou chá com a mãe,
porque ela não estava lá.
Ele ficou muito doente, sempre,
aí a mãe enjeitava, chorava.

Era muito pálido o anjinho, muito amarelo. E como eram muitas brigas, pois em casa que não tem pão, todo mundo briga e ninguém tem razão, a criança pagava o pato, como sempre.

A menina enjeitada, filha da mãe enjeitada e de pai omisso, no fundo tinha vontade de viver um grande amor. Mas o anjinho enjeitado não pode esperar a felicidade chegar... e morreu.

Se o pai é omisso, alguém tem que ser responsável. Foi embora buscar a felicidade dos justos, lá no céu da Bisa. E ainda se espera que de lá ele proteja os viventes que não o protegeram cá.

Enterro de anjinho é triste porque é a gente que carrega o caixãozinho. Criança não foi feita pra enterrar crianças.

Até as rezas não conformam, não serve cachaça, ninguém fala. É um mundo amargo nas vivências em que a única coisa que se deseja é que seja o último. Mas nunca é.

Depois que o anjinho viajou, a família enjeitada continuou na sua labuta por entendimento. Ela, que ainda não havia desistido de acreditar. E ele, o pai da criança enjeitada, que nunca foi o pai, porque ele nunca veio, fez na menina enjeitada outra criança.

E desta vez repetiu-se a mesma cantilena. Ela correndo por dentro dos matos, se escondendo.

A mãe correndo atrás pra ora ajudar, ora...

Sumia pelo mundo, depois aparecia.

A segunda criança enjeitada nasceu e foi posta no mesmo cantinho onde outrora viveu o outro, que agora poderia olhar pelo irmão, mas ele preferiu buscá-lo, pra livrá-lo de coisas que ele já sabia.

A menina enjeitada, apesar de não mostrar juízo, guardava em segredo o nome do pai casado e omisso. Ninguém sabia que o covarde era companheiro de seu pai, nos botecos, nas rodas de viola. Mas passaram a saber depois que ela começou a ter crises de nervos e ir chorar em seu portão.

Daí a esposa passou a saber e todos os outros, que ouviam os insultos trocados. Foi um caso que abalou as famílias, que eram amigas de longa data.

Não ouso dizer que o avô paterno das duas crianças teve que responder por coisas que ele não tinha "nada a ver". Mas que lá atrás dizia sempre a seus garanhões e bodes soltos que a vida era isso: "abarcar o que puder, sem pensar".

E nem era tempo de prometer amor, afinal de contas elas têm "fogo e a ferida". "Vá lá, toque a ferida, entre no abismo dela tire de lá o que puder e...". O avô omisso defendia o pai omisso dizendo: "Ele é homem". Não posso deixar de dizer que as mulheres da roda do poço falavam a mesma coisa...

Duas covas no cemitério, uma perto da outra, com caixões levados por nós. Estavam lá, pra comprovar a macheza dele agora. O pai omisso baixava a cabeça... baixava a cabeça... e sorria o sorriso daqueles que tem culpa, mas tá "tudo certo". Ele era homem.

A moça enjeitada segue a vida, agora deixou de querer amor e deu de ajeitar a vida. Arranjou, dessa vez pela mãe, um homem comerciante com um casal de filhos enjeitados.

Agora a questão não era nem fome, que o homem provia. Deu-lhe casa, móveis, fazia mercado, pois que "não é isso que alegra as mulheres", dizem?

Mas a ela faltava algo, porque vivia com a mesma violência que quando vivia o sofrer de tudo faltar. E agora como não precisava mais correr atrás de sobreviver, deu de ser má com os miúdos.

A casa tinha fartura e empregada e ela passou a ter endereço bom. Pra combinar com seu novo viver, vestiu-se em panos modernos com etiqueta e alisou o cabelo. Tirou os dentes e pôs chapa, era moda. Comprou um Fusca e sumia no mundo.

Quando voltava, trazia meio de vida pra os seus irmãos, mãe, pai e a quem mais tivesse apreço. "Afeto" ela havia desacreditado, sempre dizia. Amor nunca mais.

Quando voltava maltratava os miúdos e os ameaçava. Filhos enjeitados e sem defesa, porque agora diziam: "Ela está educando, vejam como eles andam bem vestidos, penteados, como estão diferentes de quando chegaram".

O pai estufava o peito e se orgulhava. Agora tinha uma dona de casa.

Um dia o menino enjeitado fugiu, foi morar com um parente, nalgum lugar onde lhe fosse permitido viver. Veio buscar a irmã, que depois foi ajudada por parentes. Ninguém entendeu por que alguém pode deixar uma casa tão farta.

O pai encontrou o garoto e o levou pra morar noutro lugar. Não direi o lugar, é obvio demais.

A menina enjeitada agora havia virado senhora, magoada e malvada.

A vida da gente só soma tragédias e foi assim que o menino amanheceu sem vida. Num "acidente" brutal que fora provocado. Era visível que alguém o havia matado. E mais tarde confirmado que fora um parente, um primo.

Mas a mulher não tinha nada a ver com isso. Ela não teve mais filhos dela, porque havia deitado mais alguns na pia do tempo e o serviço mal feito a deixou aleijada pra filhos.

Agora era só o casal, então eles passaram a ver solidão demais na casa cheia de lembranças. E foi assim que resolveram adotar uma criança.

Naquele tempo, era normal dar crianças a pessoas que se acreditava ser ricas. O menino veio. Foi tirado do hospital e teve o melhor enxoval, um quarto só pra ele.

Mas, impregnado nas paredes dos cômodos, tinha uma violência que se despregava delas pelas mãos de uma mulher que fora uma menina enjeitada. O que fazer quando a pessoa sai da miséria e a miséria não sai da alma da pessoa?

A senhora rica tinha ódio, muito ódio, apesar de sorrir sempre. Ela nunca esquecera os tempos que amou. E, como não foi retribuído seu amor, agora odiava. Entre tantas coisas, odiava meninas.

O menino adotado foi sendo criado ali, junto aos tios de criação, na casa da vó. Mas já eram adultos e agora ele era o pequeno no quintal. Mas o menino não aprendeu a respeitar, nada nem ninguém.

E como agora no quintal era só o vô doente, a vó e ele. Ele maltratava a vó. Era o dia inteiro na rua. Nada de escola, nada de banho, nada.

Quando o menino adotado entrou pela porta da adolescência, entrou com o pior dos costumes: abusar sexualmente do que ele pudesse alcançar. E a vó avisava e ninguém dava conta do menino, que gostava de furar o intestino dos outros.

Começou com as galinhas do quintal dele, com os gatos, com alguns meninos e por fim pôs caça a todos os cachorros da vizinhança. Só vivia cheio de pelo de animal ou de pena.

Um dia, numa das visitas da menina enjeitada que virou mulher rica, a vó deu conta que o rapazote precisava ser metido no que fazer, pois a vizinhança estava de mal com ela, o menino era violento demais com os menores e ainda por cima furava os animais todos.

Eu não vi, sei porque as pessoas revoltadas disseram que, no entristecer da tarde, a mulher rica se pôs a gritar no meio da rua que: "Com tanta menina sem pai e tanta mulher sem marido, esse rapazote ainda se põe a esfregar com inocentes e aves?". Ela falou de nós. Nós que fizemos vaquinha, corremos o bairro dando notícia da morte das crianças dela.

Levamos o caixãozinho dos dois, esperamos enterrar, pra tantos anos depois ficarmos na mira do ódio dela. O menino foi expulso do bairro, dizem que se casou e separou, antes tentou fazer o que a enjeitada rica sugeriu.

Depois foi abandonado pela mulher e ficou na Estação da Luz, vagando bebendo e brigando. Depois foi pra Guarulhos, deixando outro rastro de violência. Depois apanhou. Depois bebeu mais. Depois eu deixei de perguntar sobre ele. Era muita morte num miúdo só.

A mulher rica se casou, segue sozinha, mora no Nordeste e agora dizem que deu pra ver dois anjinhos quando entra em delírio psicótico. Tomara que ela encontre o amor um dia.

Medos e traquinagens

Quantas foram as traquinagens, curiando casa de gente morta. Naquele tempo, não existia doutores na Vila.

Doutor era todo aquele que preparasse uma mesinha, uma garrafada, um óleo especial ou de fígado de bacalhau e ovos de pata.

E dá-lhe orações, banhos, rezas, defumação da casa e já se ia rodar as contas do rosário, em salves rainhas, credos, pai nosso e ave maria.

Se era dor de quebrado ou torcido, quebrava-se lá uma vara, benzia e imobilizava o sujeito. Era a atadura. Se precisasse de bengala, lá ia alguém na mata, cortava uma madeira e o doente se escorava nela, até poder se equilibrar sem ela. E assim seguia a vida. Ou sarava e ficava torto ou morria.

E a tudo se dizia: "Aconteceu porque Deus queria". Deus, no meu entender, era uma pessoa que tinha autonomia, a quem todos queriam bem ou tinham medo.

A morte dos dentes da gente

Dor de dente se curava com bochecho, com água de folha de batata doce até mostrar a raiz do dente pro sol.

O dentista era sempre disposto a resolver o problema de uma vez. Dizia logo: "Dona Maria, olha, este que tá doendo, mas com certeza este aqui e aquele outro serão os próximos, vamos arrancar todos então". E a mãe dizia: "Vamos, douto, o senhor é quem sabe!".

Eu até achava bom, porque eu nem usava os dentes direito e nem sabia pra que serviam, além de doer. Era um tal de taca gota para não doer... Também achava bom que se arrancasse, porque só o doutor matava a dor.

Naquele tempo, era moda tirar todos os dentes e colocar chapra, às vezes se fazia isso no mesmo dia, era mais barato. Era muito chique e o dentista aproveitava e botava dentes de ouro. Minha mãe tinha, pois ela era rica.

Eu, quando crescesse, ia querer fumar cigarro de palha e botar dentes de ouro, vários... Dia destes um dentista me perguntou: "Qual a razão? Por que eu deixei que quase todos os meus dentes fossem arrancados?".

E eu disse a ele: "Sou sobrevivente, meu amigo. Agradeço a Deus por nunca ter tido dinheiro porque meu sonho era também tirar estes que aí estão e botar dentes de ouro no lugar".

Todo médico deveria ter aula de economia e de história, pelo menos pra saber que, à população, ele presta um serviço.

Entre os velórios

Tínhamos lombrigas enormes e se falava muito de crianças que morriam de várias formas por causa delas. Tinham umas crianças que, antes de morrer, ficavam com a barriguinha muito grande, diziam barriga-d'água. A verminose levou muitos amiguinhos meus.

De noite, a mãe passava alho no pescoço porque se a lombriga subisse, ela não conseguia sair pra boca. Lombrigas gostavam de sair pelo ouvido, nariz e acabavam sufocando as crianças.

Mas, entre lombrigas e dentes ausentes, íamos todos aos velórios.

Gelado

Um dia, alguém disse na roda do poço que, menino que tinha medo de morto, tinha que pôr a mão no pé dele e o medo ia embora. Mas era difícil ficar perto do morto pra tocar o pé dele sem ser notado. Tinha gente por perto.

Levei uma vida pra ter coragem com meus medos. Passei por vários enterros e quando punha a mão no pé, na cabeça, na mão do morto..., o medo não passava.

A primeira vez que consegui, dei um grito de contente: "É gelado!"

De noite, quando eu ia dormir, as sombras vinham me assustar do mesmo jeito.

Cínico

Dos enterros que fui, sabia de tudo, desde o receber a notícia, até a última pá de terra.

Quando eu era bem pequena, nossas casas não tinham cercas, dava pra ver toda a casa vizinha.

Um dia, acordamos com os gritos do filho do vizinho. Ele se jogava no chão de terra, com as mãos na cabeça, soluçava e gritava assim: "A mãe não acorda, meu Deus! A mãe não acorda!". Até eu, que era tão pequena, fiquei assustada.

As mulheres atravessaram o riozinho e entraram na casa. Ela estava morta.

Perguntaram pelo pai e ele disse que o pai estava nervoso com a mãe dele. Ele tinha batido na mulher e saído..., pra algum lugar. Ele batia nela sempre, nem lembro o nome dela.

Às vezes, quando ela ia ao poço lavar roupas, as mulheres a ajudavam pra ela acabar logo, porque se ele chegasse e ela não estivesse em casa, apanhava. E se estivesse também.

A gente ouvia o filho e ela chorando. Naquele dia, ele conseguiu matá-la. As mulheres prepararam o corpo, vieram os donos de reza, rodamos o rosário a noite toda em Salve Rainhas, Credos, Pai Nossos e Ave Marias. Velório de mulher nunca tem comida. No dia seguinte, saiu o cortejo para o cemitério.

O homem chorava tanto, chorava e se abraçava ao menino inconsolável. Cínico.

Chegando lá, abriram o buraco e depositaram a caixa de guardar mulheres tristes. Era só mais uma. Cobriram com terra e todos voltaram para seus afazeres.

Eu ainda queria crer que no outro dia cedinho, ela estaria lá, firme. Mas nunca mais ela veio, nem lavou, nem quarou, nem enxaguou, nem estendeu roupa. A única coisa que se estendeu foi a tristeza do miúdo, tão cedo a mãe morreu e ele passou a ser a próxima vítima.

Era um tempo que quem estava apanhando, não sabia o porquê. Quem batia é que tinha suas razões.

O tempo passou e o homem trouxe para aquela casa outra mulher e está trouxe três meninas. Era o que se tinha de arranjar. "Um homem não se vira sozinho", era o que diziam.

Parecia tão natural que a gente foi crescendo e tomando como natural.

Tanto vimos cenas como esta, no andar da nossa carruagem, que para nós era comum. Era a "justiça".

A morte do Dito Preto e o sangue da terra

O Dito era um negro igual a muitos daquele tempo. Era enorme, de pés grandes, braços longos, voz grossa e pausada. Vivia com sua família igualmente enorme: mãe, irmãs, tias, e sobrinhos... numa única casa.

Ele labutava do jeito que podia, com o que Deus mandava. A todo tempo só pedia a Deus saúde. Era pedreiro, carpinteiro, capinador e furava poço. Era o que lhe era permitido fazer.

Quando alguém tratava serviços com ele, podia esperar que ele chegava muito cedo. Quando ele foi furar o poço lá de casa, foi assim: antes do galo cantar, lá estava ele. Quando o sol nasceu e as galinhas acordaram, ele já tinha riscado um redondo na terra. E já tinha começado a cavar. Ao passo que ia cavando, ia jogando a terra pra fora do buraco com a pá.

Todo dia eu acordava e ia ver o andamento do serviço. Vi que a cada dia ele entrava mais no buraco.

Alguns dias depois, ele punha escada e sumia ali dentro. Depois sumiu mesmo. Eu o chamava só pra ouvir o poço responder. De cima dava pra ouvir cada batida da enxada na terra que depois ele subiria com um balde.

Em algumas casas que ele furou poço, logo deu água. Dava pra baldear com a mão. Na minha casa não foi assim. Ele sumiu buraco adentro quase 50 metros, era o que ouvi dizer.

O Dito trabalhava de ferir a terra e ela sangrava e o sangue da terra... era água. Isto era o que o Dito podia ser e parece que ele era feliz.

Muitos homens tinham este ofício e muitos morreram soterrados. Iam cavando, cavando e de repente a terra se zangava e desabava sobre eles. Pronto, lá íamos todos nós vermos o buraco escuro que tinha engolido um homem. E ficar ali atrapalhando o resgate no meio do caminho.

Uma vez veio até um artista, um homem do rádio o seu Gil Gomes. Nossa! Aí que a tragédia ganhou enredo.

Ninguém dizia que não podia ir, então a gente ia, uai! Ficávamos lá até o desfecho da coisa toda.

E não adiantava escurecer. A noite não nos rebanhava pra casa, todo mundo continuava lá.

Com o Dito não foi assim. O Dito dormiu e esqueceu de acordar. Acordou morto. Então, todo mundo foi olhar o Dito na cama, morto.

As mulheres lavaram ele e cuidaram. Puseram ele na caixa de guardar homem que furava poço e deixaram na sala. Daí veio as carpideiras, os donos de reza e "vamu tudo nóis" rodar as rodas do rosário, com Salve Rainhas, Credos, Pai Nossos e Ave Marias.

Outros pretos fizeram o fogo no terreiro pra aquecer a noite triste e cheia de história. A mãe do Dito, chorosa, servia as pinguinhas vez ou outra. Teve sopa de madrugada.

Dona Maria Preta veio encomendar o Filho de Santo para que ele fosse em paz e se juntasse aos outros furadores de poço, com o mesmo destino dele e avisasse que aqui, pra preto, ainda estava osso. A gente aqui ia levando até o dia que todo mundo iria também, que "Deus é justo e cada um é cada um".

As orações da Dona Maria eram mais curtas e mais interessantes, porque ela falava do morto e não da santaria toda. E era uma vez só e pronto! Tava o morto encomendado.

O resto da noite se gastava com aqueles que contavam as anedotas e com aqueles que iam bendizer o morto. Enfim, diziam que era assim mesmo, Deus sabe o que faz e a gente não sabe o que diz.

No dia seguinte, depois do cortejo, chegando no campo santo, o buraco foi aberto. Os homens tiraram o chapéu, as mulheres chamaram na ladainha. A família desesperava. Botaram o Dito no buraco, jogaram a terra em cima dele. Eu sempre achava que a pessoa ficava com falta da ar... ainda acho.

E eu voltei pensando que, se cavasse um pouco mais fundo, dava sangue da terra talvez. O Dito passou a morar naquele buraco.

A morte do Dito me causou remorso infantil porque quando ele trabalhava em casa, a mãe fazia petiscos de carne e de linguiça e mandava eu levar lá na boca do buraco ou onde ele estivesse.

Eu dava uma volta cumprida porque eu ia comendo no caminho. Desculpa Dito, achei que algum dia teria que contar isso, agora contei.

Na mesma rua que morava o Dito Preto, morava também o Seu Dito do Pescocinho. Esse outro Seu Dito matava porco pra vender todo sábado e a gente ia assistir. Até opinava. Esquisita a gente! Não é?

Silvinha

Lá no lixão que hoje é o Fontalis, alguém dizia: "Ouvi dizer que uma pessoa lá do Jardim São João encontrou uma mala com muito dinheiro, ficou rico". "Foi morar lá pros lados da cidade onde tem gente endinheira, comprou restaurante, fez a vida, mudou até de nome". Coisas que eram consideradas milagres.

Uma menina achou uma boneca linda, vestida de princesa, limpinha. A boneca ainda falava, andava e tudo mais... Ela era a menina mais feliz do mundo, igual a Silvinha.

Mas quem era a Silvinha?

Eu não conheci viva, só depois de morta. Silvinha era uma menina que havia falecido há muito tempo atrás, quando estava indo a um passeio de sua escola. Dizem que ela viajava com a cabeça pra o lado de fora da janela do ônibus e um outro ônibus bateu na cabeça dela.

Ela morreu na hora. Os pais eram muito ricos e ela era filha única. Era o que diziam.

Nunca soube se isto era verdade, porque as pessoas adoravam dizer que "ser pobre era bom e que Deus castigava as pessoas abastadas". Assim como dizem ainda que "mulher pobre é igual São Bento, um filho fora e outro dentro", enquanto que a mulher rica cheia de posses nunca emprenhava de boa.

Era sempre na base de novenas, promessas... e tinha uns rebentos necessitados, magros, cheios de não me toque. Antigamente se resolvia na reza, porque acreditava-se que Deus podia estar ouvindo.

Depois a fé foi virando mesmo coisa de negócio e hoje paga-se uma boa inseminação e os meninos vem aos montes.

Eu mesma tentei uma neta assim, a Ana Júlia que está aí agora com alguns aninhos, é um exemplo da forma que conseguimos deitar uma criança no ventre de minha menina Tiana.

Mas voltando ao caso da Silvinha...

Os pais ou alguém, colocavam brinquedos no túmulo dela, em todo aniversário e também nas datas festivas. Isto não é invenção minha não, viu? De jeito nenhum... Deve estar lá, nas escrituras, em algum lugar. Quem quiser saber, pode procurar.

O túmulo era repleto de brinquedos, uns nem passavam na TV, apesar de que na casa da gente ainda não havia TV nem preto e branco.

Pessoas diziam que o pai, que viajava muito, trazia de fora, de outro lugar o que existia de bom e bem longe dali, de avião e tudo.

Coisas que a gente ouvia. Tava tudo ali mesmo e quem tem boca, fala o que quer. Verdade era que na Vila tinha muita gente que contava histórias igual a esta de marido viajante.

E toda vez que o danado ia chegar, elas pediam a cera Cardeal emprestada, mulheres que viviam num perrengue danado. Eu achava que o pai de Silvinha não era destes viajantes pobres que sumiam e voltavam sem um puto no bolso, que não trazia nem pra casa a cera que era pra brilhar o chão que ele pisaria, que até pra isso ele carecia da caridade alheia.

Só fazia filhos e sombra. Engraçado é que hoje me vem à memória: nunca desejei nenhum brinquedo dela, meu brinquedo era subir o morro, entrar no cemitério do Jardim Tremembé, ir até o túmulo e ver o que tinha ali de novo e ir embora, sem querer nenhum deles.

Creio eu hoje que, na verdade, na minha sabedoria infantil, eu tinha como brinquedo o poder de me mover até lá e isso a menina nunca mais iria fazer.

O tempo foi passando e foi preciso fazer ali uma capela pra que os brinquedos não estragassem.

Ninguém levava nada, eu acho que só tardiamente tudo sumiu de lá, até eu que perdi o interesse.

Penso que alguém tirou dali. Um dia apareceu um camundongo entre os brinquedos, isto sim era coisa que todo mundo ali tinha em casa.

Tudo era diferente, até o rato se chamava camundongo naquele tempo. Quando me deu na curiosidade, fui olhar e não estava mais lá.

Acho que a pessoa que levava os brinquedos deve ter morrido ou se curou. Eu imaginava como deveria ser esta pessoa sem a menina. E isso me causava arrepios e uma profunda tristeza.

Então, toda vez que alguém na rota do Fontalis falava de brinquedos achados, ali se remetia ao túmulo da menina morta pra trazer a conversa, que tipo de brinquedo era, em que lugar da sepultura estava...

Eu sempre esperei encontrar lá uma boneca do meu tamanho. Nunca vi, mas queria e eu pensava: "porque quero boneca se nem brinco com elas?". E eu respondia "esta seria minha amiga, vai ficar na minha cama e eu vou cuidar dela, esta eu nunca vou fazer freio de carrinho de rolimã com ela".

Bem, a verdade é que toda vez que tinha data de ganhar presente, a gente ia ao cemitério ver o que a menina morta havia ganhado porque entre todos nós, só ela ganhava presentes.

Na verdade, estou sendo ingrata. Ganhávamos sim: era um Para Pedro, um boneco que já vinha na posição (mãos ao alto), peladinho com uma fraldinha quadriculada, uma mamadeira e uma chupeta.

Fora isso, eu tinha o mundo à minha disposição. Prego, martelo, madeira, lata velha, formigas, tatuzinhas grávidas, mandruvás e a sombra do meu pé de incenso (mirra).

Um riozinho de água fresca e uma solidão de criança que era boa pra criar coisas e pensamentos.

E eu jogava burca, empinava e fazia todos os meus barriletes e capuchetas, dava ordem em todos os meninos. Eu era igual mãe pra "manda nos zotros".

Vivia com as latas grandes, cheias de burcas que mãe sacudia sem dó, rebolava tudinho no mato. Mas eu ganhava tudinho de novo. Mãe achava que eu era menino. E quase sou.

Ela estava certa, soube disto outro dia, tantos anos depois, mas isto não é assunto pra agora, nem pra este livro. Acalme-se leitor, o tempo chega.

A morte no castelinho

Quando morreu o vizinho da casa de castelinho, eu não senti nada, talvez medo de assombração. Ele era carrancudo, mal-humorado.

Vivia na rua acima da nossa, num castelinho com quatro mulheres: a esposa, duas irmãs e sua filha, que era uma menina má. Ele era esvaziado de poesia e de vontade de viver. A cara dele era enrugada toda vida. Acho que ele nasceu daquele jeito, naquela gente... gente branca no meio de tanto preto, ninguém cumprimentava ninguém.

Mas a toda hora estavam a frestanejar pela janelinha que a porta da casa tinha. Parecia assombração mesmo, feito: quem deve e não paga. Tinham seu próprio poço, seu quintal cercado de arame.

Todos nós tínhamos curiosidade pra ver como era dentro da casa e o que faziam ali dentro, fechadas o dia todo sem dar conta a ninguém. Podia alguém ter uma vida só pra eles e nunca dividir com os outros?

De repente, a gente dava de cara com uma alma penada na janelinha, uma pessoa imóvel, uma sombra de gente. Era como um corpo fechado, entregue às bactérias do tempo que éramos nós, doidas por penetrá-la.

Às vezes, a menina se esgueirava pela fresta da porta e ia até o portão, se escondia bem atrás das plantas e parecia querer amizade. Eu fui lá algumas vezes, ela sorria amarelo feito alma e me chamava e eu, como era xereta, ia.

Quando eu chegava pertinho dela, ela estendia a mão e me batia, outras vezes me beliscava. Eu ficava zangada, mas eu nunca soube bater também.

De outras pessoas, ela tomou coisas. Enfim, ninguém se aproximava, ela era má. Eu ia porque precisava aprender a bater também, que ficasse lá.

Agora vem a outra parte do fato.

A mãe criava galinhas. Todo mundo criava e todas as manhãs as galinhas acordavam, comiam algo e saiam para galinhar, só voltando à noite. Galinha é bicho que se cria sozinha, por ela mesma, comia o que bem entendia. Andavam em grupos o dia todo e de tarde cada grupo se recolhia pra sua casa.

Não era preciso mandar ir, tampouco voltar. De tardezinha, elas se espalhavam na margem do riachinho, fincavam o pé na terra, caçavam bichinhos, conversavam, cochilavam e dalí se recolhiam.

Entre as galinhas, sempre tinha os galos, os de casa eram galos índios. Eram lindos com seus penachos pretos e vermelhos com farta cor, eram valentes demais e só andavam com o peito armado... e brigavam, viu?

Tinha gente que criava galos só pra brigar. Acontece que o vizinho do castelinho, amargo vizinho, odiava pessoas, homens, mulheres, crianças, gatos, cachorros, passarinhos e galinhas.

Ele fazia careta pras aves de lá, da sua janela. Um dia, ele avisou a mãe que se os galos passassem em frente à casa dele, ele tomaria providências. A mãe disse a ele que não podia fazer nada.

O tempo passou e num dia pela manhã, quando os grupos de galináceos se puseram a andar por ali, não demorou muito e um galo de casa voltou cambaleando, caiu e morreu espumando pela boca.

A mãe foi na casa dele, arreganhou o portão, se pôs pra dentro do quintal, esticou bem o braço e com o dedo em riste! Ela tem uma estatura quando esta calma, mas quando ela se zanga, aumenta, fica bem maior.

Ela chegou bem pertinho dele, coisa de quem não tem medo e encheu ele de descompostura. Tirou dos cachorros e botou nele, disse o que quis e o que não quis, arrastou o pé no chão, deu um murro na própria mão. Ele lá na porta sem piscar, amarelo. Bem amarelo.

Ouso dizer até que o castelinho balançou naquele dia. Desde então, sempre que podia ele dava uma olhadela na portinhola.

Algum tempo depois, o castelinho amanheceu em pranto. Finalmente descobri que as mulheres que moravam lá tinham vozes. Choravam e pediam ajuda, a mãe e as mulheres foram pra casa e de lá encontraram o vizinho estirado na cama. Morto.

E toca chamar todo mundo. A mãe espalhava a gente num instantinho: "Você vai chamar Seu Quinca da Reza", "Você vai na Dona Conceição e pede que ela que mande Erva-de-cheiro, que o vizinho morreu", "Chama as muié pra lavá o morto".

E virou-se para uma das mulheres da casa e disse: "Num chora, senão seu coisinho num descansa. Funila, imbica e agiliza o diabo", "Estamos com você mesmo que não queira".

"Arruma bacia, toalha, roupa limpa, sapato que esse cristão precisa ser cuidado, que aqui nóis num nega cuidado pra ninguém".

Chegamos dos corres e nos pusemos a fazer aquilo que queríamos: curiar. Ficamos ali na sala, olhando tudo o que o olho alcançasse e cobrando daqueles que ainda não haviam testado a sua coragem.

Quem iria pôr a mão na sola do pé, na mão, no rosto, quem?

Às vezes a gente tinha acabado de sair das brincadeiras com terra, pois neste tempo nenhum vivente tinha nada contra terra. Aí o morto aparecia com as mãos todas sujas e então a mulherada já sabia que aquilo só podia ser coisa nossa, ficava de olho!

E nós trouxemos o que todo menino traz, curiosidade. Daí eram duas empreitas, tinha que manter um olho no peixe, outro no gato.

Enquanto isso, na sala, chega Seu Quinca, o dono de reza. Chegou pra encomendar o corpo.

Chama na reza, "muierada",
e tome ladainha,
e tome Salve Rainha,
Credo, Pai Nosso,
e Ave Maria.

E toca nós, roda a roda do rosário até fazer a volta toda. Uma pausa pra falar do morto sem defeito.

Alguém puxou o cordão dizendo: "bom homem, trabalhador, bom pai, bom marido, cumpridor dos deveres" e tome uma salve rainha, uma talagada de cachaça. Outro dizia: "responsável, educado, nunca passava pela gente sem saldar. Incapaz de fazer mal a uma mosca".

Não aguentei: "Mintira! Ele num saldava ninguém, ele matou o galo índio da mãe faz pouco tempo". Fez-se ali na sala um breve silêncio.

E o velório e enterro ocorreram normalmente.

Mas a mãe me deu uma coça quando voltamos pra casa. Ora essa. E eu estava mentindo?

A morte que nunca cessa

O tempo varreu os donos de reza, carpideiras e me varreu do meu quintal e do meu bairro. Fui morar num convento. Tem aí um tipo de morte.

Desde então comecei a ver a morte de outro jeito. Quando a gente é livre e pode transitar por todo lugar, a vida é boa. Se nos aprisionam, morre um pouco da gente.

Morremos todo dia, cada dia um tantinho. No dia que fui entregue a maldosos estranhos, morreu em mim a fala: "não dê ouvidos a estranhos".

No dia que sofri tanto desengano e ofensa, disseram que meu cabelo era ruim e me raparam os rolinhos todos. Morreu em mim alguma coisa que até hoje não sei o que é.

Quando apanhei sem motivo e sem poder chorar, morreu em mim o choro, a vontade de viver e a fala.

Nos dias que se arrastaram sem meu mundo, morreu em mim a esperança de liberdade.

E a cada dia que eu continuava lá, ia morrendo em mim algo maior que ainda vivia dentro de mim e que insistia em sobreviver.

Eu quis morrer. Mas morrer não estava em meu poder, eu só podia querer.

É muito triste uma criança pensar em não existir, morrendo... pois, diante do universo, são a razão de tudo. O princípio, a união dos falos, pura fertilidade em movimento.

De tudo que morri, do tanto que sofri, ainda restou uma chaminha e está chama, por não entender o que aconteceu, cresceu e ficou adulta com seis anos de idade.

É como escreveu Valter Hugo Mãe, em seu livro O Filho de Mil Homens: "pra dentro eu morria".

Nos dias que se seguiram, segui morrendo e vivendo pra dentro.

Não era mais eu, nem a sombra.

Nem todo cheiro fazia sentido, nem tudo o que eu via, eu queria saber.

Nem tudo o que eu sentia, eu dizia.

Meu quintal morreu pra mim, então como pra uma criança tudo era renovação, nasceu em mim um outro mundo, dentro do meu mundo.

Os panos da história

Naquele tempo, quase tudo era caseiro. Era o faça você mesmo de hoje, principalmente nas roupas.

Eu mesma fazia roupinhas pra umas bonecas catitas que alguém me deu... não sei quem foi.

Nunca gostei de brincar com bonecas, mas gostava da criação de roupas e do desafio de vestir uma boneca que mal cabia na palma da minha mão.

Eu também vestia caroços de manga e espigas de milho e, pra desespero de minha mãe, vesti um rato e guardei numa caixa de sapatos, debaixo da cama. Criei ele um bom tempo.

Um dia, a mãe achou ele e o matou. Fiquei doida. Será que ela gostaria que alguém matasse um filho dela? Naquele dia, ela nem deu resposta ou não ouviu. Melhor assim.

No meu bairro, quase todas as mulheres costuravam, mas a Dona Cida era a nossa costureira oficial de natal. Dona Cida era nossa designer natalina, nossa modista. No mesmo período que começava arrumar a casa, planejava-se também as vestes.

Íamos em bandos pra casa da Dona Cida, para ela tirar as nossas medidas.

As mulheres não tinham instrução escolar, então não me perguntem como ela marcava nomes e medidas. Nunca pensei em olhar o caderno dela.

Nem nossos nomes ela sabia direito, sabia de quem iria cobrar e isso era o bastante. Ela tinha um caderno de incógnitas tecíveis, marcadas por lotes.

Mas os saberes delas iam além, muito além de letras e números, tanto que Dona Cida separava os meninos por lotes, pelos nomes das mães e nunca ouvi dizer que errasse nas medidas.

O que se ouvia sobre ela, era que ela batizava os tecidos que usava, que queria dizer: "ela roubava nas medidas", era o que diziam 'à boca miúda' as outras mulheres.

Então, depois de toda molecada bem medida, vínhamos cada um com um recado, dizendo quanto era pra levar de fazenda de tecido.

As mães se entreolhavam e balançavam a cabeça. Na hora de comprar o tecido, se ela pediu dois metros, comprava-se um metro e meio. Mas, pra economizar ainda mais, compravam uma fazenda inteira, porque saia mais barato.

E de mais a mais, se a roupa do mais velho ficar curta, tira da roupa do caçula e fica tudo certo.

Teve um ano que mãe fez tudo de rosa choque e ficamos todos rosados, meninas e meninos. Não tinha importância: "Além de dar tecido a ela, ainda tinha que pagar, ora essa!". Quando a gente era pequeno, não liga mesmo pra isso.

Isso de querer ficar bonito é diferente, só vinha na adolescência e a gente não tinha TV.

As roupas se diferenciavam porque, como o tecido acabava, ela inteirava com retalhos. Então era normal a roupa vir com emendas de outras cores na cintura ou com uma faixa na lateral, na gola.

Às vezes vinha curta, bem mais curta, pula brejo mesmo, e era nesta hora que novamente as mães balançavam a cabeça e punham reparo: "Ela afana nos panos, eu disse". Mas não tinha problema pra gente porque, como diziam elas, "minino é minino". Mas, "a discaração é no bolso, cumadi".

Quando entrou na nossa casa a 'caixa que vinha com gente dentro', tudo foi mudando sem a gente perceber. Passamos a desejar coisas que até então nem sabíamos que existia.

Minha Bisa, desde o primeiro momento, dizia: "Paricida, põe essa ratoeira pra fora, que ela vai toma conta da sua casa".

Quando o locutor dizia que tal novela não era pra tal idade, não adiantava reclamar, ela não deixava assistir e pronto, tá conversado, pois se o próprio dono da caixa falante tá dizendo que num é pra criança vê, uai.

Com a caixa que vinha cheia de gente dentro, vários desejos se libertaram. A mãe queria a frigideira T-fal. E até começou a fumar uma marca daquelas da TV. Comprava uma carteira de Free e ficava livre pra fumar até... Até a hora de acabar a liberdade.

A costureira perdeu as costuras, porque agora as crias mais velhas até já trabalhavam. E uma enchente de índigo blue azulou o universo do Ataliba. E eram tantas marcas, Levis, Staroup, Ram e muitas outras.

Não se vestia mais a roupa e sim a etiqueta. Os comerciais de cigarro eram os mais bonitos, eram filmados em lugares abertos, as pessoas andando em caminhonetes, por estradas que sabem Deus onde dariam. A moça chegava para o pai e dizia: "Pai, vou sair só. Volto segunda", "Vai pra casa da vovó filha?", "Não, vou acampar com amigos". E o pai dava lhe um beijo em sua testa e ela saia mundo afora com os cabelos ao vento.

Um dia, baseado nesta experiência, eu disse a minha mãe que ia numa matinê, no Sideral, lá na Avenida Guapira. Eu arriscava, né? A danada me deu uma surra só porque eu disse que lá ia.

Fiquei cheia de vergão, "Mas o que há com ela?", pensei. "Será que ela não entendeu o reclame?". Fiquei irada e fui toda rabiscada da vareta que apanhei.

Comigo não dava certo igual na propaganda.

O batismo

É impossível falar de pano sem falar de comidas e medidas.

Os comerciantes também batizavam as coisas. Colocavam água no óleo de cozinha e no querosene.

A cantilena era a mesma, só acrescentava o batismo.

Acredite, leitor, eu pensava na minha cabecinha, bem assim... "O padre vindo ali e jogando água no óleo, no querosene, pois era só ele que podia batizar".

Mas depois aprendi que esse batismo era uma sovinice de vendedor, que inteirava com água pra ter lucro... era roubo.

Fiel da balança

Seu Dito do Pescocinho também era vigiado de perto por elas, porque ele vendia nas portas.

O fiel da balança tinha que bater rente e quente, onde elas punham o dedo. Diziam que a balança era viciada, caia sempre no mesmo lugar, lugar marcado.

Até o leiteiro batizava o leite. De manhã, eu me levantava cedinho pra buscar leite e pão, lá na esquina da Carlos Martel.

Eu levava uma garrafa de vidro onde o português mal-educado deitava o leite dentro. Não haviam ainda inventado o pãozinho, ele só vendia filão, uma bengala que eu trazia sempre na axila.

A mãe reclamava, mas eu esquecia e repetia do mesmo jeito, todo dia. A mãe parou de fazer pão em casa.

Mais tarde, já iam chegando mais comerciantes. O padeiro passava de madrugada e deixava o pão e o leite que agora vinha num saquinho de plástico. Deixava tudo ali no chão, leite e pão.

Os pães num balaio de palha. O leite na caixa de plástico. Ficava ali desde a hora que era posto até o dono do bar abrir o comércio.

Ninguém mexia. Nunca entendi por que chamavam a gente de ladrão. Mas dizem que crianças não entendem as coisas.

O Português e a gataria

Quem vendia o leite era um português mal-encarado, de cara vermelha e braços peludos. Tinha uma falta de educação que combinava com falta de respeito eterna.

Ele vendia leite e pão pela manhã em sua carroça, puxada por um pobre burrinho cansado, bem mais educado que ele.

De tarde, este mesmo homem vendia sardinha. Parava a carroça no mesmo lugar onde parava de manhã, ali onde hoje é a junção da Rua Carlos Martel com a Rua Diva Rodrigues de Oliveira. Dona Diva era irmã da nossa costureira, Dona Cida. O nome dela virou nome de rua depois que ela morreu.

Ele parava a carroça e gritava:

"Sardinheirooooooooooooooooooooooooooooo!
Olha a sardinha fresquinha,
Quase viva, piscando o zoinho, venha logo freguesia,
Traga o balde, panela, bacia,
Sardinheirooooooooooooooooooooooooooooo!"

Este peixeiro dizia coisas obscenas pra gente e, se nós respondêssemos, ele falava pra mãe e éramos castigados. Não podia faltar respeito com os mais velhos, nunca.

A rua enchia de gatos bem antes das mulheres chegarem, e gato não tem freio, subia na carroça por todos os lados, quanto mais ele tocava, mais eles subiam.

De repente, ele enchia a mão de sardinha e rebolava longe (rebolava é o meu jeito de dar movimento a fala). Os gatos comiam, mas voltavam pra carroça.

Ele não xingava os gatos, mas xingava a gente. Mas quando as mães estavam perto, ele nunca xingava, pois as nossas mães eram muito valentes.

Ninguém tinha geladeira, então todo peixe e toda carne, depois de limpos, eram salgados, defumados e pendurado no varal.

Os gatos ficavam miando embaixo o dia todo, às vezes o bambu dançava com o balanço do vento e eles dançavam juntos. Só sossegavam quando os peixes eram recolhidos no entrar da noite.

Ficávamos assim, perseguindo o varal o dia todo, eles e eu.

A festa afinal

Tio Cido era meu tio avô, filho mais velho dos 16 que minha Bisa parira.

Em dias comuns, a refeição era iniciada aos domingos pelo meu padrasto. Ele começava ficando de pé na frente do prato, então pegava o seu copo, punha uma dose de cachaça e deixava escorrer no canto da pia, dizia que era pro santo. Não sabia ainda ao certo o que isso queria dizer, mas nunca esqueci.

Hoje sei que a este ato se o nome de libação. É uma reverência à Mãe Terra e aos nossos ancestrais que nos ensinaram tudo o que sabemos. Ele era indígena.

Foi muito importante ter alguém em casa que fizesse esta reverência. Quando passei a entender, achei ele ainda mais importante.

Mas no natal não tinha nada disso.

A festa começava quando ele, o Tio, chegava e se sentava no sofá da sala, aquela de taco que eu te falei antes de onde só sairia pra fazer coisas que nenhum de nós poderia fazer por ele.

Botava os pés no sofá, ajeitava a barriga e coçava a frieira... a cada vão de seus dedos, trocava de história e dizia "né, Parecida?", que consentia balançando a cabeça. Tudo o que ele dizia era verdade e, se não fosse, passava a ser verdade, afinal era o Tio.

Nunca soube que nenhum de nós esperasse deste povo um abraço, um elogio, um bem querer, nunca. Recebíamos ordens: "traga isso, dê-me aquilo". Sequer nos chamava pelo nome, éramos "negrinho" ou "negrinha".

E o que eles achavam feio em nós, virava piadas de mau gosto para o deleite deles mesmos. Aqui é quando eu digo que a sala condena o que deveria defender.

Tio trazia suas crianças, eram duas que vinham com seus presentes de Papai Noel e não se juntavam a nós. Bem medido e bem pesado, éramos ali os filhos da escrava, servindo antigos patrões.

O produto gerado pela frieira do Tio caia no soalho brilhoso de taco encerado e na "minina dos zóio" de mãe que fungava pra dentro intimamente, com uma raiva só dela.

Mas todos mantinham o sorriso forjado à custa de muito vinho, Sangue de Boi legítimo que meu padrasto trazia pra aliviar as verdades da festa.

Às vezes ele até elogiava o brilho do piso, não sei se era de verdade ou deboche, falava no bom gosto pelas cortinas toda vez que limpava os dedos sujos de gordura nelas e puxava pra limpar a boca. Ela dizia: "Que nada, o chão tá sujo. As meninas têm preguiça".

Nesta hora, uma raiva dava em mim, minhas mãos ainda sangravam. Você aí leitor, há de se perguntar: "A que horas brincavam?".

E eu vos direi, a gente brincava de ficar invisível, fazer silêncio, senão quem guardaria tanto pouco caso pra contar.

Ele, o Tio Cido, era respeitado, viu? Sabe lá o que é chegar num lugar e ser esperado, respeitado e ter ali lhe esperando as coxas e sobre coxas de frango que só seriam aquecidas pra ele no momento certo? Tá entendendo?

Este era o grau de importância. A chance de uma negrinha como eu vir comer um pedaço que fosse desta carne, seria roubando..., o que não era possível.

A outra chance diante das minhas estatísticas, com 14 anos de idade, só comi quando saí de casa. Mas por não ter dinheiro, galinheiro nem conhecimento. Acabei de me criar e criei os meus com pé de frango, estava mais a minha altura.

Fim da festa

Ele era a festa, iniciava e encerrava a festa.

De repente, ele dizia: "Oh, Parecida! Sopra no borraio muié, põe vida nesta cinza, põe o preto pra passar no saco". Isto queria dizer que estava de saída.

A partir daí os assuntos iam se fechando, não ao tempo de relógio, mas ao tempo que a água ferveria.

E só agora as mulheres semimortas, até então guardadas em si, se despregavam do sofá, balançavam as saias, se espreguiçavam, se desembrulhavam e pasmem: falavam!

Os segredos dos feijões eram postos à prova, as pitadas dos feitiços postos à mesa ou ao pé do ouvido.

Cada tempero era passado com a delicadeza que a receita e a amizade mereciam. E elas falavam entre si o que achavam do banquete e isso não era elogio, não! Sempre dizendo pra aquela mulher negra que continuasse tentando, um dia seria tão boa quanto elas. Brancas!

Não era agradecimento, não era despeito e desfeita, afinal elas iam por obrigação de seus donos, eram cativas. Iam porque não tinham escolha.

Neste quesito, cor da pele não influencia, tinham que ser obedientes, senão é como todo bom oprimido que se preza. Tinham que dar o troco e escolhiam a casa da gente pra ser opressoras, ao ver delas, éramos menores, bem menores, tanto que não merecíamos nem ser chamados pelo nome.

Semimortas

Quem eram elas? Eram duas, eram irmãs. As mulheres semimortas, estas as quais eu me refiro aqui. Vinham com o Tio Cido.

Uma delas, a Tia Tê, era esposa dele. Não tinha filhos ainda, só veio parir muito tempo depois. Diziam que só o conseguiu depois de muita reza e simpatia.

Nunca eu soube se ela queria ter um filho mesmo, não tive tempo nem interesse pra perceber. O que dela sei contar é que me parecia doente, era já meio corcunda e obesa. Mas naquele tempo obesidade era sinal de saúde.

E as costas arqueadas não diziam nada sobre postura, ainda. Eu não gostava desta ali na sala de dia de natal, mas no correr do ano ela não era má. Não era nem pedra, nem tijolo.

E ali sentada, calada, silenciosa, era uma voz sem voz. Era o eco da voz, da outra que direi a seguir. Sua irmã.

No correr do ano, por vezes a mãe mandava recado pra ela, que vinha menos em casa. Isto depois que ela se mudou pra mais longe.

Aquele povo vivia mudando, assunto que já disse por ai e ainda vou dizer mais nalgum lugar, o porquê e razões. Tudo que é mulher, é danada pra ficar mandando recado e com elas não era diferente.

E como não existia Correios na Vila, nós, as crianças, prestávamos pra este leva e traz. Éramos boca e ouvido delas. Mãe falava o recado e dizia: "Risque o recado... me traga a resposta sem demora". Engraçado, mãe nunca escrevia, ela riscava no ar e a gente que pegasse e não esquecesse, senão...

Até hoje ela testa a memória dos seus filhos.

A mãe ameaçava: "Pélé pécá, não coma nada lá! Não beba nada lá!".

Mãe tinha um medo de feitiço que se pela, ela ainda tem. "Vá até a porta, dê o recado, colha a resposta, gire no calcanhar e retorne, senão...".

Entenda que isto hoje, bem medido e bem pesado, nem era medo nem birra. Era ciúmes. Até quando ela mandava a gente na casa da Dona Luci, aquela moça que Lulu adotou como mãe, ou ir a um comércio comprar algo, a reprimenda era a mesma: "Risque, cisque, bilisque, retorne".

Toda mãe já teve o mesmo pensamento do filho, ela sabe bem o que ela está dizendo e que o sujeito poderia mesmo assim jamais obedece-la. Eu era esta pessoa.

Ela sabia disto, meu Deus como ela sabia que eu já saía com outros planos na cabeça. Era por esta razão a ameaça.

Agora a parte nojenta. "Vou cuspir no chão! E antes do cuspe secar quero você aqui". Mãe falava como um coronel. Meu Deus, eu acho, sempre achei esta fala de mãe tão nojenta pra uma boca tão asseada.

Ela enchia a boca pra falar e eu nunca havia dito antes, nunca me perguntaram. Como é nojenta a frase e a intenção. Sabe o que me lembra ela? Aquele costume que certas pessoas tem de cuspir e escarrar em qualquer lugar, a qualquer momento, chegando às vezes quase a acertar na gente?

Eu chamo estas pessoas de atiradores de elite, máquina de disparar torpedos. Parece até profissão quando tem vários juntos, geralmente em butecos aqui perto de casa. O cabra puxa o ar pra dentro de si, faz lá a raspagem ruidosa de dentro dele e lança pra fora com uma certa pressão.

E quando tem filho pequeno, a criança aprende com ele e vira costume. Às vezes, a família pratica em grupo. Vou deixar este assunto pra lá que é cedo ainda pra tanta nojeira.

Credo, que nojo!

E a nojeira aqui era outra. Sigamos.

Confesso que quando me tornei mãe, que foi a melhor coisa que eu me tornei na vida, eu usei muito esta mesma ameaça e aí nem me parecia assim tão asquerosa, de tanto que se torna necessária.

Traçando a dificuldade do trajeto

Ir à casa da Tia Tê não era tão fácil assim. Depois que ela mudou do Ataliba pra mais longe e depois foi morar no Joamar, o trajeto ficou longo e perigoso.

Porque pra ir até lá tinha que passar pelo Bairro do Fidalgo, ali onde tem a rua da feira de domingo, a Antonelo da Messina.

Havia contenda entre moradores. Uma coisa besta territorial, fronteiriça. Os moradores pequenos que cruzassem o bairro do outro sem um adulto pra acompanha-los, apanhavam e vice-e-versa. E isto era tão certo que até as viaturas deixavam acontecer e até assistiam.

No domingo, depois da missa, sempre tinham grandes brigas territoriais, às vezes bem violentas, porque a igreja de Nossa Senhora do Carmo reunia grupos de todas regiões.

E assim, bem medido e bem pesado, primeiro a gente rezava e ia no parque rodar no dangue. Depois um quebrava a cara do outro e pronto, o que apanhou, chorava. O que bateu, sorria. E vice-e-versa, até a gangorra do destino virar.

Era marcação de território, como se nós tivéssemos herdado aquele pedaço do mundo da ponte pra cá ou pra lá. Coisas que adulto esquecia e criança jamais.

Fazia-se até aposta pra ver quem eram os heróis da região. Minha irmã Miriam era uma delas, porque se defendeu de uma professora que foi bater nela. Ela tinha 7 anos. A professora bateu nela, ela devolveu, eu acho.

A mãe foi chamada na escola, pois que este fato se deu na sala de aula. Mãe bateu nela.

E ela em reprimenda nunca mais foi até a escola, até ontem. Então ninguém mexia com a gente de casa porque alguém lembrava:

"É irmã da Miriam".

Este caso fez com que minha irmã nunca tivesse estudado. A violência sempre existiu entre nós.

A viagem

O trajeto agora era longo, de Ataliba ao Joamar é bem meia hora de relógio, se nada disso que citei acima acontecesse.

Elas, as duas irmãs, sempre moravam perto e quando uma mudava, a outra mudava também. Eram como a corda e a caçamba.

Era um sobe morro, desce morro, passa ponte, pinguela, ruela. Dava, sim, fome e canseira. Quando eu chegava lá, eu até já tinha esquecido a ameaça de mãe, porque mãe sabe escrever, como eu já disse, mas não escreve no papel. Mãe escreve no ar, pra testar a cabeça da gente.

Eu dizia o recado de mãe, ali colada ao batente, a soleira da porta, limitrofiado por minha mãe. Pronta pra ouvir a resposta, rodar no calcanhar como havia sido dito e muito bem dito.

A Tia Tê respondia ou não respondia, não lembro. Eu já ia rodar no calcanhar, mas aí a Tia dizia: "Entre, você não sai daqui sem descansar da viagem, beber uma água fresquinha e almoçar com a gente".

Meu Deus, como eu ia dizer que ela havia adivinhado a fala da outra que havia me ameaçado com o cuspe dela? Era justamente isto que não era pra fazer.

E ela dizia ainda... "Se fosse um filho meu, sua mãe faria o mesmo, eu sei que Cida vai entender".

Meu Deus, como dizer que "não"? O cheiro da comida dela era incrível. Era cheiroso demais.

A gente tentava ganhar tempo no caminho correndo, pois era sempre assim. Mesmo porque, pra quem fica e espera, todo e qualquer tempo é demora. E pra quem tem canseira, fome é bocudo e zóiudo, sempre pode dar certo e o quitute vale o pescoção.

Sendo assim, quem lá tivesse que esperar, que esperasse.

Um bom tempero, uma boa comida e água fresca, sempre está propositalmente por trás de algum esquecimento, de alguma coisa. Qual era mesmo a ameaça?

Eu sentava e me banqueteava. E depois também, mãe sempre recebia o recado com má vontade. E a bem da verdade, comendo ou não, o sopapo era certo.

Bem medido e bem pesado estou aqui confessando que Tia Tê não era de todo ruim, mas era "Maria vai com as outras". E sua ruindade só surgia quando ela estava com a irmã dela, a outra, a Tia Ma.

Esta sim era o cão por dentro do mato, ruim de natureza, cínica e mentirosa. E pra comer alguma coisa na casa dela, só estando com mãe. Mas a comida dela tinha cheiro de nada.

E quando ela levantava a tampa do fogão, já era lá pelas tantas. Depois de muita conversa rolar feito água por debaixo da ponte, ela gostava de explorar não só a mim, diga-se de passagem.

Esta era a que mais ia em casa fora das festas. Era ela a "leva e traz" a Zé Porva como se diz hoje. E desde que eu li a história das bruxas Maga e Min, eu associei às duas irmãs, sendo que a história em quadrinhos das bruxas tinha graça.

E eu demorei para perceber as armadilhas dela, que era falsa e sabia enganar as outras pra conseguir o que queria, pra manter sua casa arrumada, sem mover uma palha e sem pagar nada.

E não pense que ela ao menos agradecia. Ela tinha duas caras, mas só usava a cara feia. Esta tinha filhos, parira duas vezes, tinha um casal.

A fala falsa dela era assim: "Oh, Maria! Sua filha põe a cadeira, lava a louça, penteia o cabelo sozinha, é tão prendada. Eu queria tanto que a minha fosse assim". Como seria se ela nunca ensinava?

Lembra que falei isto lá no início? Ela era uma das mulheres que dizia isto de mim. E ainda me chamava de Russinha, igual mãe. Puxe pela memória que você já viu isto aí pra trás.

Eu sou exibida, ficava toda cheia de mim por dentro e me lascava por isso. Eu achava que ela gostava de mim. Aí é que vinha o golpe: "Oh! Maria! Deixa ela ir em casa brincar com minha filha. Quem sabe assim a minha pega o jeito e aprende com ela?".

Como se fosse possível um avestruz virar cegonha só por estar junto. Mãe mandava eu ir com ela. Eu ia.

Já no caminho, a porca torcia o rabo. A fala dela e o olhar mudava. Olhar de soslaio, a fala apertada pelo canto da boca. Ia comprando coisas e pendurando no lombo desta que vos fala.

Quando chegava na casa dela, botava eu pra segurar o menino gordo dela. Eu era magrela, até vergava com o peso dele. A filha brincava com os brinquedos eletrônicos dela, que por sua vez brincavam sozinhos.

A menina brincava enquanto eu lavava, varria e segurava o irmão dela. E não minto, eu comia a comida dele escondido, que ele desperdiçava tudo mesmo.

E a comida dele já era estas de pote e era ruim. Nem era considerado comida por mim, que já tinha bom paladar e conhecia bem o que era bom. Ali nada era bom, a não ser o ir embora.

A desgraçada me fazia de escrava dela. Era minha Sinhá. Eu era a negrinha necessária pra carregar o filho pesado dela no colo e pra brincar de cavalinho com a filha. Detalhe é que o cavalinho sempre era eu.

Na hora de comer, ela e a filha se recolhiam na cozinha e eu ouvia o barulho dos talheres. Mas a comida dela nunca que tinha cheiro de nada que lembrasse comida. Aí, a certa hora, eu chorava. Ou porque ela me batia, ou porque eu sentia saudade da minha casa.

E às vezes, já ia noite alta e até o marido dela já estava de volta do trabalho. Eu nunca soube explicar esta agressão quando voltava pra casa. Nem era considerado agressão.

As batatas

Uma vez ela colheu batata doce na roça, cozinhou e não me deu nenhuma, comeu na minha frente. Ela e as crianças dela... e não me deram nenhuma. Fiquei triste, muito triste, não sabia porque fiquei amuada e ela chamou minha mãe.

Mãe me levou pra casa de colo, eu já estava com febre. Tive febre, muito mais febre de tarde, de noite. Tive diarreia, moleza no corpo.

A mãe perguntava se eu tinha visto alguma coisa e não tinha comido. Nunca que eu sabia dizer, porque não sabia que era por causa da batata doce.

Mas até a presença dela me fazia sentir me muito mal. Eu que já era um fiapo de gente, de tão magrela. Emagreci muito mais.

Aí veio a equipe de saúde, a bisa veio, e disse à mãe: "Precisa ver o que foi que ela viu e não comeu!".

Dona Maria Preta trazia coisas pra ver se eu lembrava o que estava me causando mal. Dona Maria dizia: "Cumadi, ela tá aguada, tem que passar alho na garganta bem reforçado, pras lombrigas não subir". Seu Osório fez mesinhas.

Alguns dias depois, eu acordei, era de tardezinha, ela tinha vindo pedir pra minha mãe pra eu ir "brincar na casa dela". A mãe contou o que aconteceu comigo desde aquele dia e Tia Ma disse: "Ela viu o pessoal comendo batata doce, Cida!", "E você, não deu pra ela?". "Não, eu não fiz por mal, não sabia que ela iria adoecer por isto".

Elas brigaram. Eu torci pra mãe bater nela, mas mãe largou ela pra lá e pediu a meu padrasto, assim que ele chegou do serviço, pra que ele pegasse a enxada e desenterrasse algumas batatas doces. Ele fez isso.

Ela cozinhou e eu jantei batata doce naquela noite.

Dona Maria Preta levou uma batata pra pôr no altar, em agradecimento. Naquela mesma noite, eu melhorei.

O rosto ganhou cor de criança viva. Eu levantei da cama, não tive diarreia. Estava fraquinha, mas estava melhor.

No dia seguinte, mãe escolheu uma galinha bem gorda e bonita e fez ela pra mim com pirão. Minha mãe, toda vez que a morte me ameaçava, parava tudo. Não ia ao emprego, não passava a roupa, não dizia uma palavra. A qualquer momento que eu abrisse os olhos, ela estava ali no escuro da noite ou no clarão do dia, velando meu sono. E só voltava à vida normal quando eu melhorava.

Até hoje eu ainda tenho febre que vem e vai quando fico triste. Já era sinal de lúpus, lá na minha infância.

Ninguém naquela época fazia menção ao mal que aquela mulher, a Tia Ma, causava a mim as plantas e aos bichos. Se sentiam, não diziam.

Houve um tempo que, quando ela vinha me pedir emprestado a minha mãe, eu aprendi dizer que não iria. E se fosse ameaçada de apanhar, eu preferia a surra a seguir com ela.

Então, esta era uma das mulheres sentadas na sala de natal. Era a figura deste demônio protestante que eu cito como imagem do mal. A irmã dela era só "Maria vai com as outras", como eu já disse.

E eu não perdoo.

Tia Ma morreu recentemente e eu fiz de tudo pra chegar atrasada no enterro, mas a danada estava lá na pedra até a hora que eu cheguei. Eu revi o moleque gordo que eu segurei, a menina mimada e as outras pessoas que ela prejudicou ou tentou.

Fui embora com o coração apertado, com as lembranças em mim contidas e ainda fiquei triste comigo por nunca esquecer o mal que a presença dela me fez.

Tinha muito tempo que eu não via a aquela parte da família. Nunca que senti saudade. Eu não me despedi de ninguém.

Todos nós vimos ela ser trancada lá no cemitério. O moço passou cimento.

Pra mim, tinha até que escorar alguma coisa lá.

Fio de ferro

Sempre quis ir pra escola, minha irmã entrou na Escola Marechal Rondon, no Jardim Joamar. Minha mãe conseguiu colocar ela lá porque o Tio Cido cedeu o endereço dele.

A Escola era tão bonita, toda branca com telhado marrom. As professoras sorriam. As crianças iam de uniforme com camisa branca de botão e gola. Usavam sapato Vulcabrás preto com uma prega em cima e saia plissada azul marinho.

Ela ia tão bonita, a mãe penteava, ela dava almoço e a gente ia levar ela na porta da escola ou eu ficava na Dona Dora até a mãe voltar.

As crianças não podiam andar sozinhas, já tinha tarado. Um dia uma mulher brigou com minha irmã e ela disse que contaria tudo pra mãe. Então a mulher disse que se mãe fosse falar com ela, bateria em mãe com o fio do ferro. Naquele tempo, o fio ferro era separado do ferro.

No dia seguinte, a mãe foi levar a Miriam na escola e levou o fio do ferro na mão. A moça desconversou quando viu que mãe já tinha seu próprio fio de ferro. "Não era mais o ferro em brasa", foi o que pensei.

Era nesta escola que eu queria ir. Isto foi antes do convento. Quando voltei do convento, eu queria mesmo era recolher meus caquinhos.

Capítulo 2
A Perda do Território

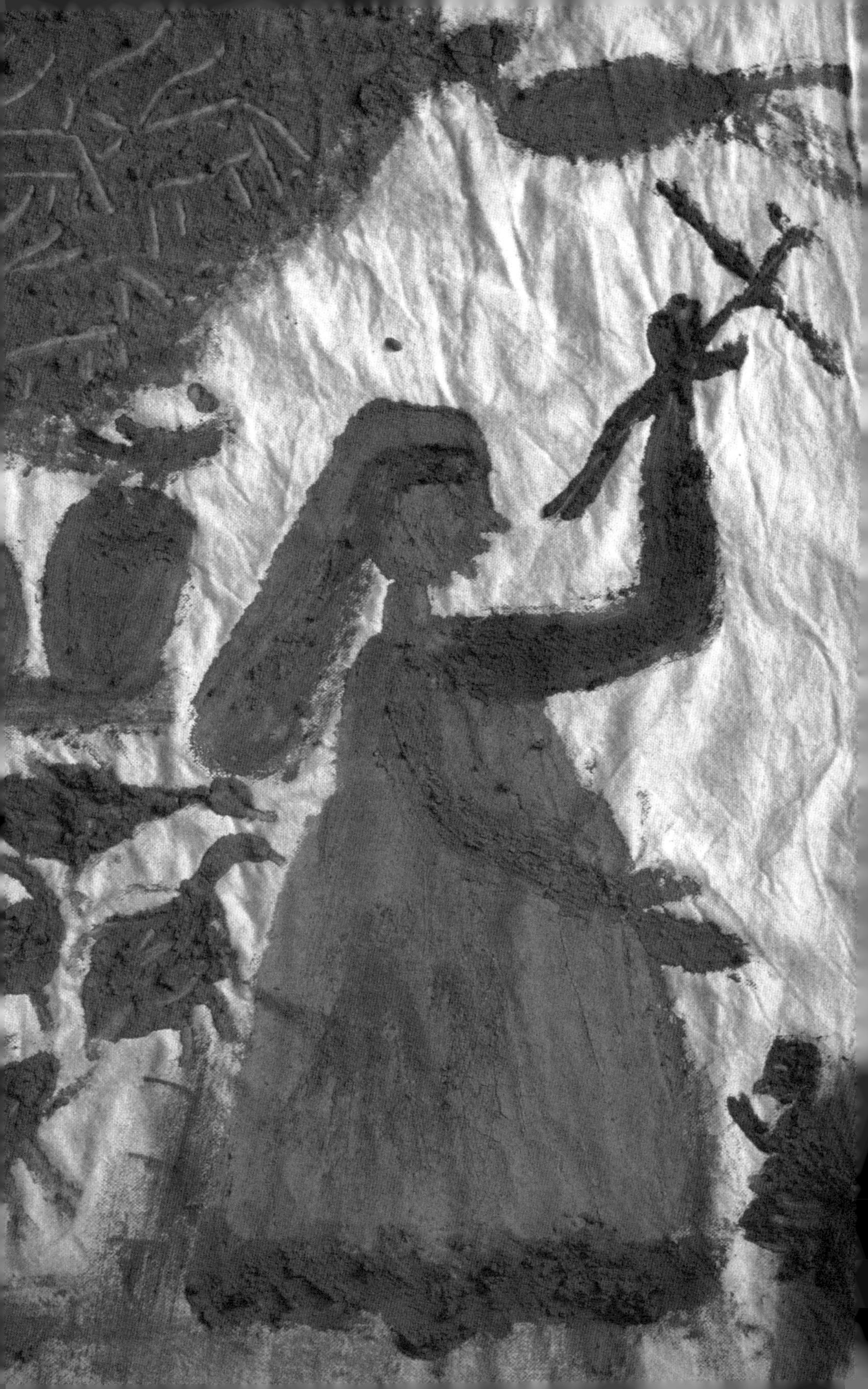

Obra
Os amigos mau encarados de Jesus.
Inimigos das crianças

Técnica
Barro do meu bairro
Óleo de cozinha
Sal
Cola branca
Sobre tecido

Feia

Lá em casa, ia uma mulher feia. Tão feia de ser gente boa, feia de judiar, feia, feia, feia. Ela nunca tinha nada pra fazer, roupa pra lavar, criança pra trazer agarrada a barra da saia... nada. Agarrada a ela, só a gargalhada de maldade e as mãos e coração vazios.

E o pedaço de carne dentro da boca, pra maldizer. Segundo ela, tinha 5 filhas e todas estavam num lugar muito bom e só sairiam com 18 anos quando estivessem prontas pra trabalhar e sustentá-la. Dizia assim: "Nem visito, lá mesmo comem, dormem, acordam, estudam e ficam por lá. As crianças de hoje se trata assim pra dar valor aos pais. Se sofrem, é pra saber que a vida é dura desde cedo".

Alguém perguntava: "Mas você não sente saudade?", "Sinto nada e pelo que tenho pra dar a elas, de qualquer lugar, faço chegar". Ela não tinha nada pra dar a ninguém. Só vivia procurando festa, baile e lugar pra encostar. E aconselhava as mulheres a por lá seus filhos também, porque freira era ligada com Deus e fazia bem.

Às vezes, a mãe tava nervosa e dizia: "Vou fazer igual a Vicência", era esse o nome da feia. "Por vocês no colégio de freira e buscar só quando estiver grande". Eu não conseguia imaginar o que seria isso. Mas logo eu descobriria, quando cheguei num.

Sabe lá o que é ser arrancada do seu mundinho, assim do nada? Eu virei ninguém naquele criatório de gente abandonada. Eu culpei você. Hoje sei que não tivemos culpa nem você nem eu, mas a Vicência lhe cantou a bola.

E o tal sistema, irmão das estatísticas, não é? O governo não faz sua obrigação, nunca fez, prejudica os pais e o que acontece de ruim com os pais sobra pra os mais frágeis, crianças e animais.

Muito tempo depois esta Vicência veio morar na Vila e suas moças foram chegando do convento. Não a reconheciam como mãe, nunca tinha visto aquela mulher. E, além do mais, ela nunca conseguiu comprar um cantinho, nunca quis.

Não tinha uma chaleira, um caixote. Agora estava velha e não podia trabalhar. Foi uma vida infeliz, seis pessoas estranhas tendo que morar juntas, sem se conhecer.

A perda do território

Nico sempre teve um mundo à parte. O mundo dele era ali no quintal mágico da senhora, sua mãe, Dona Maria, que aqui é Xica Mixirica.

O quintal era o continente dele, dividido por vários países. Este era o pensamento dele... "Com formigas tatuzinho, meu quintal, meu território todo banhado de sombra e sol".

Ele plantava pés de feijão e os via crescer, dar gavinhas, flores e de dentro da flor, a vagem.

Tudo isto Nico via, tudo isto Nico sabia.

E de dentro da vagem, saltar cinco ou seis carocinhos, iguaizinhos ao que foram enterrados na terra. Ele descobriu isso sozinho, com cinco anos. Acho que a idade era está.

Antes, sabia mais coisa, mas foi esquecendo ou deslembrando pra tornar a carga mais leve, pra seguir viagem.

Não, ele não era só! Era ele e a sombra noturna, que era a entidade dele, um Erê.

Você sabe que tudo quanto é Erê, é danado pra brincar com minino? Principalmente os mininos sabidos, como era Nico? Como é que Nico sabia!?

Não, Nico não sabia o nome, não deste amigo que soprava coisas no ouvido dele e que o levava pelas mãos até onde tinha que ver coisa e fazer aprender mais do que Nico já sabia.

Foi este amigo Erê que disse a Nico que ele nascera com sete anos de conhecimento, mas que isto era segredo dos dois. Tudo o que se sabe é que o minino, menina de Xica Mixirica, vivia falando sozinho.

Ele perguntava, ele respondia. Hoje ouso dizer que Nico talvez até visse seu amigo em tudo que brincava, porque Nico era um brincante poético honorário, enquanto que era desacreditado por ser ainda infante.

A terra, o ar, a água e o fogo eram os elementos presentes no universo dele. E tanto que ele era protegido, que nem ninguém notava. Às vezes Nico se guardava dentro de casa, que nem Xica o achava.

Entrevia debaixo da saia da máquina de costurar coisas. Enquanto lá ficava, fazia roupas pra uma boneca catita que mal cabia na palma da mão de Xica, só mesmo pelo gosto de fazer coisa difícil e também pelo gosto de ver Xica doida procurando ele pela casa.

A máquina de costura de Xica tinha uma roda boa de brincar e Nico, desde bem cedo, tinha já uma solidão necessária pra conversar com ele mesmo. Um menino que já tinha tantas perguntas que só ele mesmo poderia responder.

De quando a noite vinha, Nico via sombras acima de si na cama e tinha medo delas. De todas elas. Mas como Nico cismava com as folhas das bananeiras, com as folhas da cana e com os pés de milho... Era difícil os mais velhos acreditarem nele, porque Nico via vida onde os demais só viam banalidades.

E bananeira, cana e milho. Era o Erê de Nico ou o Saci Pererê brincando com ele. Preparando o minino para o bom contador de histórias, de mentiras e de lorotas que Nico veio pra ser.

Nico via o mundo de dentro de si mesmo. Olhava os grandes de baixo e se construía com as falas de sua própria fantasia. A voz de dentro eram seus encantos, que era como ele entendia. Era a intuiçãozinha miúda crescendo de dentro, como tudo que é bom.

A natureza é grande porque ela cabe dentro do universo infantil, ela se amiúda e se amolda. Se Nico nunca tivesse crescido como Polaco, que foi embora antes de crescer, ele nunca teria perdido a fantasia.

Esse minino era sim um abelhudo colhedor, colhia os segredos na boca e no pensamento de quem os dizia ou não dizia, que ele trabalhava com adivinhação... e inventava e mais tarde passou a mentir também, porque os grandes nunca falavam direto com os miúdos.

Eles, os grandes, jogavam verde e o verde se espalhava no ar. Aí Nico colhia. Talvez tenha sido por isso que Deus recolheu o amigo de Nico, o Polaco tão cedo. Não tenha pressa leitor, no momento certo você saberá como termina da história de Polaco!

As pessoas grandes não sabem como entender tanto amor que as crianças sentem pelas coisas a ponto de viver com elas intensamente. Polaco era o amigo café com leite de Nico. Ele tinha um jeito de brigão, mas não era, era corajoso. Em tudo que ele se envolvia, sempre ia na frente do bando.

Quando a brincadeira era de esconder, Polaco sempre punha a brincadeira a perder uma hora, porque não tinha paciência de esperar ser achado. Noutras porque se escondia errado, sempre deixava pista e o rabo ficava pra fora.

As pessoas grandes chamavam Polaco de doente, mas a gente era amigo, era moleque, a gente nunca viu defeito nele. Nico e Polaco pareciam-se muito com o filho da Dona Coló, o Pilingo.

Este grupo era grande, mas só viria fazer parte da vida de Nico mais tarde. Por enquanto Nico vivia só e seus amigos eram muito pequenos, quase invisíveis. Neste tempo, Nico não ia ainda pra rua.

Depois Nico conheceu um monte de gente que morava ali na rua dele ou perto. Pilingo vivia vendo coisas em todo lugar, com ele tudo voava, crescia.

Um dia ele falou que vinha atravessando a ponte. Ponte, não! Pinguela! Hoje em dia que é ponte. Disse ele que uma mulher apertou sua mão e começou a crescer até envergar e cair pra frente.

Dona Coló, como Xica dizia: "Tem que batizar! Aí, sara!" O filho de Dona Coló era como Nico, era o mesmo que ver Nico.

Um dia Nico criou um rato numa caixa de sapato, como se fosse seu filho, até Xica descobrir e deixar Nico órfão de filho. Nico escrevia coisas na areia, no ar.

Um dia, quis dar um presente a Xica. Era domingo de manhã e ele viu um peixe bonito desenhado num jornal. Pensou "vou dar de presente a ela". Pegou a gilete que era do Tio fazer barba e estava por ali dando sopa. Com certeza foi o seu amigo Erê que mostrou a gilete ao Nico.

Xica haveria de sorrir, Nico vivia fazendo artes pra ver um sorriso no rosto de sua mãe. Então ele pegou o jornal e acertou sobre uma cadeira que Xica muito gostava. Sua mãe tinha uma verdadeira loucura por coisas estofadas.

Nico contornou o peixinho bonito do jornal com a gilete em cima da cadeira. Quando terminou a façanha ficou ainda mais feliz: Nico tinha dois peixinhos e não perdeu tempo... correu pra dar os dois peixinhos à Xica.

Quando Xica recebeu o "presente", deu uma tapa nele que o assustou e o fez urinar todo. Teve até que trocar de roupa, ficou triste e achou que Xica não gostava de desenho de peixe. Depois, muito depois, Nico entendeu que ele estragou a cadeira dela.

Ela achava isto, ele achava que agora o estofado da cadeira tinha lá um outro peixe, feito por ele.

Dona Coló aconselhou Xica a levar Nico ao doutor, ou pra benzer, ou batizar... Mas tinha uma mulher horrorosa que dizia: "Interna, vai buscar só quando crescer, eu internei as minhas num lugar bom pra vir gente, quando vier, vem criada e formada".

O Pilingo, filho de Dona Coló, tinha isso também. Mas quando ele chegou dizendo que a Lua andava no céu pra clarear os caminhos da estrada, levou ele no médico e o diagnóstico dado foi que "o minino era um minino de poesia!". Nico também era destes, mas pra Xica, Nico era mentiroso mesmo. E era, mas eram mentiras inocentes cheias de ingenuidade.

Xica já dizia que Nico ria dormindo, que com certeza já devia estar cheio de pecado. Diziam que toda criança pega pecado desde cedo. Aí já era preciso trazer com rédea curta.

Nico achava que aqueles bastões peludos que viviam nos pés de mamonas eram almas. Um dia ouviu Xica falar que quando ela era criança, via bastonetes, como aqueles andando dentro do poço, mas só ela os via e ninguém acreditava nela.

Aí Nico deu de seguir o bastonete peludo porquê de noite ele acendia uma luz nas costas, era fácil de achar. Nico pegou ele na mão.

Ficou doente de cama, Xica chorou porque aquele bastonete era uma mandruvá. Tinha de toda qualidade, verdes, amarelos, verdões... e Xica era dona de todos eles.

Viviam coladinhos, um nos outros, sempre juntinhos. Parados só se mexiam se alguém que eu não digo quem, bulisse neles. Comiam as folhas e depois se enrolavam em seus paninhos e dormiam. Depois, diziam que viravam borboletas.

Nico vivia todo esfolado de andar atrás de luz de noite, principalmente a dos vaga-lumes que tinham luz na bunda. Nico queria ter luz na bunda, era bonito, ou então voar em volta da lâmpada, até cair a asa no chão.

Tinha o canto dos sapos na beira do rio,
"Oi, oi, oi, oi".
Já outro cantava,
"Oito, oito, oito".
E um outro tinha o canto assim,
"Foi não foi, foi não foi."

Xica punha reparo em Nico, principalmente quando ele cantava. Não as cantigas do sapo, mas as que ele ouvia no rádio. Um dia ela disse que ia levar Nico pra cantar no programa de Silvio Santos, no "Boa Noite Cinderela", pra ele ganhar coisas pra casa e vestir roupas bonitas que ele dava.

Nico esperou, depois esqueceu. É que o Erê, esta entidade que era seu amigo, mirou o olhar de Nico pra outros seres. Nico não brincava, ele garimpava no quintal de sua casa todo dia. E de tudo ele sabia.

Xica via no minino um problema, que ela amava muito. Aí ela dizia: "Tem que batizar, só assim está criança acalma".

Nico tinha amizade com aquela legião de pequenos seres, seus amigos. A terra revelou pra ele seu segredo, que nem de longe poderia saber que toda existência é pautada num círculo. E no entanto, este segredo foi confiado a ele, porque desde sempre Nico veio com este espírito de vigiar pra entender.

Mas ainda era muito pequeno. Se caso fosse ele um gato, um cachorro um ou outro bicho qualquer, já teria ali entendido toda existência. Dizem que uma formiga já nasce com um DNA capaz de reconstruir um formigueiro inteiro, caso isso seja preciso.

Mas Nico pequeninico era mamífero dependente. Poderia bem ter sido uma formiga, já era tão miúdo mesmo, era bom que daria pra entrar em qualquer lugarzinho.

Às vezes ele ia atrás de uma que ia carregando ali uma folha, um graveto do quintal, do pomar de Xica, que era de Nico também! Ele achava que a folha era tão grande pra ela, por várias vezes ele tentou ajudar, mas formigas são como Xica: independentes e orgulhosas, não gostam de ajuda.

Se Nico tocasse na folhinha, ela largava logo e corria pra trás e ia fofocando, de amiga em amiga, com certeza falando com voz de formiga: "Olha, aquele monstro ali tomou minha folha, cuidado com ele!". "Deve ser filho daquela que se acha dona da roseira".

De quando as formigas queriam comer folhas de roseira, elas deixavam Xica arreliada, porque durante a noite, quando Xica não vigiava seu roseiral, elas iam até lá e varriam todas as folhas pra aquele buraquinho minúsculo que Nico sabia, porque seguia elas, até encontrar o que queria saber: "Onde elas moravam? Pra onde elas levavam tantas folhas e pra quem?".

"Será que lá dentro daquele buraco teria ali uma Xica usando aquelas folhas todas? E quando a brincadeira terminasse mais tarde, fosse dar banho em cada uma delas, jantarem e as pusessem pra dormir?".

"E ainda deixava elas brincarem a noite, de rasgar as folhas do roseiral do jardim daquela outra Xica, que governava a vida de Nico, será?".

Nico descobriu a fila muito antes da escola. Era até bunito ver elas ali, uma atrás da outra. Era uma fila pra subir e outra pra descer. Quando elas chegavam na zona de trabalho, na zona de corte, aí parecia que virava bagunça. Mas, uma vez escolhida e cortada, as folhas seguiam em fila de voltar.

Nico nunca entendeu porque elas escolhiam tanto as folhas, se de qualquer maneira elas levavam todas. Deixavam a roseira pelada, nua! Considerando que as folhas são o vestidinho da planta, a planta ficava pelada sim.

Agora Xica ficava danada, viu? Chamava logo seu companheiro e dizia a ele: "Acabe com elas, quando eu voltar, quero meu jardim livre delas". Seu Carioca era obediente e venenoso. Não de coração, de estratégia.

Ele sempre tinha em algum lugar um recipiente cheio de bastõezinhos que distribuía no caminho das formigas. Nico deitava no chão pra ver melhor a formiga trocar a folha pelo bastão e levar lá pra o buraco, que ele sabia onde era.

E descobriu outra vida, que as pessoas chamam de "Maria-fedida". É, tem um bichinho que era um tipo de besouro que, quando se encosta nela, solta um fedor que fica horas impregnado na pessoa fazendo ele perguntar pra si mesmo: "De onde veio este cheiro horrível?", até descobrir que veio dela, daquela barata cascuda que usa casaca e morava ali no jardim de Xica.

Não se esconde dentro de casa como aquelas baratas primas delas, que também tem casaca, mas é partida no meio, feito cortina. Lembra quando Nico comeu alguns bastonetes, só pra ver que gosto mesmo que tinha? Descobriu o segredo dos bastões, tinham gosto de açúcar, eram doces.

Ficou doente. Xica levou pra benzer. "Diabo desta menina cumadi, vive metida com terra, num brinca com uma boneca, panelinha... nada! Parece moleque macho".

Xica não entendia Nico. E Nico não sabia que os bastões eram veneno. O problema de Nico e Xica sempre foi falta de comunicação.

Quando ouviu Xica dizer que desta vez ela havia envenenado todas as formigas e acabado com elas, Nico achava que elas, as formigas, é que tinham se mudado do quintal, porque Xica ameaçava elas.

Quando Xica tava nervosa, não eram só as formigas que sumiam. Seu Carioca, o seu tio, também saia de dentro de casa, ia morar por uma tarde debaixo das bananeiras e levava Nico com ele pra Xica descancar.

Mais tarde, Xica acordava e ele comprava uma água tônica pra ela e ficava por ali, se arengando com as coisas da casa. Cozinhando.

As tarefas em casa eram bem divididas e cada um sempre soube o que lhe cabia na lida de gastar o dia sem amor evidente. Que evidenciar amor era quase um crime naquele tempo. Só Nico amava as coisas do mundo por obrigação de contemplar, como quem sabe que veio pra aquilo.

Nico conhece a façanha de amar o outro em silêncio, de longa data, de berço. O berço de Nico está na terra.

Foi a natureza que, desde cedo, retribuiu o encanto que tinha de dentro dele pelas coisas. Quando ele ainda cismava que não sabia, já sabia e sabia tanto que dedicava-se ao amor como profissão, porque cuidar é o mesmo que dar amor, é divino. E neste mistério, Nico já veio iniciado.

Seu Carioca trabalhava carregando coisas o dia todo. Quando escurecia, voltava pra casa, pra passar remédio nas mazelas de Nico.

Xica fazia pão, café, lavava roupa, quarava, secava e passava. Depois dava almoço pra Nico, passava roupa, cantava, cuidava das galinhas, ralhava com a Bisa e fazia polenta. Catava serralha e cambuquira. Nico não via quando Xica dormia.

Uma dia, quando as formigas voltaram e, desta vez, agora, pro pé de abacate, Xica mandou fazer em volta da árvore uma piscina com areia e cimento. Aí ela encheu de água, acreditava que as danadas não conseguiriam mais alcançar o pé de abacate pra pegar as folhas.

Aí Nico entendeu a necessidade e cortou galhinhos do pé de incenso e fez ponte e elas conseguiram atravessar. Ufa! Quase que elas ficam sem folhas.

Já de outra vez, ele colocou terra na beira do buraco do formigueiro, só pra ver o que elas fariam. Elas não deram bola pra traquinagem de Nico.

No quintal tinha formiga de folha e formiga que gostava de pé e bunda dos outros. Xica chamava de formiga lava pé, Nico nunca que entendia porque os nomes não combinavam com as coisas. Porque elas não lavavam nada e elas mordiam e era bem dolorido!

Então tinham que se chamar "formiga morde pé". Nico bem poderia ser uma formiga mesmo, de tanto que sabia delas. Desta vez, ele veio como filha de Xica e do pastor seu pai. Mas o pai de Nico teve que ir fazer uma viagem pra longe.

Nico nem chorou porque quando isto aconteceu, ainda era tão feliz e nem tinha nascido. Quando Nico percebeu que lhe faltava o velho, nem era mais tempo de sofrer, porque outras mãos o ampararam na ausência das mãos do seu Estácio. Mas, pelo que veio a saber de seu pai, pelo que lhe contaram sobre ele, nenhum dos outros quatro irmãos de Nico tiveram a sorte de ter o pai por perto na hora do nascer.

Velho doente missionário e egoísta. E covarde e alcoólatra. Vivia em missão pelo mundo, salvando almas pra Jesus. Desculpa que muito preguiçoso usa pra ganhar dinheiro sem trabalhar.

Bom de cama. Bom de lábia. Ruim pra cumprir um mandamento criado recentemente, o décimo primeiro: vai cuidar da sua vida e agora o Tio Carioca era que estava ali no lugar de pai.

Mas a Xica apresentou ele como tio. Pai é o que cria, não é o que faz! As songa-mongas chamavam Xica de concubina. Nico não sabia o que era isso. E o Tio era bom pra Nico, quem batia em Nico e nele também era Xica!

E o Tio sabia o lugar pra se esconder de Xica e, quando iam pra lá, o Tio dava doces pra Nico, enquanto conversava com os outros homens e dava pinga pro santo.

Pra Nico, o santo sempre bebeu. As plantas chamavam ele. Todos os dias Nico se punha ali, debaixo do pé de planta, principalmente em setembro, as plantas ficavam muito mais bonitas. Era uma árvore de médio porte, com troncos finos, mais finos que o das árvores frutíferas do quintal mesmo. Árvore bonita, cheia de folhas aveludadas. Tinha um verde abacate que, ao ficar banhada pelo sol, variava de tons.

E de vez em quando, lá numa época que Nico não conhecia, a árvore dava cachos e mais cachos de flores. Lindas e brancas que caíam quando o vento brincava de assoprar os cabelos da planta.

Aí as florezinhas caiam no cabelo dele e ele ficava um menino de flor, cheiroso como a árvore.

E brilhava no sol, Nico também mudava de cor no sol. O sol colore e descolore as coisas que ele toca, quando amanhecia. Ainda de manhã as folhinhas, banhadas de aguinha que a noite chorava nelas. Nico aprendeu depois, era sereno ou neblina e era gelada.

Eram pequenas gotas, gotículas que, pra uma pessoa mesmo pequena, eram poucas. Mas o pardalzinho bebia delas, em vários goles. As formigas até se afogavam se não tomassem cuidado.

Já os passarinhos, se banhavam na mesma folhinha. Eles faziam uso das gotículas pra se lavar e, pra isso, abriam bem as asas, igual a gente abre os dedos da mão, o passarinho abre as penas, as penas dele se abriam feito guarda-chuvas.

Eles espalhavam água pra todo lado, em algazarra, ele e sua família. Depois eles se catavam com o bico. Xica dizia que eles tinham piolho e que piolho era sujo.

Nico nem ligava, Xica falava o mesmo dele. Às vezes, ela enchia a bacia de água e punha Nico dentro. Esfregava, passava sabão, tornava a esfregar e tornava a enxaguar.

Só faltava pendurar no varal, igual ela fazia com os panos. Quando ela ia limpar as duas orelhas de Nico, era um suplício. Enfiava o dedo enorme dentro do pequeno orifício. Nico pensava "Num tá vendo que não cabe? Por isso que dói!".

Depois Nico aprendeu a pentear o próprio cabelo, porque Xica puxava do mesmo jeito que fazia com as roupas. Nico nunca sabia se era pro bem ou não aquela lavação.

Então ajeitava o cabelo, porque o cabelo de Nico nunca era cortado. Nico queria que fizessem em seu cabelo, o mesmo que faziam com os outros garotos ou com o capim: cortassem no pé.

Toda vez que deitavam o capinzal, Nico descobria o outro mundo. Outro país dentro de seu continente, que pra ir lá era só atravessar a pinguela e a ira de Xica. Lembra que ela desgostava aquela gente do país de detrás do capinzal?

Nico sabia e só ia até a barragem permitida. Até a divisa que o olhar de Xica alcançava. Também, ele tinha tudo o que precisava, bem ali no seu território. Se ocupava com tanta coisa em seu reino, que quase não sobrava tempo pra fazer amizades.

Nico era muito ocupado, a lida levava dele o clarão do dia todo. Às vezes, ele até queria dormir, mas o sol entrava pelas frestas da madeira, das tábuas da casa e acordava ele. E o cheiro da fumaça do café de Xica perturbava-lhe o sono.

As galinhas acordavam, é que não sabem viver sem fazer barulho. Tudo isto acordava Nico e aí tudo isto era da conta dele.

A comida de Xica era pouca pro Nico e ele comia pau e pedra que encontrasse em seu território, que era o quintal, e o que mais estivesse em seu caminho.

Começando pelos ovos das galinhas que ele encontrava. Nico achava ninhos inteiros, cheinhos de ovos e os comiam com açúcar e farinha.

Nico seguia o sol, ele nunca gostou de dias frios com chuva. Nico trabalhava até o sol ir embora e variava as funções também.

E quando a Bisa vinha, ele tinha que ajudar a catar lenha ainda. Prestar atenção nas conversas pra contar pra vocês hoje.

Eu nem disse ainda que Nico era entrão. E de nada adiantava Xica olhar pra ele, de zóios atravessados. Ele se metia nas conversas! Depois que as visitas iam embora, ele apanhava.

Fazia tudo de novo de quando a visita voltava novamente, ou com outra visita. Ele nunca parou. Xica sempre dava um corretivo nele, sem sucesso.

Quando a Xica ia pendurar roupa no varal, ele segurava o cestinho onde os pregadores moravam. Quando as mulheres penduravam os peixes pra pegar sol no varal, Nico tinha que tocaiar os gatos.

Nico era tocaiador de gato. Os gatos gostavam de sol e tinham paciência, sentavam bem ali no monte de areia, lambiam as patas, lavavam o rosto peludo. Engraçado que quando eles faziam cocô, eles cobriam com areia. A areia tinha o cheiro deles.

Nico nunca quis ter um gato pra si. Gatos são bichinhos de contemplação, são livres por natureza. E, na roda da fogueira, Nico ouvia muita história ruim sobre gatos. As mulheres contavam coisas horríveis...

Uma delas disse que uma vez um homem achou um gato preto na rua. Levou ele pra casa porque não tinha filhos. Aí o gato fez o homem ficar com raiva da esposa dele. Os gatos falavam pra o homem que a mulher não dava comida pra ele.

Então o homem batia na mulher por causa do gato. Um dia o homem matou a mulher por causa do gato e o gato desapareceu.

Nico era um tanto desconfiado de gatos. "Será que Xica tem amizade com gatos?". Eles gostam de vigiar as coisas e ficam fazendo pose.

De noite, segundo as pessoas, eles fazem safadezas nos telhados e gritam, choram, parecem gente.

O bando de Nico e os gatos ficavam ali fazendo companhia uns pra os outros. Velando os peixes pendurados, abertos pelos meios sem seus pertences de dentro.

Engraçado, o gato era ruim, mas quem matavam os peixes eram elas, a mulherada. E eles eram obrigados a ficar ali. Cada um olhando cada um.

E estando ali, na boca do mato, ficava a casa de Nico, que era a primeira da rua. Logo pra fora do portão, tinha um coqueiro enorme e ela, a pitangueira! Servia para Xica, com suas varas pra nos castigar. Dali, donde a gente ficava, dava pra ver os meninos grandes armando suas arapucas pra pegar passarinhos.

Isto fez com que Nico aprendesse a fazer arapucas também, mas Nico nunca prendeu passarinhos. Era triste ver passarinho na gaiola, ninguém gosta de prisão.

Xica dizia que no tempo dela, que devia de ter sido há muito tempo bem lá atrás, o mundo só tinha gente honesta, tanto que se alguém pusesse arapuca e o passarinho ficasse preso, ninguém pegava. Ninguém soltava.

Pra Nico, isto nunca que era honestidade, jamais! Era maldade, ruindade.

Tudo isso Nico pensava ali com seus amigos: os gatos e os peixes pendurados... e ficavam ali até a hora que eram liberados, até a mulherada recolher os peixes de novo.

E aqueles peixes eram muito gostosos, mas tinham que tomar cuidado porque peixe tem espinho. Xica tinha sempre pão à mesa quando fazia peixe, pra usar caso alguém engasgasse.

Ainda ali no quintal, território de Nico, tinha muito mais. A Xica fez um corredor de cimento que ele usava pra apostar corridas com suas burcas de vidro. Ele soltava todas lá em cima e corria pra espera-las lá embaixo, no portão.

Às vezes ele pisava nelas e elas passavam a rasteira nele. Ele chorava, depois voltava e brincava. Eram coisas de lidas.

Depois uma mulher veio morar na casa de cima, onde havia morado a Tia Ma. E Nico se afeiçoou dela, foi amor à primeira vista. E ela dele, e era tanto amor que Nico, quando ela foi embora, ainda assim deixou registro dela guardado. Pra sempre.

O amor é sim uma força poderosa, muito mais que a força da distância. O nome dela era Dora, um nome tão bonito assim. Nico só tinha olhos pra ela. No domingo, depois da missa e do almoço, todo mundo ia pra casa dela assistir televisão.

Era a única pessoa que tinha a caixa falante e todo mundo ia na casa dela olhar aquela diversão, a única da Vila que tinha aquela caixa com o Silvio Santos dentro.

Levou muito tempo pra Xica também comprar. Xica era assim, antes de conhecer, nem imaginava que poderia existir, mas assim que viu a TV da Dona Dora, passou a achar que não poderia mais viver sem uma.

Nico ficava arreliado com Xica quando ela, bem no melhor da brincadeira, chamava ele. Seu território era sua outra casa dentro da casa Dona Dora e de lá ele não saia ou só saia quando ela gritava: "Vem almoçá!".

Xica nunca entendia que tem hora que a gente não pode deixar a brincadeira, porque ela está ficando séria... Mas quem diria isto a ela? Nico cismava, pensava... mas nunca dizia nada. Xica era braba! As crianças de hoje dizem, mas no tempo de Nico, era muito mais difícil.

Coisa triste era a pessoa ter que sair correndo pra almoçar e quando voltava lá, belo e folgado, o cachorro deitado em cima da pesquisa da gente. Eu já disse isso pra você? Vou contar de novo...

As galinhas lá ciscando e ajeitando os pintinhos... descansando a bunda penosa delas bem em cima das coisas de Nico!

Na hora do café da tarde, vá lá... que é só beber o que tinha pra beber e carregar os sólidos que serviam de merenda pra todo mundo. Mas na hora do almoço era injusto, viu? Tinha que sentar, comer devagar, mastigar direitinho e escovar dentes. Isso levava quase a toda.

Nico tinha um sonho, escrever em caderno de papel de linhas, com lápis. Achava que sua vidinha ficaria muito melhor quando ele fosse também levado pra escola. Ele teria professora, ela iria gostar dele e ensinar muitas coisas.

Ele diria pra ela coisas do seu quintal, plantaria o feijão pra ela e ia levar os seus amigos com ele pra escola. Nico seria muito mais feliz.

Um dia tudo isto se acabou na vida de Nico. Como cena de novela.

Estas cenas que são tristes e a gente fica esperando no dia seguinte, desejando uma melhora. Ah, se Nico soubesse que nunca mais voltaria aquele tempo... Aquele lugar tão bom e possível.

Se acaso ele soubesse, teria vivido aquele último dia bem vivido, muito mais bem vivido do que já vivia. Teria feito uma festa com bolo de barro e tudo que seus amigos mereciam e gostavam.

Teria ele se preparado melhor pra esta viagem.

Mas não foi possível... Nico não sabia que sua vida mudaria.

Partindo do território

Era domingo, o Silvio Santos falava e Xica arrumava uma mala, conversava com Dona Dora. Nico estava cismando consigo mesmo, gastando hora, esperando a hora de dormir.

Mas ele notou que a conversa das duas ganhou rompança e brutalidades. E o desfecho: de repente Dona Dora saiu chorando e nem se despediu de Nico. Nico achou que ela iria voltar.

Foi a última vez que ele a viu. Nico só olhava. Xica fechou a mala depois de socar roupas e mais roupas dentro dela. Quando ela terminou de fechar a mala, olhou pra Nico e falou assim: "Amanhã cedinho você vai pra escola!".

Correu pela espinha dele um frio e o coração gelou, e disparou. Mas ele queria ir pra escola, no entanto o corpo achou que ali algo soava estranho. A mala era muito grande e ninguém levava tanta roupa pra escola.

E cadê o caderno, o uniforme, a camisa branca, o sapato... Faltava muita coisa ali. Talvez Xica comprasse depois.

Melhor agora era ir dormir. Dormir não, deitar. Nico ficou preocupado com o choro de Dona Dora e com a cara de Xica.

Amanheceu. Um dia frio, nublado, nem sei se porque era frio, segunda-feira, ou se porque Nico estava agoniado. Não teve cheiro de café, as galinhas não acordaram, tinha uma tristeza no ar.

Levantamos cedo, comemos e saímos, quintal afora. Xica na frente, depois Miriam, depois Nico.

Ao sair no quintal, as plantas diziam pra Nico que aquilo não fazia sentido. Que ele devia ficar ali com todos, a irmã ia pra aquela escola. Nico ficava.

Nico queria falar pra Xica que queria ficar, esperava por ela em casa ou em casa de Dona Dora, mas Xica num falava com Nico.

E quando Nico viu que tinha mesmo que ir, ele se despediu de sua árvore, das bananeiras, do varal e deixou lembranças a todos: tatus, formigas, Neguinho, os gatos e os peixes do varal.

Ele, toda hora, ficava pra trás, pra ver se Xica tinha pena e deixasse ele ficar. Mas Xica olhava pra trás e trovejava com a fala: "Vem logo se não quiser apanhar!".

A mala era muito grande. Pode ser que ali estivesse já todo material necessário pra escola, pois Xica levaria Nico pra um lugar que não era bom. Xica era ranzinza, mas cozinha bem e gostoso e Nico comia toda comida que Xica fazia.

Dali a pouco, um peso tomava conta dentro de Nico. As costas doíam só de pensar no pior. Ele tinha vontade de perguntar: "A gente vai viajar?", "Porque a mala era tão grande?", "Onde era a escola?", "Porque era tão longe?", "Porque tinha que pegar ônibus?".

O quintal parecia que já sabia que aquele Nico nunca mais voltaria, não como a menino curioso, cheio de vida, que estava indo embora.

Chegamos no ponto de ônibus, pegamos um ônibus e ele foi longe, descemos e entramos num prédio. Xica sempre calada.

Descemos daquele e pegamos outro, tornamos a descer e pegamos mais um. Este andou tanto que Nico dormia desconfortavelmente na poltrona do ônibus. Depois acordava, ficava de pé e olhava a cidade pela janela de vidro.

A cidade era bonita, mas Nico estava triste e já tinha saudade do seu quintal, como se ele tivesse saído dele há muito tempo. "O que iria acontecer com Nico?", "Por que tanto segredo?", "Será que a gente ia ver aquela menina que vivia na caixinha?"

Vez ou outra, a Xica pegava Nico e a irmã, e pegavam um tanto daquele de ônibus, iam num lugar ver uma pessoa. Xica nunca dizia quem era ela, depois Nico soube quando já era bem grande. Era uma irmã sua que vivia dentro daquele ovo, sala, faixa.

Ela estava sempre toda coberta de panos, parecia uma santa. Depois, Nico soube que ela era a irmã que foi queimada... Nico nunca soube nem onde, nem como, nem por que, nem por quem. Nem ela sabe ou não quer saber... do que adianta agora saber?

Vai voltar tudo e reviver a infância decentemente solta, como qualquer criança? Solta como Nico? Não, não vai. Xica nunca que quis falar direito sobre esta queimadura. Acho que dói nela também.

Quando passava vários dias de natal, uma vez Xica levou Nico pra ver dois meninos de verdade. Viajaram a noite toda, foram só Xica e Nico. Os dois meninos tinham algo que Nico não tinha.

Eles abraçaram Nico bem forte e todo mundo chorou. Até Xica. Depois chorando nos despedimos e voltamos pra casa. Eram dois irmãos também.

Xica semeava filhos como passarinho, em vários lugares. Mas uns eram bem longe de outros. Chegaria o dia em que Xica juntaria todo mundo... Por isso que a família do Nico era pequena, faltando partes. Não era que não tivesse, era que o mundo que havia tomado partes da vida que pertenciam à Xica, talvez fosse por isso que ela sorria tão pouco.

Pronto chegaram num prédio grande e escuro. Pegaram elevador e subiram num andar cheio de crianças e ficamos ali por um tempo. Parecia tudo estranhamente normal.

Não era, não. Ali era um centro de triagem de crianças enjeitadas? Xica ia fazer de novo, Xica ia entregar Nico pra o mundo. Xica não queria mais o Nico, ele sentia isso.

Ninguém ali poderia ajudar Nico. Somente ela, sua mãe, a Xica! Porque ela fez isso com Nico, por que? Nico sentia muita dor de barriga, toda vez que ficava nervoso.

Quem ia passar alho no pescoço de Nico?
Quem ia cobrir Nico de noite?
Quem ia limpar as orelhas de Nico?
Quem ia dizer pra Xica que não se faz isso com uma criança?

O céu desabou sobre ele, agora Nico seria tão enjeitado quanto qualquer um de seus irmãos. Era questão de horas.

E não demorou quase nada, a desgraça se deu.

De repente, uma mulher chegou e chamou as crianças pelo nome e Nico ouviu o seu nome saindo da boca dela. Olhou pra Xica, que fez sinal pra que Nico acompanhasse a mulher estranha. Nico chorou ali praticamente pedindo perdão a Xica por qualquer coisa que tenha feito.

Ele precisava voltar, tinha uma vida pela frente, tinha um quintal pra cuidar. Ele era valente, tentou todas as possibilidades, jogou todas as cartas que tinha. Afinal, não era Xica que dizia pra não acompanhar estranhos?

Seguiu. Cabisbaixo, calado, sozinho e mal acompanhado. A mulher tinha cara de sádica. Como alguém entregava Nico, assim de bandeja, sem luta e sem legítima defesa? Eram muitas crianças, todas meninas. Todas as crianças entraram no elevador e a mulher disse que não caberia mais ninguém.

Avisaram as mães que elas iriam depois. Tudo mentira. Também, a maioria daquelas meninas nem tinham mãe ali. Só Nico que tinha, mas não adiantava de nada. Ter mãe ali, ou não ter, não fazia diferença.

Quando chegou no térreo, saíram do elevador e foram enfiadas numa Kombi, eram muitas. Parecia que São Paulo estava ali desprezando várias de suas filhas. Todas iriam pra alguma casa de crianças enjeitadas, algumas só estavam trocando de casa.

Nico agora era uma criança abandonada, no meio do mundo, sem Neguinho, sem Xica, sem seu mundinho. O que seria de Nico agora? Mas Nico não desistia, brigava bravamente. Foi preciso várias pessoas pra enfiar ele naquela Kombi adentro.

Nico não iria morrer sem lutar e gritava por sua mãe, e gritava sem parar, numa rua cheia de gente. Ninguém acudia Nico. Ele fez xixi na roupa, Nico vomitou, ficou rouco e infeliz e todo mundo o assistiu sofrer sozinho.

Eles riam e zombavam de Nico dizendo: "Cadê sua mãe?". Nico não sabia, ele não via mais a Xica.
Por que Xica não vinha buscar Nico? Por que, meu Deus?

Nico ia na missa, nem gostava, mas ia pra agradar Xica. Obedecia ao padre, o tio, a Bisa. Nico era bom. Por que Nico estava passando por aquilo? E Dona Dora, cadê ela? Nico foi colocado dentro da Kombi que seguiu como se nada tivesse acontecido.

Nico foi vencido pra eles. Nico estava pensando: "no fundo, Nico nunca se sentiu vencido". Quando todo mundo começou a chorar, a mulher gritou que as mães vinham depois. A Kombi tocou pra frente e só parou quando chegou num lugar de muros altos e tinha dois homens mau encarados esperando. Dois soldados.

Nós descemos e fomos colocadas num quartinho. Era um pesadelo, o pior que Nico já havia vivido. Nico viu quando alguém levou pra dentro a mala que Xica estava arrumando desde domingo.

E desde aquele lugar de triagem, Nico não via mais a irmã dele que estava na mesma turma e depois desapareceu.

Era um convento. Um convento da igreja São Judas Tadeu, o santo das causas impossíveis.

Nico foi trancado ali naquele lugar, cheio de grade, sem luz e com aquela gente ruim e estranha. Naquela mesma tarde, Nico passou por várias agressões, rasparam a cabeça dele. E pensar que Nico um dia já tinha pedido pra Xica cortar o cabelo dele. A mulher dizia que era pra cortar só os cabelos ruins, ele ficou sabendo ali que o cabelo dele era ruim, até então ele não sabia.

Ele e as outras crianças eram postas pra dormir dentro do banheiro, ao lado do vaso sanitário, no chão gelado. Desde a primeira noite. Só tiravam eles de lá um pouco antes de amanhecer. Nico nunca soube por que.

De manhã, logo que era tirado do banheiro, uma freira passava chamando pra fazer fila. Era hora do banho, que era num lugar com vários banheiros e a água era fria, muito fria. Nico punha roupas que não eram dele.

Não tinha mais os cabelos pra pentear. Não tinha mais a escova de dentes, nem sabonete. Depois soube que Xica levava roupas, sim, mas alguém esquecia de entregar.

Tristemente, hoje eu digo, não foi esta a única triagem que passei não. Eu relembro muito triste. Eu passei em lugares bem piores. Não foi uma única vez que fui pra triagens de juizado de menores.

É que nas outras vezes, por não ter vaga, eu voltava pra casa. Era também um passeio ruim. E o curioso é que eu, ao contrário dos meus irmãos, fui levada da casa que é da minha família. Apesar de ouvir sempre ser justificado que não tínhamos onde morar.

Mas era agora a primeira vez que tinha vaga. Tem dia que parece que Deus se esquece de olhar as crianças, é neste dia que estas vagas surgem.

Será que a casa não tinha lugar pra um pequeno magrelo que quase nem ocupava espaço? Sei lá. Certa vez, a gente ficou num destes lugares o dia inteiro e, na hora de jantar, a comida estava num tambor fedido. Igual aquele de por comida pra os porcos.

Ali, naquele lugar, o homem que tinha arma e a chave da porta olhava a gente o tempo todo. Ele tinha um amigo. Eles escolhiam algumas meninas e levavam pra outro lugar e elas gritavam e choravam.

Sempre Xica chegava antes de chegar a minha vez. Eu nunca soube de verdade o que acontecia, assim como eu nunca mais vi aquelas meninas. Teve um dia que a gente foi levada a uma delegacia e tinha que falar se já tinha visto um homem mau encarado, que era mostrado pra gente.

E tinha que mostrar onde ele tinha tocado na gente. Tudo isso Nico lembrou. Não era a primeira vez que Xica fazia aquilo. Tinha chuveiro que era frio e outros que eram quentes.

Às vezes ele conseguia entrar num chuveiro quente, mas era retirado de lá pela pajem e colocado no chuveiro frio. E ficava gelado, com os pelos do corpo arrepiados, tremendo por fora e por dentro.

Depois do banho, Nico era colocado numa cadeirinha junto com todas as crianças que moravam ali. E as mulheres punham leite na caneca de plástico e davam um pão a Nico. Ele não bebe leite, Nico chamava sua mãe, ela sabia dar comida a ele. Por que Xica fazia aquilo com Nico?

A cadeira de Nico era muito apertada e ele queria afrouxá-la, mas a mulher não deixava e ainda apertava mais a cadeira. Nico chorava, era só o que podia fazer.

Chorar e pôr as mãos na cabeça que agora sempre doía. Nico tinha tido dor de cabeça antes, mas agora tinha todo dia.

Num lugar onde ninguém tem mãe nem pai, quem não come nem é notado. Nico descobriu o lugar onde o filho chora e a mãe não vê. A comida nunca sobra, sempre alguém come a comida de quem chora. Nico via as outras pequenas mãos levarem sua comida.

Mas Nico não queria comer, Nico queria era ir embora. Terminado o café, era hora de tomar sol. Nico sentia fome, sentia fraqueza, sentia saudade e vontade de ir embora. Um dia ia no parquinho, tinha balança, gangorra, gira-gira.

Nico não queria nada daquilo, nada ali lhe deixava alegre. Brinquedo só tem graça com alegria.   Ele lembrava lá do quintal da casa que era de Xica, que agora tinha expulsado ele. Lá as mulheres brincavam de descascar cana e ele, assim como os outros, largavam suas brincadeiras e vinham cá aos pés delas chupar os bagos de cana descascados pelas mulheres.

Isto sim era brincadeira e era doce e tranquilo. Quando alguém queria balançar, tinha lá a corda esticada no abacateiro. Era só balançar na hora que bem quisesse. Nico cansou de se balançar nela na hora que bem queria.

Agora que Xica tinha expulsado Nico do quintal, quem é que estaria balançando no que era seu? Quem estaria agora chupando a cana doce de Nico?

Ele se sentava na areia e chorava. Ninguém lembrava de Nico, a não ser na hora de contagem. Nico deixou de ser guardião de semente. Nico virou gado.

Lá naquele lugar tinha um negócio enorme azul cheio de água, que uma vez por semana as crianças iam pra lá. Nico adorava água, mas não ali. Aquele buraco era mais uma ameaça pra Nico, do que diversão.

As pessoas grandes empurravam Nico na água e Nico chorava e segurava nas beiradas pra não cair na água de novo. Nico tinha falta de ar, Nico não sabia nadar.

Elas empurravam os dedinhos de Nico pregados nos azulejos tentando se manter fora da água. Mas Nico caia de novo e elas riam de Nico. Será que aquelas pessoas tinham coração? Será que tinham filhos?

Tinha no meio delas uma pessoa que era boa com Nico e, quando ela via as mulheres judiando de Nico, ela brigava. Nico aprendeu por isto, não o nome dela, mas o nome do dia que ela vinha naquele lugar, quarta-feira.

Passados dois dias depois que Xica vinha pra visita, ela, a mulher boa, vinha. Aquele buraco assassino cheio de água era piscina. A piscina era o fosso maldito na vida de Nico, que nunca imaginou que um dia sua vida ficaria por um fio, ameaçado pela água.

Elas diziam que era assim que as crianças aprenderiam a nadar. Nico aprendeu mesmo foi a ter muito medo. O tratamento era horrível, as crianças recebiam beliscões violentos nas axilas e nos finais de semana. Ela, a pajem, passava violeta genciana e dizia para as mães de quem tinha, que era pra sarar feridas. Com certeza era pra esconder os hematomas.

Os dias eram longos, muito longos naquele lugar. Um dia, Nico recebeu visita. Era Xica. Depois da visita, Nico ficou ciente que Xica havia mesmo dado ele pra aquelas mulheres daquele lugar. Igualzinho Dona Lourdes havia dado o Neguinho pra gente. Elas, se quisessem, poderiam até amarrar Nico numa corda e deixar no terreiro.

Quando Xica foi embora, Nico ficou ainda mais triste e mais vazio. Nico não sabia, mas estava sendo castigado por existir, por ter ganhado a corrida dos espermatozoides de seu pai, Seu Estácio, que havia feito Nico e ido embora pra o reino dos iguais a ele, deixando Xica sem como prover os filhos.

Nico era pequeno, mas não era bobo e descobriu que, daquele momento em diante, seriam aquelas pessoas que cuidariam dele. Nico estava agora sendo entalhado pra virar madeira bruta, pau de dar em doido. Nico dali sairia gente porque é assim que se ensina a criança que o mundo não é fácil: fazendo ela sofrer longe de quem deveria defender ela.

Nico prometeu fazer amizade com aquelas mulheres e ter ódio de Xica, que iria se arrepender por ter jogado ele fora. Nico ia perdendo a habilidade de falar, porque não tinha com quem falar. E ninguém queria falar com Nico, que era uma criança inconformada, chorona e doente. Nico agora era só sombra do que já havia sido, e já sabia o que era saudade.

Mas já era muito valente e astucioso, nisto Nico só melhorou: no faro e na desconfiança. Por muito tempo o sol, que Nico já admirava tanto pelas frestas do barraquinho, se punha agora escuro, o sol perdeu o brilho.

Onde estaria e como estaria aquele lugar, em algum lugar do mundo, em que Nico havia sido tão feliz? E onde estariam aquelas mulheres com os braços cheios de espuma de sabão nos braços, de tanto bater na roupa?

O lagarto. As taturanas. As formigas. Como estariam vivendo sem ele? Nico era necessário em algum lugar. Nico perdera o lugar de fala. Não era mais importante, como pensou que fosse. Por que Xica abandonou Nico? Por que Xica foi embora igual ao pai?

E ainda voltava pra deixar Nico ainda mais triste, igual quando levou Nico pra ver a menina enfaixada pela janelinha, ou de quando abraçou aqueles dois meninos que moravam tão longe. Agora Nico, ainda tão pequeno, entendia o sofrer no olhar deles. Devia ser de saudade do quintal que eles nem conheciam, mas imaginavam.

O que doía tanto em Nico era mais profundo, Nico foi tirado do quintal. Nico perdeu o seu lugar no mundo, o seu mundo em algum lugar. Nico é responsável pelas memórias da casa de Xica. Alguém teria que ocupar aquele lugar. Pra Nico, o quintal havia existido e esperava por ele nalgum lugar.

Nico era romântico e sonhava, sonhava no dia que iria abrir os olhos e estaria de volta ao seu quintal. Nestes dias, Nico ficava contente e algo lá bem dentro da cabecinha dele dizia: "Calma, tudo vai dar certo" e ele perguntava: "mas quando?".

Eu já era valente e nunca deixei de ser. O tempo ia passando devagar, as visitas aconteciam no dia que, antes daquela desgraça toda, Nico assistia TV na casa da Dona Dora, domingo. Onde estaria ela que não vinha salvar Nico?

Muitas visitas depois, num dia, muito tempo depois. Pode-se dizer que não foi tanto tempo assim pra quem está de fora, mas pra quem sofre o tempo se demora a passar. Nico tomou coragem e falou pra Xica que apanhava muito lá e que as marcas no sovaco eram beliscões dados pela mulher que tomava conta deles.

Pronto, Nico falou, havia sido ameaçado pra nunca dizer, mas precisava falar. Xica precisava saber o que aquele lugar fazia com ele e acabar com aquilo e devolver Nico pra o lugar dele. Foi Xica que começou aquilo tudo, que ela então resolvesse!

Nico arruaceiro e avacalhador

Nico havia prometido pra algumas crianças, que sofriam como ele, que iria resolver aquele problema. Ainda disse mais, prometeu a todas elas que Xica levaria todas pra ir morar na casa dele, no quintal dele. Lá, sim, é que era lugar de viver.

O quintal tinha frutas que chegavam pra todo mundo, caiam do pé. As goiabas tinham bicho, era bem verdade, mas a Bisa dizia que Nico podia comê-los, pois eles só comiam goiaba.

Na verdade, era ruim achar meio bicho na goiaba, isto era sinal que metade do bicho já estava em algum lugar esperando a outra metade. Então Nico enfiava uma goiaba pequena na boca pra não incorrer neste artigo da Bisa. Comia logo o bicho inteiro.

No dia que Nico falou isso, uma sua amiguinha brilhou os olhos e deu a Nico duas balinhas como pagamento. Mas disse que Nico tomasse cuidado, porque a Cidona, a pajem, nunca poderia saber, senão ela matava Nico.

Nico encontraria um jeito, principalmente agora que ele disse que faria. Ele não poderia voltar atrás. Neste dia Nico sofreu represália da Cidona e descobriu na própria pele que ali havia um delator.

Alguém contou que Nico era Mixiriqueiro e pensava, contar tudinho pra Xica, a mãe dele. Nico estava apostando a última ficha em Xica.

Cidona soube e disse a ele poucas e boas: "tirou dos cachorros, botou em Nico". Ela chamava Nico de "cabelo ruim", mas o cabelo dela era igual ao de Nico e de Xica. Ela, assim como Xica, usava Hené Maru e ficava com o cabelo igualzinho à mulher da foto da caixa.

Então, bem medido e bem pesado, ela tinha nome de santa e, ao mesmo tempo, o mesmo nome e cabelo de Xica. As duas eram Aparecida e Maria. Nico não gostava de santo, só dos peitos delas.

Nico nunca respeitou ordem mesmo, Nico sempre teve um mundo à parte.

Mas aquele mundo era ruim, Nico não queria e ainda queria esvaziar tudo, igual esvaziar o galinheiro. Botar todo mundo pra fora. E este dia da coragem maior de Nico chegou.

Nico contou, mesmo correndo riso de vida. E Xica se importou, ficou irada. Pegou Nico pela asa e arrastou pra sala da diretoria. Quase toda mãe é assim: na hora de levar o rebento a algum lugar ela se levanta pelo braço e carrega pela asa. Gato leva pelo pescoço, cachorro também. Passarinho leva pela asa.

Nico gostava quando via aquela Xica que ele conhecia, valente, resolvida. Nunca gostou daquela Xica que baixava a cabeça pra tudo. Não era nem de longe aquela Xica do quintal, a Xica do fio de ferro. Não, não era a mesma Xica.

Aí Xica foi na diretoria falar com a Madre diretora que tinha cara de boazinha, mas de boa não tinha nada. Aquela mulher, chamada Madre, enganou Xica, que caiu direitinho no golpe da mulher sagrada pela roupa, boazinha.

Nico acreditava que Xica acreditaria nele, porque ele nunca mentia. Na madeira de Nico ficou entalhado que, no andar da carruagem, nem sempre a verdade se completa com verdade.

Nico aprendeu o valor da mentira dentro daquilo que era chamado "a casa da verdade, a casa de Deus", que tinha retrato de santa por todo canto. Nico descobriu que ali os amigos de Deus eram perversos como aquela mulher que estava ali diante dele e Xica.

Na casa de Nico, as paredes tinham retrato da gente da casa. Nico que não viu o seu pai vivo, conhecia ele pelo retrato.

Mas ela antes enganou Nico também. Muitos anos passaram, muita água passou por baixo da ponte de Nico até ele aprender que nem sempre quem te põe na merda é seu inimigo e nem sempre quem te tira da merda é seu amigo.

Nico pensou que aquele seria o último dia dele ali, mas se enganou. E quase que aquele vira o último dia de Nico na Terra. Já estava até comemorando a volta pra sua casa pra o seu quintal.

Imaginava Xica dizendo: "Pegue suas coisas e vamos embora agora!", como fazia quando salvava Nico do perigo. "Aqui filho meu não pisa mais!", de quando Nico arranjava confusão e precisava da defesa dela. Nico sairia feliz, vitorioso atrás dela, sua defensora.

Mas teve aí uma armadilha que Nico não contava. A mulher ardilosa já tinha um plano traçado. E disto Nico não sabia, pois não conhecia as maldades do mundo. Mas estava prestes a descobrir. A mulher pegou Nico, colocou em seu colo. Nico estranhou, mas aceitou.

Em seguida, disse pra Xica que ali não era pra acontecer estas coisas. E que ela ficava muito chateada sabendo que tamanha violência havia acontecido ali na casa dela. Mas que ela chamaria a pajem e tudo se explicaria.

Nico não queria explicação, Nico queria ir embora dali. Aquela mulher estava com fala de seda, era muito esquisito. Ela não era assim daquele jeito, não era.

Quando a madre superiora vestida de santa olhou pelo corredor, viu a pajem que me maltratava vindo pelo corredor. Tudo quanto é convento é cheio de corredores imensos e Nico esteve em vários deles.

Ela chamou Xica pra sala do lado e ele fez menção de segui-las pra não ficar ali só com aquela mulher. Mas a freira mandou Nico esperar ali na sala, que elas já voltariam.

Ali estava plantada a armadilha. Era isto que algumas meninas mais velhas tentavam avisar pra Nico. Era este o cuidado a ser tomado, a armadilha. A mãe de Nico teria que acreditar nele sem passar por aquela sala. Mas Xica não acreditou.

Elas saíram e Nico ficou, já ficou assustado. Era preciso ter coragem. Nico tinha coragem e medo. A mulher foi chegando e fechando a porta. Nico sentiu que ia sofrer e rezava pra Xica voltar pra sala antes do pior acontecer.

Então a Cidona entrou e bateu nele, ameaçou de fazer várias coisas com ele e com Xica. Ela mandava Nico dizer que mentiu, mas Nico não está mentindo. O que ela dizia arrepiava Nico e ele perdeu parte da coragem e, agora, no lugar da coragem, muito medo e dor.

Quando ela parou de bater em Nico, as duas voltaram. Aí Nico já estava todo moído. Mas ela conheceu a coragem de Nico, que não obedeceu a ela e não disse o que ela mandou. Porque nada do que ele havia dito era mentira. Ela era a mentirosa. E Nico nem havia contado tudo, havia deixado pra contar no caminho de casa.

Elas, a Xica e a freira voltaram e Cidona falou um monte de mentiras, nunca não deixaram Nico se defender. Ele não sabia o que falar diante de tanta mentira. Nico se perdeu em sua própria defesa.

Se acaso Xica gostasse de Nico mesmo, nem teria mais deixado ele sozinho com aquela mulher.

Nenhuma delas. Nico perdeu a briga, percebeu logo assim que viu nas palavras cortadas de Xica que ela havia deixado a valentia lá fora na outra sala.

Agora Xica concordava com tudo o que elas diziam. Nico estava sendo acovardado e desacreditado em sua valentia. E iria servir de exemplo pras outras pra que, abaixo de Deus e daquela madre, ninguém mais tivesse poder.

O estômago de Nico esfriou e ele sabia que, a partir dali, a desgraça se daria, porque se Xica não tirasse ele dali, a Cidona talvez fizesse tudo o que havia dito a ele que faria, porque Nico não fez o que ela sussurrou no ouvido de Nico de quando a porta ainda estava fechada.

Nico se sentiu a beira de um precipício, de um barranco e ele sentia que ia cair e que não havia mão para segurá-lo.

Este era o castigo, cair ou ser empurrado pra o buraco de seu próprio destino. Nico estava sendo punido porque queria de volta a sua liberdade que, por ser criança, nunca havia desistido de reencontrar. Ele ousou ir além do lugar permitido. Ali no banco do réu foi dada a sentença. O mundo acabou ali, ele perdeu toda fé em Xica.

Xica era a pessoa que veio ao mundo pra ensinar a arte da resignação àquela criança. Nico ouviu da boca de Xica que ela nem iria levar ele embora e que, a partir daquele dia, Xica iria visitar apenas as irmãs de Nico. Ele nunca tinha visto as irmãs dele ali.

Uma ele nem conhecia. Nico achava que só tinha uma irmã. Depois Nico descobriu que aquela menina enfaixada que Xica levava Nico pra ver da janelinha era uma sua irmã também. Afinal de contas, o que havia com Xica? Quem era Xica?

Quando Nico ouviu que ele ficaria ali sem proteção, Nico morreu um tanto. As três mulheres se uniram na missão de punir aquele pedaço de gente fragilizado. Não bastava pra elas tudo o que já haviam feito com ele.

A febre ou a sede de vingança era tamanha que escureceu e elas continuaram ali vertendo sua ira sem sentido, parecia que iriam subjugar Tróia e não ouviam mais nada.

Nico desejou sumir dali de qualquer jeito. Mas como? Nico não poderia ir embora, tampouco morrer. Ele era a existência possível diante da maldade das mulheres ali. Um barulho de chuva surgiu lá fora caindo sobre o telhado. Ele sabia que a chuva é a lágrima que cai dos olhos de Deus.

Nico olhou pra o céu e o viu se abrir.

Uma bruma foi crescendo, as vozes das mulheres se perdendo na nuvem que se formava. Nico foi ficando longe, longe, bem longe... tentava ouvir mais, mais, mais e, de repente, as vozes delas sumiram. Ele estava fraco, muito fraco. Só um encanto salvaria Nico.

E eis que a porta se abre e, pela porta aberta, uma nuvem adentra a sala. Da nuvem surge um ser mitológico. Uma cegonha enorme, que foi logo dizendo: "O que você está fazendo aí rapaz? Não é de hoje que te procuro!". É Enemerique, um antigo amigo de Nico. A ave olhou as mulheres e disse: "Boa noite, senhoras!".

Como elas nem o notaram, ele disse mais uma vez, mais alto. As três pararam de falar por um instante, olharam pra aquela cegonha falante, enorme, no meio da sala. Depois se entreolharam, dizendo: "Estão vendo isso?". Pra em seguida voltar ao que estavam fazendo.

Enemerique perguntou a Nico: "O que faz você aqui?". Nico respondeu: "Eu estou morando aqui na casa de Deus", "Você tá é doente, você precisa parar de andar com elas!" e apontou pras mulheres. A casa de Deus é o mundo.

"Venha, se agarre em minhas penas. Eu vou tirar você daqui e no caminho a gente conversa", "Pra onde vamos?", "Dar uma volta. A noite está linda, vamos ver a Lua do alto", "Mas tá chovendo", "Passou, o céu está lindo agora".

Nico disse a ele que iria, sim, mas só se depois ele devolvesse Nico ali, no mesmo lugar. Que ele estava tentando ser obediente. Ele estava sendo iniciado na arte da resignação. Enemerique, neste momento, já havia subido, estava cruzando o céu, passando em frente da Lua. Ouviu o que disse Nico, mas não disse nada. Enemerique estava dirigindo.

Quem olhasse a imagem de Enemerique cruzando o céu com as pernas enormes diria: "É uma ave negra!". Mas não era, estava assim porque estava passando na frente da Lua. A luz da Lua transforma tudo o que dela se aproxima.

A cegonha, amiga de Nico, era enorme de pernas. De corpo mesmo, ela tinha quase nada. O pássaro sobrevoou todo lugar e depois foi voar sobre o mar. Nico lembrou que há muito tempo não via o mar. A ave disse pra Nico como "o mundo era lindo visto ali de cima". Olhando de cima, a vida era possível.

De repente, Emenerique pousou na areia da praia, esticou bem as asas, coçou aqui e ali, depois disse a Nico: "Eu vou descansar um pouco, tirar uma soneca". E ficou assim feito uma garça numa perna só, escorada sobre si mesma. E continuou falando ao menino: "Vá andar por aí, mas não vá longe!".

Nico ficou ali olhando o mar, andando e tentando lembrar de algo. Tanta coisa havia acontecido. Aí ele olha pra areia e vê uma moeda minúscula, velha, quase enferrujada de tão velha. Nico chuta a moeda. Afinal de contas, pra que serviria uma moedinha assim tão velha, tão cheia de musgo e ferrugem?

Foi bem neste momento que o mar desapareceu e dois portões apareceram bem ali diante dos olhos do menino. Existe um mundo onde tudo acontece, a cidade convidou Nico.

Ao entrar, ele deparou com um cenário magnífico. Dois guardas guardavam as portas da cidade, vestidos de roupas bordadas com fios magníficos. Muito educados, saudaram Nico como se já o conhecessem de longa data.

Ao lado, já na primeira esquina, homens jogavam, bebiam e sorriam. Todos muito bem vestidos, com trajes brocados e roupas de rei, trajavam casacos com abotoaduras, gola alta e chinelinhas douradas.

Ou então usavam casaca e chapéu. Nada ali era pobre e Nico pensou que nunca tinha visto um lugar tão belo. Talvez nunca mais veria outro lugar igual aquele no resto de vida que teria.

No princípio, Nico nem acreditou, parecia magia, mas, agora que os portões se abriram, Nico está andando pela cidade e percebe que ela é real. Nico olha pra beleza das mulheres daquele lugar. Elas são damas vestidas com o mais alto luxo que uma mulher merece e deve usar.

Elas se vestiam de grandeza como os lírios do campo. Nico vai passando e observando tudo. Mais à frente tinha uma feira e era uma feira com coisas magníficas.

Os vendedores estavam todos vestidos de homens nobres. E um deles, assim que o avistou, ofereceu-lhe um tapete lindo. Nico fez que nem viu. Mas um outro também estendeu a frente do menino um lindo pano, feito à mão, todo incrustado de paetês barrados com viés de seda pura.

Nico não tinha dinheiro e tentava dizer isto a eles. E, quanto mais ele dizia, mais eles acrescentavam mercadoria à frente de Nico. Andando mais pela feira, Nico viu as pessoas trabalhando, cada uma em seu ofício.

Se acaso Nico tivesse tempo, se pudesse ficar, poderia, sim, ter ali aprendido tanta coisa. Os armeiros martelando couraças, os ferreiros trabalhando ferro, sapateiros solavam finos sapatos vermelhos, os ourives retorciam fios de ouro. Mas ele não tinha tempo pra ficar.

Precisava seguir. Nico estava cansado já da viagem e procurava agora apressar o passo pra sair da cidade, mas os vendedores surgiam de todo lado e amontoavam ainda mais mercadorias a frente dele.

Nico teve uma ideia: botou os dois bolsos do calção pra fora pra mostrar que estava sem dinheiro de verdade. Foi aí que um vendedor mostrou a ele uma moedinha velha e enferrujada, dizendo que vendia a loja inteira de tapeçaria de fios de ouro a Nico por uma moeda igual àquela que ele tinha em suas mãos. Uma única moedinha.

Aí Nico lembrou da moeda que havia chutado na praia e saiu correndo pra buscá-la e assim que saiu pra fora dos portões, ele viu a moeda quase que no mesmo lugar. Que sorte Nico tinha. Ele correu e apanhou a moeda.

Quando ele se voltou pra trás, a cidade havia desaparecido. E o mar reapareceu novamente. Nico não pode conter as lágrimas e chorou convulsivamente porque no início ele não acreditou na cidade e achou que estava tendo alucinação.

Mas agora lembrava de toda aquela beleza que ele viu e viveu e sentia uma profunda tristeza. E mesmo que ela fosse uma mentira criada por seu pensamento, seria muito bom que ela existisse.

Neste momento, Enemerique acordou e foi a Nico, mas o menino, mergulhado em sua tristeza, não o ouvia. A cegonha teve que cutucar Nico com o bico, dizendo: "Eu me enganei ou você dorme de pé que nem eu?", "Oh! Emenerique, que cidade era aquela que estava aqui ainda agora?", "Você viu uma cidade? Você dormiu e sonhou com uma cidade?", "Não eu não dormi, eu vi a cidade, eu entrei nela".

Nico contou tudinho a seu amigo, a sua experiência na cidade encantada de tanta beleza. A cegonha disse: "Eu continuo achando que você dormiu e sonhou com tudo isto. Mas não vou mentir, Pataqui, o corvo que é a mais sabia de todas as aves, contou-me que antigamente havia, sim, uma cidade como esta que você viu. Era rica e feliz, era tão gloriosa como nenhuma cidade conseguia ser. Mas seus habitantes se tornaram maus, arrogantes e se entregaram ao amor pela ostentação. Como castigo, contou Pataqui que a cidade foi tragada por uma ressaca e afundou no mar. Mas seus habitantes não podem morrer nem sua cidade ser destruída. E uma noite, a cada cem anos, ela se ergue do mar em todo seu esplendor por apenas uma hora".

"Sim", disse Nico. "Deve ser verdade, porque eu a vi". Mas, continuou Enemerique: "Quando a hora termina, a cidade torna a afundar no mar se, durante este tempo, nenhum mercador conseguir vender alguma coisa a um ser vivo. Se você tivesse uma moedinha, por mais velha que fosse pra pagar aos mercadores, a cidade teria ficado aqui na praia. E seu povo viveria e morreria como os outros humanos".

Nico disse: "Agora entendo por que o senhor foi me buscar tão longe no meio da noite. Foi porque acreditou que eu seria capaz de salvar a velha cidade. Sinto muito que não tenha acontecido como o senhor desejava". "Não, Nico, eu fui buscá-lo porque você precisava esquecer, aquilo que viveu ali".

Nico cobriu o rosto com as mãos e chorou. Enemerique disse: "Eu precisava de alguém com sua coragem" e desatou a chorar. Não dava pra dizer qual dos dois estava mais desconsolado.

Dias depois, os gansos encontram um jeito de consolar o menino.

Eles viajam com ele pra outro lado da cidade. Era fácil levar Nico porque ele se tornava tão miúdo como o pequeno polegar e se acomodava debaixo das penas deles.

Levaram Nico pra sobrevoar uma cidade igualzinha aquela que ele havia visto. Quando eles viam a cidade de longe, ela parecia uma cidade conhecida. Só dava pra ver a sua silhueta, porque a cidade estava contra o sol. Mas quando chegaram mais perto, à medida que se aproximava, ele ficou decepcionado com a visão.

O tempo tinha varrido a cidade e ela está descaída, velha e acabada, sem moradores. Enfim, pousaram o menino no chão, num terreno coberto de mato, ali entre as ruínas onde passariam a noite.

Nico, enquanto se preparava pra dormir, observava o céu rosado do anoitecer. Depois de algum tempo ali contemplando o céu, Nico percebeu que não estava mais triste por não ter podido salvar a cidade sepultada. Era melhor que continuasse assim, lá bem no fundo do mar com toda sua glória.

Nico pensava assim, porque ainda era jovem. Talvez, quando ele fosse mais velho, se acostumaria a satisfazer-se com pouco e ficaria feliz com a cidade que existe, mesmo em ruínas, do que com uma cidade maravilhosa, magnífica, no fundo do mar.

Nico ficou ali admirando a noite, que estava clara e calma. Os gansos selvagens nem se deram ao trabalho de buscar abrigo em cavernas e foram dormir no alto da montanha. Nico se deitou na relva ao lado deles.

O luar estava tão sincero, intenso, que o menino não conseguia adormecer e, deitado ali, pensava em quanto tempo já havia passado desde que havia saído daquele quintal.

Há quanto tempo estava fora de casa? Era véspera de páscoa. É nesta noite que todas as bruxas voltavam pra casa. Ele pensou e sorriu sozinho. Lembrou no que se passou no tempo lá atrás, lembrou das três mulheres e de sua missão.

Perguntou a Enemerique: "o que havia acontecido depois que ele foi ver o mar?". Enemerique, equilibrado numa perna só, disse a Nico antes de cochilar: "Sossegue". "Ela está dormindo agora, vai ficar bem". "Também não foi concebida pra reter ódio e a providência não vai deixar que ela acorde sentindo ódio de Xica". Xica não era má, a questão dela era a mesma de todas que criam filhos sozinha. "Se eu levo você hoje, quem fica com você amanhã?".

Ela precisa ter a memória protegida, agora que é infante. Xica é mãe dela e ela só tem ela, como mãe. Xica precisa de ajuda. As crianças sempre perdoam.

Quem condena sempre é gente grande. É pra eles e por eles que os tribunais se fazem. E como ela sairá de lá? Isto não cabe a nós, pequeno curioso.

Esta prova de fogo é dela,
quando estiver pronta ela vai voltar pra terra,
pela água,
pelo vento.
O vento é o sopro de Deus.
Zambi é o Deus da nossa lei.

Era a providência. Nico era amigo da natureza, protegido de Zambi. Nico tinha uma missão.

Não poderia ser destruído assim do nada. Ele é uma ideia, é o guardião das memórias daquela família. Voltará pra casa no tempo certo, no tempo de Nico, no tempo de cura. Ele é a essência de mim.

Observação: história adaptada do livro *Tempo de Camélia*, de Zelita Seabra.

Dar exemplo

Um dia tomei coragem e falei pra você tudo isso. Então você foi na diretoria falar com a diretora. Aquela madre te enganou e você caiu direitinho, pensei que você nunca fosse duvidar de mim.

Pensei que não me deixaria mais ficar lá, mas eu me enganei. Eu nunca tinha mentido pra você. Eu pensei que sairia dali junto com você naquele dia, mas junto com as mulheres, vocês decidiram que eu teria que ser castigada pra dar exemplo às outras crianças.

Quando a madre superiora viu a pajem que me maltratava vindo pelo corredor, ela chamou você pra sala do lado. Então a serviçal entrou, me bateu e me ameaçou. Nem sei mais o que ela disse, mas tive muito medo.

Quando vocês voltaram, ela falou um monte de mentiras e vocês não deixaram eu me defender. Ali no banco do réu foi dada minha sentença. Meu mundo acabou ali, perdi toda fé em você. Não sei dizer nem como me tiraram dali, não sei o que foi feito.

Não sei de nada, mas daquele maldito dia que 20 anos de análise ainda não me permitem esquecer. Lembro de quando voltei pra casa. Eu não andava nem falava, era fraqueza, medo. Eu ainda era muito pequena pra ter ódio.

Santa Marcelina

Mais tarde, muito mais tarde, você contou que chamaram você e eu estava na UTI do Hospital Santa Marcelina, é isso? Ninguém sabia dizer o que aconteceu.

Fiquei ali bastante tempo e elas, segundo você, diziam que eu teria que voltar pra lá quando melhorasse. Chego a pensar que quem fez aquilo comigo tinha medo de que eu lembrasse de alguma coisa. Olha só o risco que eu corri.

Foi então que as entidades que me guardam entraram em ação. Um médico disse a você que eu já havia acordado várias vezes, mas quando eu via uma freira, entrava em estado de choque e piorava e foi assim que eu consegui voltar pra casa.

Tem coisa que é muito difícil lembrar, eu diria impossível. Eu não lembro de nada. Sair de uma sala de tortura intacta é impossível.

Foi assim que uma criança foi recebida numa UTI de um hospital. Eu não sei dizer qual foi o diagnóstico. Eu só sei o que me foi contado: "Ela deu entrada em estado de choque".

Tempos depois, eu lembro, lembro de quando voltei pra casa, eu não andava nem falava, era fraqueza, medo. Eu ainda era muito pequena pra ter ódio. Mas já tinha medo, muito medo.

Fiquei de cama

Não sei quanto tempo fiquei de cama, mas sei que recebia as visitas das pessoas da rua e da Dona Maria Preta que me benzia. As pessoas tentavam saber de mim o que tinha acontecido, mas eu não sabia, assim como não sei até hoje o que fizeram comigo.

O tempo corrigiu as falhas que me fizeram no convento e eu voltei a andar. Mais tarde eu voltaria a falar também. Na verdade, eu não estava muda, eu estava assustada. Eu não tinha o direito de falar naquele lugar. Eu falava sozinha.

E depois, também, eu estava fraca, assustada.

Morri um pouquinho

... eu não queria falar, mas queria saber o que eu tinha feito pra você fazer isso comigo. Eu queria dizer que nunca mais eu iria querer ir lá de novo, mas o tempo passou e eu nunca consegui falar.

Eu queria falar que em todas as vezes que você foi me visitar e me deixou lá, em cada vez, eu morri um pouquinho, a saudade doía, viu?

E o medo que eu tinha quando não conseguia entender uma ordem? Eu não ouvia direito, tinha muita dor de barriga. Se o medo vinha, eu tinha diarreia.

Eu queria viver sem pensamentos, bem longe e na minha cabeça a única pergunta: "Por quê?".

Café

CAPÍTULO 3
CONHECENDO O MUNDO

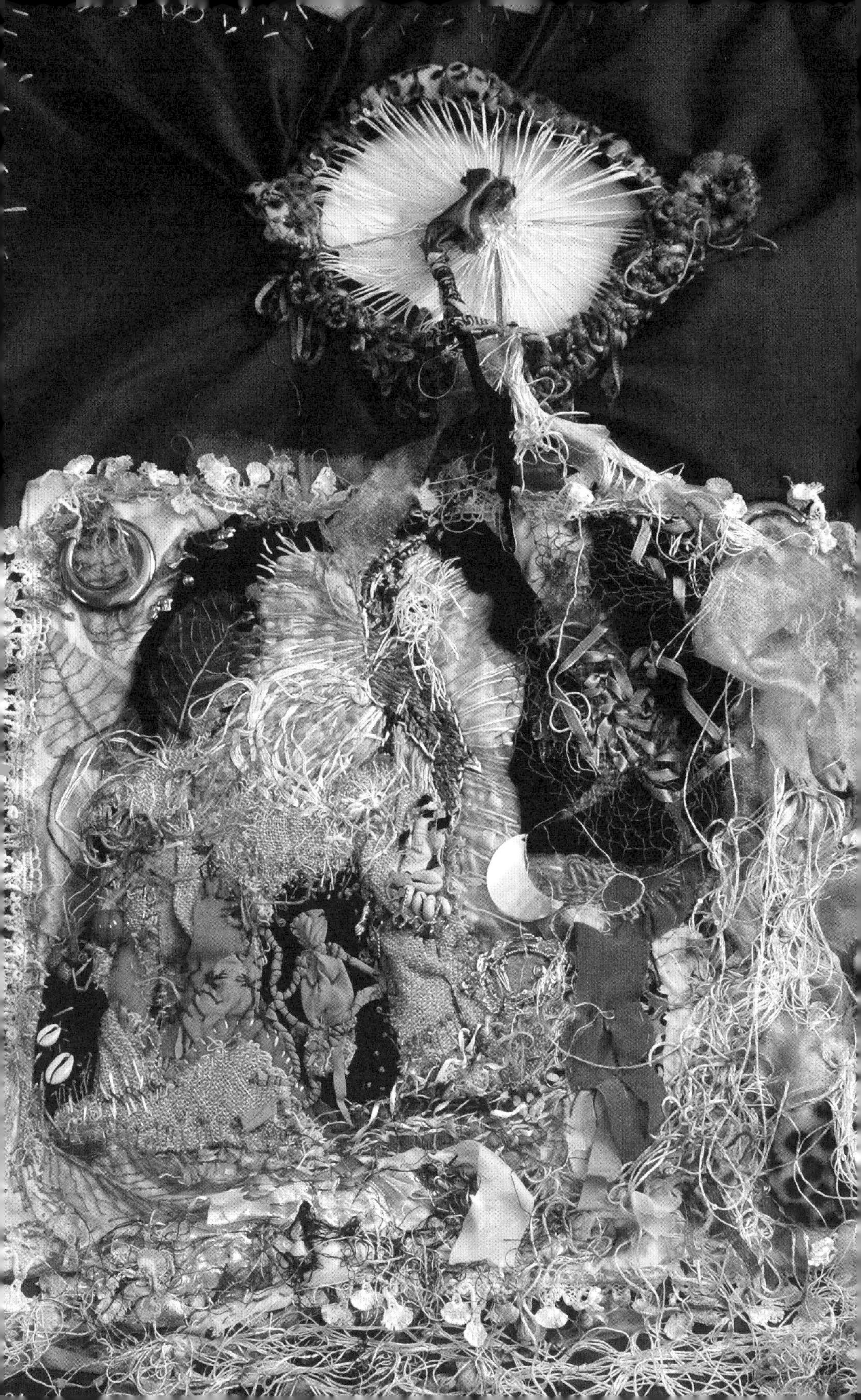

Obra
Conhecendo o mundo
Mistérios dos filhos de Saturno
O saber da décima casa
E o feitiço

Técnica
Bordado e aplicação

Rever meu território

Um dia fui até o quintal. Eu precisava rever meu território, meu lugar predileto e ele estava lá, mas também não estava. Senti um calafrio.

Como era isso de estar e não estar? Não entendi nada. Mas já havia descoberto um remédio: debaixo da pia tinha uma garrafa onde se guardava a pinga e eu aprendi que, quando dentro de mim doesse muito com coisas que eu não sabia falar, eu bebia alguns goles, ficava feliz e dormia.

Preciso dizer algo sobre este costume de beber tão cedo. Não tem nada a ver com falta de cuidado dos pais. Era um costume que só foi notado muito mais tarde.

Toda casa tinha lá um litro de um bom licor, uma cachacinha pra servir pra uma visita, pra espairar as ideias e relaxar. Estava lá, debaixo da pia, dentro do armário. E de repente a visita chegava e o adulto não queria deixar a prosa pra servir a bebida, então dizia: "Traz lá o licor pra fulano porvá". Ou então: "Traga lá uma taça de vinho pra cumadi". A gente botava um pouco mais e chamava no gole pra ajustar a dose.

Por isso a gente já conhecia o efeito. Não que o adulto dissesse: "Va lá, beba um tanto e traga o resto". Isso era por nossa conta. Da mesma maneira, acontecia com o cigarro. A pessoa tava lá e pedia pra gente: "Va lá na boca do fogão e acenda este cigarro". Era ali nosso primeiro trago.

E só no futuro iria se descobrir que, bem antes do Biotônico Fontoura, a gente já ingeria álcool e pitava... Eu sonhava em crescer pra ter meu próprio pote de fumo de corda e fumar enquanto puxava prosa. E pra mim isto era sonhar grande. A fumaça traz lembrança.

Trinta anos depois descobri o que aconteceu comigo naquele dia, assim que li o livro "Meu Pé de Laranja Lima". Eu havia passado por um trauma tão grande que me tornei adulta com 6 anos de idade, faz sentido?

Nada de bença

Tô lembrando do dia que você foi ao convento nos visitar e levou aquela senhora que eu nunca tinha visto. Lembra?

Foi até lá pra me dizer que a pessoa que tanto amor tinha por mim havia morrido num acidente horrível. Eu ainda não entendia bem esta coisa de morrer. Após me dar a notícia, você me apresentou essa senhora. Naquele tempo, morrer pra mim era deixar de existir um pouco. Era outro tempo na minha cabeça.

Perder pra mim era pior que morrer. E ali trancada, naquele lugar, era a morte vivida em pequenos tantos. Ainda lembro, sua fala fina e pausada, me explicando todos os detalhes daquela morte dupla.

"Quando, de volta pra Minas Gerais, o caminhão virou e os dois morreram". Eu com certeza devo ter perguntado: "E quando ela vem me visitar?"

Mas a pergunta ali seria outra: "Por que tanta educação comigo? Tanto tato?". Esta educação era ensaiada.

Quando o tempo passou e eu fui conhecendo as coisas, ficando grande, e depois já adulta, eu aprendi a arte de desconfiar. Percebi que, como alguém que não está inserido no meio familiar de outro, recebe detalhes da morte destes, num tão curto espaço de tempo?

Só me foi dito que o casal ficou irreconhecível. Palavra que eu nem sabia o significado.

Dona Dora morreu como morreram todas as pessoas que discordaram de algo em algum momento. E nunca mais eu ouvi o nome dela vindo da boca de ninguém.

Ela não morreu, ela deixou de existir. Dia deste eu lembrei de dois nomes na sala: "Dona Dora e Vicência" e a sala se perdeu, numa ausência de memória brutal.

Depois que eu fui embora, estes dois nomes surgiram e a justificativa foi dada. E elas chegaram a mim tentando justificar ações e palavras.

Não, não é mais hora de tirar elas lá de onde estão. Primeiro porque não se esquece quem se ama, quando este amor é reciproco. E esta outra, nunca deveria ter nem voltado.

Mas aquela senhora no convento, você disse que ela queria ser a minha Madrinha, se eu aceitava e, se eu aceitasse, ela me daria uma boneca amiguinha. Fechamos negócio ali mesmo, não porque eu gostasse de boneca, mas pelo respeito que fui tratada e pela promessa de ganhar alguma coisa. Topei.

O meu batizado seria no convento, porque ali já havia tudo, até minha irmã Miriam que também seria batizada pela irmã daquela senhora, já estava lá. Mas como depois eu adoeci e fiquei em estado de choque, foi preciso esperar.

Eu já estava em casa, já falava novamente e já estava recuperada.

Num domingo chuvoso de tarde, a mulher veio com a irmã dela. Você nos lavou e botou roupa nova. Eu ganhei um vestido e um chapéu de crochê, ambos rosa. Minha irmã ganhou um conjunto igual, sendo vermelho. Ah! Sapatos também, mas não lembro a cor.

Saímos você, as duas mulheres, dois homens, minha irmã e eu. Fomos até uma igreja noutro bairro. Chegando lá, o padre botou a cabeça da gente numa pia e jogou água fria. Tava muito frio e você tinha acabado de pentear meu cabelo com banha de porco.

Depois ganhamos uma vela branca e uma conchinha rosa. E o grupo se retirou.

No caminho vinham dizendo milagres que aconteceram com pessoas que tinham e honravam o kit recebido por nós duas. Disseram que nem que acabasse a luz do mundo, jamais aquela vela poderia ser acesa. Só em caso de doença perigosa.

Voltamos pra casa e teve festa. Anoiteceu e amanheceu, então eu fiquei esperando a madrinha. A qualquer hora ela chegaria trazendo a boneca do meu tamanho, que me foi prometida.

Passaram se alguns dias pra pessoas normais, pra mim um século. Toda hora perguntava pra você: "Quando que a madrinha vem com a boneca?".

Leitor, eu era pior que o burrinho do ogro em viagem quando eu cismava. O fato é que ela demorou muito e enquanto esperava... eu ia imaginando: "Vou pôr a boneca na cama", "Vou conversar com ela"... "Como ela vai se chamar?", "Se ela demorar a trazer a boneca, vai acabar sendo menor que eu". Na verdade, meus brinquedos eram todos de menino, mas eu agora teria uma boneca.

Muitas luas e muitos sóis depois, a madrinha apareceu em casa. Você me disse que toda vez que ela surgisse, eu teria que beijar a mão dela e do padrinho e dizer: "Bença, Madrinha!". Foi o que eu fiz antes de dizer: "Trouxe minha boneca?". Ela disse que "esqueceu" e assim o fez durante muito tempo.

O caso é que eu resolvi que ela só teria minha bença novamente quando cumprisse o trato. E quando eu não dei bença pra ela, reclamou pra você.

Foi um sururu, mas tava decidido: promessa não paga, nada de bença! A ladainha foi grande: os castigos, as promessas e as surras. Não negociei mais: "Quero a boneca, só isso!".

Um, dois, três, quatro, cinco, seis, sete, oito, nove, dez natais... e nada. Eu já havia casado e ainda mantinha a pirraça. Em cada natal, ela me dava roupa de presente, que eu nem olhava mais. Depois ela passou a presentear as crianças.

Esta situação só piorou. Meu padrinho até me dava umas moedas pra me alegrar, então eu dava bença só pra ele, porque ele não me prometera nada.

Havia aí uma história que não era verdade. Dona Dora não tinha morrido, eu descobri. Isso só me entristeceu mais. Nunca tive meu brinquedo, nem do Papai Noel, nem da madrinha.

Às vezes eu nem sabia mais por que não falava com ela, era preciso fazer força pra lembrar. Ninguém entendia que eu sou uma pessoa que não consigo ser de outro jeito. E agora não tinha mais importância nenhuma, mas ficaria uma inimizade entre nós que perdurou quase que pra sempre. Por que um estranho entrou na minha vida, fez negócio comigo e não cumpriu?

E queria o acordo selado com um beijo na mão e uma palavra da minha boca, toda vez que eu a visse. E quem iria ressarcir o meu prejuízo?

Leitores, era assim que eu pensava no começo, depois sentia indiferença e depois mais nada. Deixei a cargo do tempo pra ele resolver... e dei por perdido.

Donativos

Eu já estava em paz quando aquele carro foi em casa e deixou lá brinquedos que, assim que eu vi, reconheci e tremi. Eu não queria nada daquele lugar. Peguei todas as bonecas e cortei uma a uma. Você ficou brava, lembra?

Ali só tinha plástico e mágoa, e medo porque quando as pessoas vão dar coisas pra criança enjeitada, ela vai pra pagar uma promessa e sabe lá o que mais, pra ficar de boa com o padre e com a madre.

Pra mim aquilo tudo tinha o sorriso sarcástico daquela mulher desgraçada que alisava o cabelo com Hené Maru me dizendo: "Encontrei você! Eu sei onde você se esconde". O primeiro pensamento foi: "Vai começar tudo de novo".

Era muito comum receber coisas, pessoas vinham de todo lugar trazendo plástico de todo tipo.

Bonecas, pentes, escovas de dente e chinelos.

Coisas que crianças eram ensaiadas de véspera, pra ficar à frente daquelas outras crianças feias e de cabelo ruim, entre as quais eu estava. Por que as pessoas iam lá dar coisas pras crianças? Éramos crianças enjeitadas.

As pessoas que vão até este lugar, pra ficarem diante da jaula de feras que precisam estar enjauladas, diante daquele que está preso. Sentir ali o quanto vale o valor da liberdade. A liberdade tem um preço: é a culpa.

Dar então algo pra quem está aqui ou ali, desgraçadamente, é se redimir diante do próprio destino pedindo: "Eu sou bom, me poupe deste lugar".

Serve pra abater no imposto de renda e pra dormir o sono dos justos. Pagar promessa.

Pra ficar de boa com o padre e com a madre. Pagar favores.

Raro era alguém dar o presente na sua mão, olhar no seu rosto e dizer algo, muito raro. Davam o plástico e se retiravam, com certeza pedindo a Deus pra nunca se ver naquela situação.

Outra possibilidade

Abri o portão e fui brincar na rua, com os moleques. Aí pisei nas águas geladas com gosto, descobri os peixes, sapos e borboletas. Tirei uma pausa no sofrer, eu era criança.

Só o que me entristecia era o medo de voltar. Parei de lavar a louça com carinho, ninguém se importava. Eu era outra criança agora.

Eu tinha outros planos, queria crescer mais, ir embora, fumar um cigarro de palha como a Dona Senhora Maria, beber em qualquer lugar uma caninha, beliscando um langanho de carne seca, depois de derramar um golinho pro santo. Isso era coisa de homem, mas e daí?

Às vezes eu ficava igual um passarinho abandonado, parada no tempo. Mas as brincadeiras de criança foram me curando.

Por vezes eu entristecia de novo, aí eu queria fugir, mas pra quê? Mas pra onde?

As mulheres não lavavam mais roupa no quintal de casa, nem existia mais o poço. O quintal agora era vazio e todas aquelas mulheres foram trabalhar fora nas casas de madame.

Eu não lembro se mãe trabalhou como empregada doméstica. Sei que ela lavou muita roupa pra fora, tinha muitos clientes.

Mas ela tinha um jeito de lavar camisas. Depois de tirar as abotoaduras, ela descosturava colarinho, punho e lavava tudo separado. A noite depois de passar tudo com ferro em brasa, ela recosturava tudinho. Era assim.

Mãe descobriu um nicho: vender roupas na feira. Ela se educou pra isso, sabia que tinha que ter todo um sortimento de tamanho, cores e modelos. Mãe vendia anágua, 'combinação', *soutien* de bojo, calcinha infantil bundinha rica e meias maravilhosas com bolinhas penduradas.

Café

Todo dia ela saia de casa, de madrugada com uma sacola enorme nas costas. Levava também a barraca feita por ela mesma. Domingo, a feira era perto de casa, na Antonelo.

Segunda, folga.
Terça, Água Fria.
Quarta, Jardim Tremembé.
Quinta, Vila Albertina.
Sexta, Vila Aurora.
Sábado, Vila Borges.
E as tardes, mãe foi trabalhar na *Ligth*, hoje Eletropaulo.
E foi aí que acabou o cheiro de café pela casa.

Remédio ou veneno?

Os nossos temperos são verdadeiros arsenais de guerra e paz, carregados de conhecimento, perfume, textura e uma engenharia de saberes e sabores tão precisa que é capaz de causar inveja às tias lacraias e à muita gente formada em universidade. Porque se formam pra ser *chefs*, enquanto nós aprendemos a cozinhar pra cuidar de nós e dos nossos, em ambiente real: na cozinha.

Mas eu ainda não sabia quase nada, por ora era só uma criança curiosa e esquisita na sala, pra hoje fazer justiça aos tantos dotes da minha mãe, que toda negra tem.

Recebemos muitos dotes de nossas ancestrais por herança. Quando vieram de longe, trouxeram nos tumbeiros os segredos de nossa gente tropical, alegre, que aqui se misturou aos ancestrais indígenas.

Tudo o que em nós existe é mal compreendido e europeu. Principalmente as fumaças de nobreza, como as titias que tinham ouro nas ventas.

Sem esquecer que o alimento é remédio, tingimento, benzimento, defumação e muita sabedoria no lombo e no cajado das pretas, viu?

Era coisa poca

Cada ato praticado, cada bem ou mal, corresponde a um grão de areia que desce na ampulheta do tempo e jamais será recuperado ou corrigido.

Então, por esta razão, sou ansiosa, sonhadora, realizadora, persistente e ciumenta... muito ciumenta.

Logo que me assumi cuidadora, descobri que cuidar é um ato milenar, que pertence ao ser humano, está no legado do meu povo. Não tenho vergonha em assumir. Eu cuido. Sempre cuidei.

Sou perseverante, sempre fui. Cuido de mim, de você, dele, dela... é mais forte que eu. Nem pense em me impedir.

Na minha cozinha mando eu. Foi assim que aprendi.

Se você prestar atenção, vai acabar por notar,
que na hora de aprender, a cozinha era meu lugar.

O quintal com certeza era muito bom também,
mas cozinha tem surpresas que outros cantos não têm.

Quer ver um exemplo disto? Até agora eu lembro.

Eu vindo de fora suja, toda cheia de poeira e
a mãe tava fazendo doce e as panelas fervendo.
Ela me pega pelo braço, abre minha boca e,
antes que eu tenha tempo para protestar a invasão,
sinto que a boca recebe um naco grande de pão
e no miolo tinha alguma coisa docinha.
Sei lá eu o que seria,
só sei que até hoje sinto este gosto na boca,
o gosto de quero mais.

E depois tem o desfecho que até hoje sinto graça.

Um olho cruzando o dela
e o outro na panela.
E sem dizer palavra,
o olhar dela me diz,
com dedo em riste na boca:
"Acabô! Era coisa poca, não tem mais. Vai brincar, depois vem armoçá!".

A cozinha é o lugar onde tudo passa, tá passando ou vai passar. E as belezas que ela guarda dão conta de sua presteza. Cozinha bonita sem uma boa cozinheira é o mesmo que ir no deserto e lá plantar uma trepadeira.

Eu percebia que ali, quem soubesse bater um bolo, poderia tombar um guerreiro com uma única pitada ou encerrar uma criação ou iniciá-la, dependendo do seu interesse.

Prezinho

O prezinho era num mercadinho onde morava uma família grande com muitas meninas. Era esquisito, mas eu fui muito pouco, eu tinha problemas com a professora que era freira. A mãe deve ter dito a eles que uma freira havia tentado matar está pobre de Cristo que nunca havia feito nada, ou não deu tempo, e eu agora temia elas mais que o Satanás. Acho que foi isso porque só fui alguns dias.

A chegada de Tio João

Era visível como se gostavam pouco ou quase nada aquelas mulheres. Dava pra notar pela face de cada uma.

Sabe, tudo era de mau gosto... tinham aperto de mão frouxo e o beijo no rosto nunca chegava, ficava pelo meio, com nojo ou medo de ficar preta.

Na hora de pegar algo, sempre o faziam afrescalhoadamente, com a ponta dos dedos. Era um encontro forçado. Amargo o natal. Pra mim, um dia desperdiçado, cheio de maus presságios e de lições inúteis de como não viver.

Um parente traz o outro... Mãe vivia dizendo que em algum lugar do mundo existia um irmão seu. Chegou o dia que Tio Zézinho trouxe notícias deste irmão que se chamava João. Era o irmão mais novo da mãe.

A mãe pediu pra Zezinho que trouxesse este seu irmão, já que ela vivia afastada do Tio João. Minha mãe e esse meu tio eram filhos de mãe branca. Desta primeira ninhada de negrinhos que foram pra doação, justamente por causa da cor da pele, ela só lembrava deste.

No dia que ele chegou, foi muita festa. Mãe ficou tão contente, ele era a cara dela e se parecia muito com um irmão Gedeão. Passaram dias ali falando do passado, matando saudade e lembrando da infância na casa da Bisa antes dele sumir. Mãe se casou, veio pra São Paulo e só agora estavam se revendo.

Passado o tempo em que a saudade foi passada a limpo, volta a rotina e naquele ano Tio João esteve ali na sala, na festa de natal.

Tio João era um preto muito risonho, cheio de fala fácil e até então muito gentil e educado, o que caiu nas graças de mãe. Ele tinha um espírito de grandeza que muito agradava os olhos dela. Mãe gosta de ver gente falar de prosperar trabalhando.

Ele se disse empreiteiro, com várias obras em andamento e muitos funcionários à sua disposição.

A nossa casa estava em construção ainda, sabe como é, casa de pobre leva uma vida ou mais pra ficar pronta. E mãe sempre foi exigente.

E fala daqui, acerta dali, veio a pergunta: "Você é solteiro?". "Não, sou casado, tenho sete filhas". "E cadê elas?". "Estão aqui na casa de um parente enquanto eu ajeito uma casa pra gente". "Então traga sua família pra cá, sua família é minha família, aí você mora comigo e a gente se ajuda".

No dia seguinte, ele trouxe todo mundo, as sete meninas e a esposa, a Tia Jandira. Passadas as primeiras horas e findo os cumprimentos, era hora de alojar aquele povaréu e todos os seus catataus. A minha Tia Janda, era assim que ele a chamava, era loira e havia fugido da casa de seus pais pra se casar com ele. Na época, eu achei muito romântica esta história.

Mas tinha algo esquisito neles que a gente foi desvendando assim que tivemos oportunidade.

Mãe agora já havia tirado todo mundo do colégio e todos estavam trabalhando e ajudando na manutenção da casa, o que fez com que o Tio achasse que ela era rica. Mãe sempre foi muito boa administradora, o que fazia com que ela fizesse o dinheiro render.

Como mãe ainda trabalhava fora, ela saía todo dia e esperava que, assim como ela, seu irmão fizesse o mesmo. Mas quando ela saía, ele voltava pra cama, no mesmo lugar, de onde só saía pra comer e pra esquentar sol. Pegar no batente? Procurar emprego? Fazer alguma coisa no quintal?

Só se fosse outra pessoa, ele mesmo não.

Agora o detalhe familiar: ninguém tomava banho, da mais nova a mais velha, pai e mãe. E se mãe antes deixava dinheiro pra comprar seis pãezinhos, agora teria que ser 20 ou mais, pois a fome deles era descontrolada e Tia Janda não ia nem no fogão, nem na pia, nem no tanque.

A cabeça das meninas tinha piolho de toda cor. As malas vieram abarrotadas de carrapatos e percevejos que se instalaram nos buraquinhos do reboco das paredes dos quartos e em pouco tempo todo mundo estava cheio de piolho e com os braços cheios de ferida por conta das picadas dos percevejos.

Tia Janda se levantava, tomava café e se sentava num canto do quintal. Ali as meninas iam se deitando em seu colo e ela ficava horas e horas entretida, caçando piolho.

Levantava-se dali pra almoçar e voltava pra o mesmo lugar. Quando mãe chegava, o Tio reclamava das obras, da canseira... dizia que a coisa não ia boa. A Tia a mesma coisa, só se queixava... Então mãe servia a janta e todo mundo se ajeitava.

Se antes deles aparecerem, mãe fazia compra de mercado uma vez por mês e comprava um saco de arroz, agora essa compra era feita toda semana. Mas como criança, não pode opinar. Eu ficava quieta, mas sabia que o Tio se levantava da cama quando via a mãe chegar do trabalho.

Quando mãe se deu conta da quantidade de bicho que estava nos quartos, ela passou um veneno em pó chamado BHC na casa toda. Quase matou tudo, inclusive nós, mas pelo menos acabou com a praga.

Mas não sabia onde era a fonte, até ter uma ideia de olhar a mala das visitas numa hora que foi possível. Era bicho que não acabava mais e mãe foi falar com o casal.

O Tio João sentiu-se ofendido com o que mãe disse, porque pra ele a esposa, além de branca, era muito asseada. Isto deixou a relação balançada, não mais balançada que as contas da mãe, que estava entrando em falência e devendo em tudo quanto era lugar.

Passaram-se dois anos e a coisa só piorava.

Foi quando Tio Zezinho comprou um terreno em Francisco Morato, Parque 120, pra ser mais exata. Era um lugar de promessas, com trabalho e prosperidade. Já tinha até a linha do trem que saía da Estação da Luz.

Mãe tinha vontade de fazer um investimento pra o futuro e aproveitou pra fazer uma proposta ao Tio João. E se ela comprasse pra ele um pedacinho de terra neste lugar? E se ele fosse pra lá com toda sua família? Ele aceitou, já que ali não estava mesmo dando certo.

Foi acordado que minha mãe daria só a entrada no terreno e ele, que era homem, se viraria em pagar o resto. Assim foi feito.

Desde então, todos os domingos depois da feira, ao invés de assistir ao programa do Silvio Santos, íamos todos pra Francisco Morato.

Pegávamos o ônibus e Metrô até a Estação da Luz e lá pegávamos o trem até Franco da Rocha. Chegando lá, a gente ia a pé morro acima. Tinha táxi, mas eram charretes e não subiam o morro.

Meu tio dizia que tinha uma linha de ônibus que era tão boa que se o motorista fosse avisado que fulano iria naquela viagem, mas estava tomando banho, ele esperava.

Um dia a gente pegou este ônibus na volta porque chovia muito. Seria melhor ter decido a pé. Dentro do ônibus tinha gente com enxada, picareta, pás cheias de barro vermelho. A gente chegou na estação de trem parecendo que tinha furado um poço, com as roupas todas impregnadas do vermelhão da terra.

A mãe sonhava em investir lá, fazer umas casas de aluguel, sei lá. Mas ela seria surpreendida.

Passado, acho que um ano, ela recebeu uma carta dizendo que ela perderia o terreno se não pagasse. "Como assim? Tio João disse que estava em dia". Mas não estava. Lá no bairro novo ele se juntou com tanta gente que também não trabalhava e a situação ficou tão precária que eles dependiam da caridade alheia pra sobreviver.

Todavia, Tia Janda continuava passiva e obediente ao seu amor, João, que proibia ela de pedir ajuda ao seu pai e mãe que ainda eram vivos. Até onde eu sei, ela nunca mais teve contato com a família.

Mas Tia Janda tinha pouco contato com o meio, era difícil a gente chegar na casa dela e ter comida feita, mesmo que a dispensa estivesse cheia. Ela era apática e quem comandava a casa eram as crianças.

Quando a gente ia pra casa dela, tinha que ir pronto para ir pro fogão e fazer comida se quisesse comer. E algumas vezes que ela fez, era da panela para o lixo.

E mesmo nesta situação, eles queriam ter um menino e tiveram, foi chamado de Leandro, era o sonho dela. Ter um menino pra catar piolho, que meninas ela já tinha um monte.

E veio seu caçula, o único varãozinho da casa. Como diziam, este nome de Leandro, Tia Janda copiou da Tia Tê, que pariu um Leandro tardiamente, quando todo mundo já dizia que daquele mato não sairia caça. O mato era a Tia Tê. Ela deu este nome a seu filho e revolucionou os nomes da família numa época em que só se usavam nomes bíblicos ou estrangeiros.

Que fique dito, nenhum destes dois rapazes tem nada a ver com o Leandro meu filho, que todo mundo conhece pelo nome artístico. Eu só iria parir o meu Leandro muitos anos depois. Era outra pegada.

Mas ainda muito pequeno, o Leandro da Tia Janda teve desnutrição devido à ausência dos cuidados necessários, pegou bactéria e precisou minha mãe levar ele ao médico.

Ele ficou internado por muitos anos e só minha mãe ia visitá-lo. Era muita estranha esta parte de nossa família. Quando ele teve alta, eles nem lembravam mais do menino e ele pensava que minha mãe fosse a mãe dele.

Voltando ao caso do terreno, minha mãe foi falar com ele e ele chorou. Alegou a doença do pequeno e a mãe viu que o menino estava doente de verdade. O que ela só reparou depois era que a casa era doente.

Mãe quitou o terreno e vendeu com o dinheiro, comprou outro lote, mais perto da estação e eles mudaram pra lá na promessa de que agora ele iria cumprir a palavra.

E a casa era nojenta demais, as crianças defecavam em qualquer lugar, mesmo com banheiro em casa.

Pra encurtar a história, o mesmo que aconteceu com o primeiro lote, aconteceu com o segundo e a mãe recebeu uma carta ameaçando quanto a perda do terreno.

Aí o caldo entornou porque Tio João não gostou de ser chamado atenção por uma mulher. A mãe teve que pagar o terreno. Ele não tinha como pagar, não trabalhava.

O desfecho é que foi um absurdo maior, meu Tio entrou na justiça pedindo indenização, alegando que era caseiro sem remuneração. O juiz determinou que minha mãe indenizasse ele. E aí mãe viu quem era Tia Janda, que virou uma fera contra ela, dando razão ao marido dela.

O povo de mãe, no Paraná, se manifestou também contra ela: "Onde já viu explorar o Joãozinho assim?".

Mãe não tinha experiência de como funcionava estas coisas de processo e entregou o dinheiro na mão de Tio João.

Ela vendeu um terreno que tinha comprado na praia, pra dar o dinheiro a ele. Mas João foi ao fórum e alegou que ela não tinha pagado nada. Aí mãe teve que juntar outro dinheiro pra dar a ele novamente.

Ela precisava vender aquele terreno, mas ele não deixava ninguém chegar perto pra ver o lote e seria praticamente impossível por conta da quantidade de filhos menores que ele tinha.

Na segunda vez que mãe pagou ele, foi no fórum e com testemunhas. Aí ele não teve mais o que fazer. Gastou todo o dinheiro e não saiu no tempo estipulado, mas a justiça, no tempo da justiça, os encaminhou pra um abrigo.

Aí eles foram morar no Paraná e viveram assim de explorar as pessoas até ontem. Lá as pessoas pegaram algumas crianças em adoção e seguiram a vida. A gente só ouvia as histórias dos golpes do meu Tio, mas desta vez à distância.

Minha mãe vendeu o terreno no Parque 120 em Francisco Morato e acabou o contato com o povo dela. Até hoje mãe tem medo de abrigar parente, mas abriga.

Rematrícula

Fui pra Escola da Igrejinha. Esta escola sempre foi feia, só não era mais feia que a Escola do Matão, onde a minha Bisa vendia cocadas, que nem me lembro direito. A Escola da Igrejinha era verde, toda de madeira e cada sala era num lugar, como algo que se prepara pra ser alguma coisa, mas ainda não sabe o que quer ser. Mas aí alguém pôs fogo e lá virou a Pedro de Moraes Victor.

A igreja que era cinzenta e tinha uma escadaria enorme... Nos barracões verdes e feios tinham várias salas e a diretora, que se chamava Cecília, esfregava uma mão na outra pra dizer que eu era negra.

Foi ali que eu limpava as latrinas. Foi ali que a gente era separado pela cor da pele, entre as fileiras na sala de aula. Foi ali que descobri que a escola era um pesadelo de tirar o sono de uma criança.

A cantina era atrás da igreja, então na hora do intervalo a gente saia do barracão verde, passava em frente a escadaria da igreja e chegava no lugar onde servia o lanche.

A outra parte da escola era num barraquinho que dava pro lado da ponte que separa a Vila Zilda do Joamar, que já era um lugar nobre naquele tempo.

Não tenho saudades desta escola, nem das professoras, nem do prédio, nem de nada. Poderia nem ter passado por lá. Nunca pude dançar quadrilha, ninguém escolhia a gente. Uma vez fui escolhida pra recitar uma quadrinha feita por mim. Até a mãe foi assistir, mas bem na hora que eu ia falar, a diretora me tirou e pôs outra menina. Fiquei triste demais.

Assim foi meu primeiro ano na segunda escola.

O vendedor

Um dia era de manhã, eu ainda nem tinha saído pra escola. Bateram palmas no portão, eu fui atender. Era um vendedor de livros.

Um senhor de cabelos brancos, muito educado com uma mala repleta de livros que eu nunca tinha visto igual. Aliás eu nunca tinha visto tantos livros!

O homem falava pausado, sentou-se no portão ali mesmo na terra e começou falar coisas já acontecidas. Ele era um contador de histórias, um anjo, alguém enviado pelo acaso pra me mostrar que o mundo era bom.

Eu não lembro o nome dele, nem sei se ele disse. Estava em cima da hora de eu ir pra escola, eu sabia que a qualquer momento o relógio iria despertar e eu teria que pegar o material e ir. Sim, teria, mas eu fiz de conta que não, assim que ouvi o "trim-trim" do relógio.

Era bem verdade que a mãe dizia que não era pra atender estranhos quando ela não estava, tampouco falar com eles. Mas depois do convento, quando eu tive que ir com pessoas que eu nunca tinha visto, dei de não acreditar em tudo o que mãe dizia.

Aquele homem, com a mala cheia de livros, me contou muitas histórias e então deixou ele de ser um estranho. Agora era um amigo, que sabia ler.

Ele explicou que os livros eram pra vender e eu pensei que, se eu talvez pedisse pra mãe, ela compraria pra mim. Mãe vivia comprando coisas sem sentido, como tijolos, areia, pedra, cimento, comida... Coisas que eram pra ela. Então, que comprasse agora coisas pra mim!

O homem se animou, botou fé em mim, que assim fosse. Acho que quando ele viu o brilho nos meus olhos, não teve coragem de recolher os exemplares. Daí falou assim: "Você lê direitinho e não suja, eu volto pra falar com a sua mãe".

Ele fez negócio comigo. Mesmo bem infante, eu já sabia comprar coisas, agora era só a mãe pagar e tudo certo. Eu folheei todos, eu já lia. Foi assim que mãe descobriu. Eu fui mostrar pra ela que eu sabia ler e entender.

Ela olhou pro livro, com o olhar de Satanás e folheou todinhos. Queria saber se tinha roubado, de quem era. Não sabia o que tinha comigo que todo mundo achava que eu roubava, até minha mãe.

Eu disse que o vendedor voltaria. Ela me tomou os livros, deu-me o corretivo por eu ter falado com estranho, depois ficou ruminando palavras pelo resto do dia e por várias vezes me aplicava o corretivo novamente.

Disse que me mandaria pra bem longe, pra mais longe que o convento. Aí eu tremi, quem faz uma vez, faz mais. E se eu fosse ali expor meu pensamento, ela ficaria sabendo quem mentia e fazia as coisas sem pedir autorização.

Então era tão ruim assim ter livros em casa? Ela guardou os livros a chave, até o dia que o homem veio. Foi tão triste este dia, não queria mais falar nada, nunca mais.

Cheguei a folhear um deles, era lindo. Capa dura vermelha. Eu lavava as mãozinhas pra tocá-lo, eu prometi pro moço que cuidaria deles. Dentro do livro não tinha palavras, só figuras.

Dentro do livro tinha homens fazendo a roda, fazendo uma cunha, outros empurravam pedras com rodinhas. O livro não tinha mulheres, mas eu tô falando isso agora, porque não percebi direito, estava afoita pra folheá-lo.

Tinha pé de planta crescendo, feijão, contando o que eu já sabia.

Foi por isso que fui mostrar pra mãe: tinha construção de casas.

Mulheres não tinha. Em todo livro que tinha mulheres era a mesma imagem: sempre o homem estava puxando a mulher pelo cabelo e ela tinha cara de satisfeita e o cabelo dela era liso. Só de ver a imagem doía em mim, mas parecia normal.

Naquele tempo eu já ia a vários enterros de mulheres mortas pelo marido, irmão ou pai, ou estuprador, que não raro era um dos citados acima. E a fala "Deus quis assim, Deus sabe o que faz" me irritava.

Será que Deus não sabia que tá errado acoitar tanta violência assim e proteger tanto cabra safado, chamado de homem de bem ou homem justo?

Depois vem o povo e fala que é pra pessoa não apanhar, pra se defender. Não apanhar ou não reclamar? Porque recebemos a educação de apanhar e sorrir. Ser maltratado por pessoas mais velhas e ouvir e ter que respeitá-las.

O respeito estava acima de qualquer coisa, o velho mais vil abusador e hipócrita tinha todos direitos reservados sobre as crianças, só porque era mais velho.

Voltemos ao livro. O segundo volume era de matemática, nunca gostei de matemática. Os livros me deixaram saudade, muita saudade.

A matemática tem pra mim algumas funções. Uma é saber minha idade. Outra ficar atenta pra não ter prejuízo. Contar os dias que tenho saudade, que são muitos. Sentir como os dias tristes e sem sol são longos. Quero lembrar deles pelo filtro dos meus olhos de criança.

Através da inocência que já tive, com um pouquinho desta que conservo, porque ainda acredito, ainda não desisti das pessoas e de sonhar. Pobre vendedor de livros que me presenteou por alguns dias. Foi chamado de tanta coisa sem motivo.

Nem sempre a mãe da gente tem razão, porque toda vez que um adulto tem boa intenção, ninguém acredita.

Quando a pessoa é ruim, vira visita. E não adianta o gato avisar. O cachorro morder. A gente estranhar, a arruda e o manjericão murchar. Mãe nunca entende.

Quando o homem do livro voltou, ele teve os livros rasgados ali na sua frente. E se não quis ter a cara rasgada, teve que correr. Não teve direito à defesa.

Pobre homem de boa intenção. Sendo eu uma escritora e sendo afastada das letras desta forma, era normal que adoecesse.

Lá se foi o meu pé de feijão

No ano seguinte, fui promovida pra segunda série. Outra professora ocupou o lugar da primeira.

Agora tudo estava mudado, a turma havia se misturado e eu ganhava ali um grupo de algozes. Crianças perversas que me maltratavam por causa do meu cabelo e da minha cor de pele. Qualquer coisa era motivo de piada.

Agora tínhamos uma tarefa nova: durante a aula ou a qualquer momento, a diretora surgia na porta e então tínhamos que fazer um teatrinho. Ficávamos de pé, púnhamos a mão direita no peito e quando a professora fazia perguntas em forma de elogio, nós gritávamos boas e vivas ao Emílio Garrastazu Médici. Alguém teria que me dizer quem era aquele homem. A mãe não sabia, na igreja ninguém sabia, na roda do poço ninguém sabia.

Eu tive que decorar este nome e isto me custou o esquecimento do meu pé de feijão. Logo meu interesse sumiu. Eu cresci e fui cuidar da vida e muito tempo se passou.

Hoje eu sei bem quem ele foi e sei também porque cantávamos músicas ditadas pela igreja, nas aulas de catecismo, naquelas das cartilhas que o governo mandava. Uma era:

"Eu moro na rua chamada Brasil,
E vivo feliz e contente
Não vivo sozinho, eu tenho vizinho
Vizinho do lado e da frente..."

E por aí vai. Quem teve lá, vai se lembrar.

Músicas de verdade só viriam passar pela minha caminhada, muito, muito mais tarde. Eu preferia as do Zé Bettio. Fala de amor e saudade. Poucas músicas iriam me importar nos anos que viriam, mas em 1973 Belchior cantou "eu sou apenas um rapaz latino americano" e depois conheci "O Palo Seco":

> *"Se você vier me perguntar por onde andei*
> *No tempo em que você sonhava*
> *De olhos abertos, lhe direi*
> *Amigo, eu me desesperava [...]*
> *Sei que assim falando pensas*
> *Que esse desespero é moda em 76*
> *E eu quero é que esse canto torto*
> *Feito faca, corte a carne de vocês*
> *E eu quero é que esse canto torto*
> *Feito faca, corte a carne de vocês"*

Não preciso nem dizer que eu já havia percebido que não era esta a escola que eu havia idealizado.

Sofá da sala

Eu perdia muito mesmo, perdia o dia, perdia tudo quando chegavam aquelas visitas. Eu não poderia sair pra empinar minha pipa, nem rolar na grama pra se coçar depois.

Gente estranha e chata na sala acabava com a festa da gente. Até coceira era melhor que aquele povo. Jogar burca, correr atrás das galinhas e achar os seus ninhos, molhar os pés na água fresca do riachinho cheio de peixes coloridos.

Tudo isto era muito mais legal do que aquele povo no sofá da sala.

Ao imaginar que as visitas iam embora, vinha a preocupação com os acertos de contas de todas as vezes que entrei na sala ou me envolvi nas falas dos grandes e as bolas do zói de mãe iam para lá... e para cá.

Imagine uma menina moleque que passava o ano inteiro entre aventuras de vento, água, fogo e terra, metida nas matas, sentindo cheiro dos bichos e vendo o mato crescer.

Agora estava ali, fazendo sala pra pessoas mascaradas macilentas, cheias de "não me toque", com seus meninos nojentos "cheios de nove horas" que não podiam sequer assentar poeira.

Ah! Eu falava mesmo, ia apanhar de qualquer jeito! Apanhava, mas falava. Era mais forte que eu, não resistia.

E não resisto, não abro mão de um palpite, um pitaco. É um achado pra mim. Sou do povo da pesquisa, num sabe?

Ao fim de tudo, fui descobrindo que a raiva por qualquer outra coisa, não era de mim. Era uma raiva da vida, talvez de toda vida. Mas como eu estava ali bem pertinho, por que não eu? Era pra aproveitar a chance e desabafar.

Finalmentes

Enfim, tudo se findava debaixo da promessa de que o café servido fecharia as mazelas da vida toda e seriam entregues ao tempo delas, lá no passado.

E no próximo ano, 300 e tantos dias depois, se reuniriam ali novamente, em nova mobília, outras cortinas e o mesmo ranço. Foi assim por muitos anos.

E a cada gole de café sorvido, uma esperança... "espero que volte", "que tenha gostado" e "que a paz os acompanhe". É nesta hora que todos os cristãos em coro dizem: "Amém!".

Sem palavras. Senão, a quem vou mostrar que, apesar de ser negra e mulher, estou melhor que vocês? Pois evoluí, subi na vida. Mas o "amém" quer dizer "basta!".

Era quase um doutor

Tio Cido foi o único a quem a Bisa deu estudo entre todos os irmãos. Era quase um doutor. Se formou na quarta série com formatura e tudo. Dizem lá os presentes que teve rojão, bandeirinha e que, pra este feito, foram vendidos vários sacos de feijão. Vários animais serviram de churrasco pra este evento, este foi o miminho do Paraná, pra alguém que representaria toda família pelo mundo afora.

Eu já disse que Tio Cido era branco? Ele era um *status* diante da nossa sala negra.

E tanto ganhou espaço as façanhas do Tio Cido no meio daquela gente preta, que eu nunca soube nada sobre meu avô. O pai de minha mãe foi o negro que fez mal à minha vó branca. Ele foi varrido da boca das pessoas e não deixou nem vestígios. Igual foi feito com o nome de Zambi. Nem sinal.

Tua mãe

As mulheres da família de meu Tio Cido, irmãs, por exemplo, eram mal lembradas. Falava-se muito mal delas, envergonharam a família e não eram dignas de estar na presença daquele ser ilustre cheio de pompa e circunstância, então não eram nem convidadas ou, pior, eram mal lembradas.

Sujaram a honra da família e sumiram no oco do mundo, sem sair do Paraná. Ficaram invisíveis. Na verdade, uma delas veio sim, tua mãe. Mas fecharei este ciclo no momento certo. Curiosos, aguardem.

Se estas mulheres foram tão infelizes em seus destinos, não poderia se dizer o mesmo de uma pessoa que não era nem membro da família, mas era o conselheiro.

Casal de raposas

Era o cunhado do Tio, um homem alto branquelo, sorridente e antipático. Tudo o que ele aconselhava, nunca nos incluía, nada.

Por vezes, ele arranjava uma desculpa para que uma de nós fôssemos cuidar dos filhos dele, porque a esposa não dava conta. A gente olhava as crianças, lavava louça e depois ia pra casa sem comer e, mesmo assim, ela reclamava todo o tempo.

Eu reclamava porque a filha dela tinha a minha idade, por que eu tinha que arrumar a cama dela? Isto fazia com que ela inventasse mentiras sobre mim e eu a detestava e tinha medo também. Mas, mesmo assim, batia nela sempre que me fosse possível.

Este casal de raposas nunca morava muito tempo no mesmo lugar, viviam de mudança e diziam que era porque ele enjoava do lugar. Mas a verdade era outra.

O Conselheiro era fugitivo da justiça. Eram uma quadrilha na verdade, o marido viciado em jogos de azar e vida noturna, gostava de trocar de mulher e já havia até matado gente. Isto começou a ser dito a boca pequena, quando ele sumiu. Era o nosso mafioso, com todo respeito.

Na verdade, vou fazer justiça, todo mundo ou quase todo mundo em casa jogava. Eu jogava burca, apostava por coisas apostáveis.

Você mãe, incansavelmente rebolava todas as minhas conquistas no mato. Mas no outro dia você saia pra trabalhar e eu riscava a rua, punha regras do jogo. Pra mim, isto era um trabalho sério!

Marcava o triângulo, fazia à risca de marcação e pronto, começava o jogo. Ganhava tudo de novo. E dali não saia nem pra comer. Eu era o líder do "não do nada pra ninguém!".

Era um vício que só terminava quando eu via que estava perto de você chegar. Então corria pra dentro de casa, pegava as cobertas, me enfiava debaixo da cama, empurrava a sujeira pra baixo do tapete. Às vezes dava tempo, às vezes você chegava antes.

A piorzinha era a Bisa. Ela jogava no bicho no caminho pra igreja. Ela era evangélica. Eu não sabia o que era que ela fazia, mas quando cresci, fiquei contente em saber que tive uma Bisa subversiva. Minha Bisa crente era bicheira, faz sentido?

Mas, neste caso, tenho dois pesos e duas medidas. No Conselheiro, eu via como defeito grave, mas na Bisa, não, ela podia.

Um dia, o Conselheiro desapareceu de vez, abandonando mulher e filhos. Muito foi dito sobre o sumiço dele. Primeiro o deram como morto, depois disseram que tinha outra família. Depois não dei mais ouvidos ao paradeiro deste homem e dei a ele o valor que ele tinha pra mim.

Vez ou outra

Pra não dizerem que não gosto de ninguém, direi que vez ou outra vinha no natal o Tio Zezinho, irmão caçula do Tio Cido. Mas ninguém dava muita importância a ele, isto porque ele tinha uma vida triste, foi abandonado pela mulher que o deixou com três filhas pequenas sem eira nem beira.

Morava longe, não tinha estudo. Não fez por merecer, pois não saía da roça. Mas era o único que acolhia minha Bisa. Ou ele ou minha mãe.

Era branco também, mas de outra qualidade. Minha mãe gostava do Tio Zezinho, mas nunca lhe fez justiça recebendo ele no sofá da sala. Só o fazia se o Tio Cido não estivesse.

Mas eram muito amigos, quando ele mudou pra Francisco Morato, a gente sempre ia na casa dele. Era um suplício, me lembro como se fosse hoje.

Pegar ônibus, Metrô até a Luz e trem, chegando em Francisco Morato, subíamos o morro a pé. Eu queria morar em Santana, não entendia por que minha mãe tinha este espírito aventureiro de desbravar a mata adentro feito um bandeirante.

Depois a gente tinha que esperar até o trio elétrico, pra chegar lá. A gente nunca podia pegar um táxi DKW pra passear porque ela não podia ver um morrinho com mato em volta que idealizava um resort e gastava todo nosso dinheiro.

Sim, o dinheiro era dela, mas eu também era dela, então era tudo nosso. O tempo põe todas as batatas pra assar no seu tempo, nem foi preciso ela me responder... no momento, um "cascudo" resolvia.

A cama que me confortasse a ignorância. Parque 120, nunca senti saudade, viu? Era triste pra chegar e olha que eu gosto de nostalgia, mas sem sofrer... Eu fico com um amor preguiçoso e pequeno pelas coisas que me fazem sofrer.

Quando descíamos do trem, tinha várias charretes na frente da estação, elas eram os táxis, mas era caro... então subíamos o morro a pé.

Eu gosto de nostalgia, já disse, mas não abro mão do conforto. Só pra dar um toque, aprendi a gostar de sabonete feito em casa, numa hidromassagem.

Adoro pão caseiro, macarrão, molho, comida nordestina, tudo feito por mim, regado com um bom vinho, em casa ou na varanda do Pestana, lá em Salvador.

Você, mãe, sentiu muito quando soube que Tio Zezinho tinha falecido. A morte sempre faz a gente se arrepender de ter feito tão pouco quando poderia ter feito mais. Mas o morto mesmo nem reclama mais, pra ele basta.

Ele não ia na sala, no natal. Nem ele, nem meu padrasto, Seu Olívio, que junto com você comprava tudo o que era servido pra aquela elite na nossa sala.

Por esta razão, ficávamos mais fora de casa do que dentro, a gente gostava do nosso cantinho debaixo das bananeiras e quando alguém queria algum serviço, eles chamavam.

Cair das máscaras

Acabou o natal, todos foram embora.

O que direi agora não é bonito, mas é necessário e divertido de certa forma.

Era confuso o cair das máscaras. Bastava que todos saíssem e seus defeitos ganhavam evidência. Era a hora da verdade, hora de a onça beber água.

A Bisa escondia os biscoitos de natal na mala, embaixo da cama. Era só pras visitas. E como era a gente que buscava lenha e acendia o fogo, queríamos biscoito também e, como ela não nos dava, descobrimos o segredo da mala e tirávamos o nosso bucado.

Ela dizia que era roubo. Nós, recompensa.

A frieira do Tio, agora longe de sua autoridade, ganhava o nome que tinha: no-jen-ta. Ele era um suíno educado e simpático, como um porco. Mas nem pensar em aborrecê-lo com o que a casa achava sobre ele, pois se cismasse, não viria e o restante da família também não. Isto era tão certo que quando alguém o fez, toda família sumiu do natal e a casa ficou melhor.

Depois de todos os acertos, era hora de pensar no que seria feito no próximo ano. Quais seriam as bebidas, as cores da casa, cortinas? E as comidas que se seguiam? Macarronada, galinha, pernil, maionese, arroz, feijão e salada.

Depois, dormiríamos todos no chão, a tinta ia deixar os olhos da gente vermelho, o BHC ia sufocar e a palha de aço, cortar a mão da gente. Mas era natal. Roupa, sapato, comida, panetone, as mesmas visitas.

Uma coça depois que todo mundo fosse embora e pronto, a gente perdia o direito a tudo diante deste povo. Eles dormiam em nossas camas e a gente se arranjava como podia. E nisto até tinha uma vantagem, depois que todos dormiam, a gente ganhava a rua pra ver o natal de verdade.

A minha rua, a Lucas Alaman, tem um largo onde se passava o mais bonito dos natais e ano novo que eu já vi. Todas as pessoas saíam pra rua, esqueciam as diferenças, se abraçavam, sorriam, mas não se enganem, depois do ano novo tudo voltava ao normal entre caretas e carrancas. Aqui no Cachoeira, onde eu moro hoje, não tem nada disso.

A verdadeira limpeza

Todo aquele que é entendido dentro dos mistérios do universo e até os menos entendidos fazem limpeza de corpo e alma e da casa toda vez que acham preciso ou por prevenção. E lá em casa não poderia ser diferente.

Toda segunda, quarta e sexta tinha fumaça nos cômodos. Depois da ave maria, o incenso era aceso. Quando a fumaça estava tinindo, alguém pegava o incensário e ia balançando pela casa, deixando um cheiro bom pelo ar.

Logo após as festas, lá em casa tinha um encantamento mais demorado. Ia-se no mato, pegava a erva de fazer vassoura e fazia-se várias vassouras. Uma pra cada pessoa da família.

De noite depois da janta, acendíamos a defumação e tudo começava. Íamos em fila indiana abençoar a casa, eu que digo isso, ninguém me disse.

O padrasto ia na frente, depois a mãe e depois cada um de nós. Eu era a última da fila. E por não compreender a importância, eu e minha irmã íamos dançando e micaretando lá atrás.

O grupo seguia, nada os fazia parar. Começava nos quartos, íamos pela sala, cozinha e depois voltávamos até a porta da frente. Varríamos pra frente, sempre.

Quando chegava ao final, a mãe recolhia as vassourinhas e guardava. Castigava quem não colaborou e então íamos dormir de rabo quente.

Depois tinha que jogar tudo em água corrente. Um dia fomos despachar as vassourinhas lá embaixo, onde tem a feira de domingo. Era de noite, fomos a mãe e eu.

Quando estávamos já bem na beira do rio, apareceu uma viatura. Os dois policiais mandaram a gente esperar. Desceram da viatura e deixaram as portas abertas. Pegaram no braço da mãe e ficaram perguntando o que ela tinha na sacola. Ela não conseguia responder.

Eles a chamaram de feiticeira e disseram que aquilo na mão dela, a sacola que ela trazia, devia ter feitiço. Um deles tomou a sacola e olhou. Ao ver as folhas, não disse nada, mas despejou tudo no chão e pisou sobre elas excomungando a gente. Entraram na viatura preta e vermelha e foram embora.

Eu não tive medo, tive pena da minha mãe e nojo daqueles covardes. Até hoje tenho.

A vara de família

A gente pensava que a mãe não percebia que a gente saía, mas ela percebia sim e o coro comia na hora do acerto de contas. Sobrava pra todo mundo, viu? A gente corria em volta do poço, com a mãe massageando o coro da gente com uma vara de pitangueira. O galho que foi nossa primeira vara de família. Odeio pitanga.

Toda vez que a mãe ia lá na pitangueira, escolhia um galho e ficava ali trabalhando ele... a gente sabia, hoje tem!

Com a evolução e o progresso, a gente experimentou de galho de pitangueira a fio de telefone, de eletricidade e, tardiamente, com a benção de Ogum e Dona Maria Preta, a nossa sacerdotisa, trocou tudo pela Espada-de-são-jorge, que ia se esfacelando a cada novo golpe. Foi a nossa salvação. Um viva pra Dona Maria Preta!

A fuga da mamãe

Teve uma vez que deu a pilora na cabeça da mãe. Não sei a sua leitor, mas a minha sempre dava e não era bom ficar perto.

Ela ficava destemperada do juízo e, de repente, coisas criavam vida e voavam. Era coisa rápida, logo amainava e ela ensedava, então voltava a paz de novo. E a gente já podia atarrachar bunda e cabeça no lugar.

Mas teve uma vez que não passou e no meio do dia ela juntou as coisas dela e disse: "Vou embora!". Pra mim, era engraçado ela dizer que "pegou tudo o que era dela". Afinal, tudo ali era dela, ou não era? E se não era dela, de quem era?

Se a pessoa que é dona de tudo vai embora, então tudo era nosso, inclusive os nossos narizes. O fato é que ela sumiu no estreito da estrada, de verdade.

Ainda esperamos algumas horas pra que ela voltasse. Entardeceu e nada, o sol se guardou, veio a noite e nada. Ela não voltou. Então começamos a viver, uai!

Pois nem dava pra acreditar que a mãe tinha abandonado a casa pra gente, com tudo o que era dela. Agora seria nosso, já que ela abriu mão.

Quem era de namorar, foi namorar.
Quem era de vadiar, foi vadiar.
E cada um só voltou pra casa na hora que bem quis.

A gente que não era de noitada ainda, dormiu cedo, mas só depois de fuçar em tudo o que era de não fuçar, comida, por exemplo.

Nós três: Adi, Miriam e eu fizemos uma festa! Cozinhamos todo macarrão que encontramos e convidamos os amigos. Era o aniversário do Neguinho.

Abrimos molho de tomate, ervilha, maionese, era nosso agora! Sujamos todas as panelas, pratos e utensílios e só então fomos dormir, deixamos tudo lá. Era nosso!

Quem nos obrigaria arrumar e por tudo no lugar novamente se nosso comandante havia abandonado o barco? O não fazer também era nosso!

No dia seguinte, levantei cedo e saí direto pra rua, não havia nada que me fizesse lavar rosto, escovar dente ou tomar café. O fazer ou não fazer me pertencia. Foram três dias.

No terceiro dia, bem cedo a porta se abre e entram pessoas falando, falando. Era ela com alguém. "Ué, mas ela havia dito nunca mais?".

Gente, quando senti o cheiro de pão e a fumaça do café chegou no quarto, foi uma emoção danada. Dei um salto da cama e fui pra cozinha. No que ela me viu foi dizendo: "Voltei por causa da caçulinha". Ela voltou por mim?

Senti remorso pela bagunça e por não ser recíproca a saudade. Isso aumentou mais os ciúmes que meus irmãos tinham por mim. Ela disse ainda: "Olha como está amarela a bichinha cumadi, deve te passado fome". Nunca comi tanto, mas pra que alarmar, né? Devia era tá amarela de sujeira, da poeira da rua.

Nos tempos que vieram, eu sempre pedia em pensamento pra ela fugir novamente. Mas ela nunca mais se aventurou.

Pé da fogueira

Sempre lembrando que Bisa era evangélica, então as histórias dela tem pouco de natureza. Mas tinha encantaria.

Todo dia de tarde, depois da Ave Maria, era hora de esquentar água pra lavar a família. Quando acendia o fogo, ela ajeitava logo as carnes pra fumaça e a gente botava umas batatas doces pra assar.

A gente se sentava bem perto do fogo, dobrava e enlaçava as duas pernas com os braços e, daí, tome história.

Um dia ela disse que, no dia que sua filha faleceu, ela veio lhe avisar. Disse assim: "Eu estava bordando na sala e a uma luz se acendeu e apagou, então pensei: 'ela morreu', porque quem mora nas brenhas Paricida, não pode morrer de todo. Antes de entregar a alma ao criador, é preciso ir avisar alguém pra não ser devorado pelos urubus".

Ela foi até a casa da filha e a danada tinha morrido mesmo.

Eu estava ali pagiando minha batata e pensei: "Alguém acendeu a luz e apagou" em seguida pensei em "interruptor". Mas a Bisa estava só e morava num sítio que não tinha nem energia. Ela era bem modernosa, viu? Um dia disse pra minha mãe que: "Quando chega a hora de casar, toda moça deve subir cinco dedos da barra da saia, senão num casa Parecida".

Mãe, não sei se você vai lembrar disto hoje, mas a Bisa veio pra São Paulo pra senhora levar ela no programa de rádio do Homem do Sapato Branco e no pastor Davi Miranda pra ela anunciar o sumiço do Biso.

Ela sentia falta de ter um par pra conversar, nas coisas do tempo ido. Eu iniciei na tecelagem como todo tecelão deve ser iniciado, enfiando a linha nas agulhas dela.

A Bisa não era frequente em nenhuma das casas por onde passava, bastava que ela não entendesse alguma coisa e pronto, juntava seus pertences e mudava de lugar. Aliás, jeito que todas nós herdamos.

O homem do balde de remela

A Bisa dizia que...

"O minino que faz muita arte, que mente e que desobedece a todo mundo é visitado pelo Homem do Balde de Remela.

E quando o desobediente vai dormir, quando tá no pesado do sono, o Homem chega e passa pelo buraco da fechadura ou por debaixo da porta. Ele é grande como um trator de ferro e sua voz é muito forte. Ele anda com um pincel de rabo de gato e chega bem junto da cama da criança rebelde, pincela a remela e vai embora. Se o caso não for muito grave, ele só remela um ou outro olho, mas em casos mais difíceis, ele remeleia o rosto todo...

Por isso é bom levantar e lavar logo seu rosto, senão todo mundo vai saber que você recebeu a visita".

Por que o galo canta tão cedo?

A Bisa disse que era assim antigamente. Quando Deus fez todo mundo, ele deixou que cada um escolhesse o que queria ser. Todo mundo era livre e inteligente.

Mas ele achou que, em se tratando de barulho, cada um ia trabalhar num horário que não atrapalhasse o outro. Mas não deu certo.

A Bisa disse que o Galo era o pior. Ele achava que a qualquer momento poderia estufar o peito emplumado e gritar. Tudo bem, quem canta seus males espanta, mas espantam só os males dele. Os outros, ele irritava.

Ele chegava em qualquer lugar, a qualquer hora e "Kikrikiki!". Pensa que ele baixava a guarda e ia dormir? Nada. O lazarento escolhia o galho mais alto da maior árvore. Os outros bichos todos dormindo, descansando. A Serpente sossegada, que tinha acabado de comer um Búfalo, só iria acordar quando tivesse fome.

Era assim... ele subia,
Esticava a asa direita,
Esticava a asa esquerda,
Daí esticava todo o pescoço e novamente soltava o verbo "Kikrikiki!"

A Serpente achava aquilo uma maldição e dizia: "Esse maldito, ele não tem hora pra comer? Pra cantar? Esse canto ridículo, essa voz fina!".

E todos eles eram ridículos, porque bastava um cantar e os outros cantavam atrás.

Os bichos foram reclamar com o Leão, que não sabia mais o que fazer, porque a Serpente irada começou comer todos eles, um a um. Daí ela tinha indigestão e saia pela mata cuspindo penas por muito tempo.

Todos os Galos estavam desaparecendo e, então, o Leão resolveu moralizar: ordenou que todos os bichos escolhessem um horário pra si e viessem falar com ele.

Cada um dos bichos marcou um horário pela manhã, na casa do Leão. Mas bem naquele dia, o Galo foi num baile e chegou atrasado no compromisso. Quando ele chegou, todo mundo já tinha escolhido horário naquela repartição.

Então ficou estipulado que a partir daquele dia, ele cantaria sempre às 5 da manhã, o horário que restou. E pronto, o combinado não sai caro e se reclamar canta às 4, cê que sabe.

É por isso que o Galo canta 4 ou 5 horas da manhã. A Bisa que disse.

A Bisa contava histórias suaves por causa da igreja dela.

O justo

A Bisa também contava infâmias sobre a salvação. Um dia ela disse que o Deus dela desceria do céu e salvaria todos os homens de boa vontade, os justos. Esta história é muito bonita e louca. Mas é inviável também, já que naquele tempo era assim: "Um dia, sem ninguém esperar, desceria uma nuvem do céu, branca e azul, de surpresa".

Deus adora surpresa, nunca avisa que vem pra gente encerar a casa.

"Uma nuvem muito, muito branca mesmo. O senhor com seu cajado virá à frente dela, ele virá de pé, como o senhor de todas as coisas".

Já reparou que todo mestre tem um cajado e vem à frente do gado, igual boiadeiro? Ou melhor, igual a vaqueiro, pois boiadeiro é o dono da boiada e vaqueiro é o mestre. Gonzagão que cantava isso...

"...*eu sou vaqueiro,
boiadeiro é meu patrão...*".

E cantava outra que servia pra direto pra cá: "...*só tem até venha a nós, nas contas do seu rosário*". Mas num tô jogando indireta... tô cantando pra dentro.

Voltando à história da Bisa, atrás lá da nuvem virão os anjos de trombeta, vestidos de túnica branca, com suas asas enormes. Todo anjo toca trombeta, igual centurião ou pau mandado.

"Atrás dos anjos viriam os arcanjos, que seriam anjos menores". Estes vestiriam algo da moda da época, porque se a história não veste, o europeu cobre. "E atrás deles os serafins", ou seja, estagiários que viriam vestidos do que bem encontrassem.

Como pôde você avaliar leitor, ela contou e eu estou recontando de acordo com o andar da minha carruagem.

"Estes, os últimos seriam responsáveis de descer da nuvem, pisar na terra, andar entre as gentes e ali apontar o dedo e escolher entre nós".

Seriam eles os representantes de tudo o que a gente abomina na terra. Líder de sala de aula, monitor, cabo eleitoral, polícia, jagunço, leão de chácara, dedo duro, cagueta e tantos que não me ocorrem agora. Eles é que escolheriam entre o povarel "os justos, os bem-aventurados e os outros".

Eu queria ser justo, eu era justo. Mas não existia justo mulher na carruagem desta história. "Justo tem que ser homem, porque a terra é mal dividida. Então Deus ou um justo tinha que ser homem... ele é forte, e pra ser forte tem que ser macho", dizia ela.

"Mas eu sou forte!", "Mas é minina!".

Neste dia eu teria que estudar, teve prova de alguma matéria que nem me lembro, já que o assunto mais importante pra mim "era o ser justo". Eu queria ser aceito como justo. Foda-se a prova, tem coisa mais importante que ser justo? Eu teria que estar neste grupo, entende?

Fui pra escola pensando: "eu preciso estar no grupo que vai". A mãe vai, a Bisa vai. A Dona Dora já estava lá, já tinha partido. O padrasto vai. E o cachorro Neguinho, as pretas do morro, a minha planta do quintal, algumas formigas e aqueles tatuzinhos que tinham tatuzinhos dentro haveriam de ir também. Senão, seria ruim esta viagem.

Eu fui pra escola pensando nisso, na prova só consegui botar o nome. Eu já estava pouco me lixando pra escola, a professora só falava daquele tal de Emílio Garrastazu Médici. E voltei com aquela empreita lançada pela história.

Lembrei que há tempos estávamos falando do fim do mundo, que seria se tudo desse certo, no ano 2000. Como veem a pessoa planeja, planeja e nem sempre dá certo. Eu queria ter filhos pra levar comigo no fim do mundo. Eu já tinha esta questão. Tá vendo? Meus filhos foram planejados na infância. Ter filhos o mais cedo possível pra me acompanharem.

A partir dali me pus a resolver todas as coisas. Daí é que surgiam as perguntas, "Mãe, quem é justo?". A mãe sabia, mas não naquela hora. O jeito seria perguntar e observar nas falas.

Então surgiram vários grupos. "Ninguém ousa dizer que existe outro justo além de Deus".

"Queremos ser reconhecidos por outros como justos".

Então, a meu ver, ficou assim: Dona Dora sempre teve tempo pra responder às minhas perguntas. Ela diria assim: "você vai Russinha e eu vou onde você for". Mas na carruagem da Bisa, Dona Dora não iria. Motivo: "Deus não deu filhos a ela". Mulheres que não recebiam filhos, na visão da Bisa, eram pessoas marcadas por Deus, como os cegos, os aleijados, os largados, os órfãos... A Bisa pensava como o governo e, se ela pudesse dizer, diria, os pretos... ela era racista e ela que tinha o marido fugido, morando com uma moça mais nova.

"E as crianças que pensavam em ter filhos sem se casarem, como eu?" Eu não falava isso, era um pensamento ainda, só as coisas que estavam dentro de mim sabiam.

Na carruagem da mãe iriam: O padre, o pastor, as professoras, freiras, o Seu Dito. Mãe vivia dizendo que seu Dito era isso, aquilo... e aquilo outro. E era! Então, desta maneira, era difícil separar casos especiais.

Eu reformulava assim: "o padre sabia todos os pecados que conseguia tirar da gente na confissão", mas como toda vez que a gente confessava coincidia com algum castigo, ele estava pra mim entre o líder de sala e os maus feitosos, de bom nele, só a batina. Ele não iria.

Tinha gente que elas punham e eu tirava, ficava pra uma primeira peneira. A mãe dizia que a costureira roubava nas medidas, o seu Dito do Pescocinho, o Português da Sardinha, o Homem da Venda, que batizava tudo com água. Estes automaticamente não iriam.

Ora, aí neste caso moram as duas medidas. O seu Cipriano, aquele homem que era pinguço e ficava gritando: "Sabidão!" o dia todo. Eu tinha pena dele, pra mim ele tinha que ir.

O homem da venda que toda vez que ia marcar o fiado na caderneta tentava passar a mão na gente. Ele não iria.

E junto com ele, muita gente não iria. Aquela mulher que todos diziam que tinha marido, mas vivia de sorriso largo com o peixeiro. Eu nunca a via pagar a sardinha, ela pagava com o sorriso. E o peixeiro visitava ela quando o marido não estava.

Mas eu ainda não tinha cisma, passei a cismar de ouvir falar. O guarda da missa ficava lá na frente, na rua ele era todo valente...

Tinha também uma beata, mas não era justo. Era rodada, ela não iria. Num era eu que dizia isso da moça não, viu? Tô só dizendo o que disseram pra mim.

O Djalma, que era filho do seu Cipriano, vivia andando pelo bairro com uma touca de motoqueiro, as pessoas diziam que ele punha touca pra polícia não ver ele, mas, entocado, ele era visível de longe. Diziam que ele fumava maconha.

Em casa já se usava Patchouli, um perfume que tinha cheiro de maconha. E ninguém punha touca pra usar o perfume.

Ele era o único que usava touca. Ele deveria ir, nunca mexia com ninguém.

Estilo

O senhor 5 e meia ficava no caminho entre a casa e a escola, dava bom dia, boa tarde e conversava com as Pretas.

Diziam que ele era bandido. Os bandidos da minha época tinham estilo no nome.

Ele nos defendia. Sempre quis saber... por que 5:30? Ele tinha que ir.

Aquela gente preta

As Pretas moravam lá em cima, entre a divisão do Ataliba e Vila Zilda.

Diziam os que se achavam bons que, ao passarmos por elas, não as cumprimentássemos! Era bem capaz que andassem armadas. Mas que defeito elas tinham? Um só! Eram Pretas.

Isso faziam com que trouxessem dentro delas outros defeitos... macumbeiras e sabe-se lá mais Deus o que. Eram iguais a Dona Maria Preta?

O racismo tem estas armadilhas, a mesma arma que fere um, abana o outro. E é tão bem estruturado que é praticado como justa causa. Dona Maria era tão negra quanto todas aquelas pessoas e também era criticada.

Mas era aceita como um mal necessário. Sua negrura na hora da precisão era posta de lado, senão quem iria benzer a gente? Quem iria trazer pra nós as festas de Cosme? Dona Maria era outro tipo de Preta, o castigo dela seria ter uma doença feia, bem feia, e morrer. Era o que diziam.

Mas justiça seja feita, eu não ia com a cara de uma galinha que Dona Maria Preta tinha em cima da geladeira... porque ela era fofoqueira. De resto, dali eu salvava tudo: as espadas de São Jorge, a arara... e que ali se incluíssem tatus, cachorros e formigas.

Mas todos nós íamos à casa de umbanda da Dona Maria Preta. Bem medido e bem pesado, esta nuvem voltaria vazia.

A estas Pretas fiz a justiça que me cabia, descobri que elas tinham nome. E passei a chamá-la por eles, porque elas me livraram a cara muitas vezes em injustiças de gente que se achava justa.

Elas eram arredias porque já sentiam na pele o que só a pouco percebi. Eu não sabia que eu era preta, não tão preta como sou agora. E que mamãe nunca saiba, porque ela é ciumenta e escorpiana. Comi ali quitutes inimagináveis, a melhor carne moída com batata que comi foi na Casa das Pretas. No dia que fugi de casa por 24 horas e um amigo da Maria disse que, pra fugir de casa mesmo tinha que fumar maconha, a Ivete, uma das Pretas viu e interveio tocando o safado e me levando pra casa dela.

Disse que conhecia minha mãe, que era uma mulher trabalhadeira, amorosa e que muito devia me amar. Eu ainda disse que não, que ela estava enganada: "Ivete, mãe num gosta nem de mim, nem de você", "Gosta sim, um dia você vai ver".

Me deu janta, me botou pra tomar banho.

Era tudo mentira, tavam ganhando tempo pra ir em casa chamar minha mãe. Fiquei com uma raiva dela e da Solange, da Isabel, da Maria da Penha, da Conceição e da Isabel. Este era o nome das Pretas, todo mundo tem um.

A carruagem do meu tempo me mostrou no seu tempo que elas nunca mais sairiam da minha vida, pois que ali eram todas Pretas e Justos. Como eu queria ser, quando crescesse. Justo.

O tempo passou e esqueci deste assunto. Eu iria pra uma carruagem cheia deste povo de Jesus dali a algum tempo e descobri que ali estava um povo que nunca mais eu iria confiar. Que dirá ir na mesma nuvem.

A cada dia o cordão de Justos e injustos aumentava a meu ver. Muita gente ruim era justo. Muita gente boa era injusto. As pessoas eram mais ou menos. Foram anos resolvendo. Teria mesmo que ser sábio, tem justo medroso, tem injusto corajoso.

Mas até hoje, quando vejo a nuvem da Bisa passar, eu me elejo: "Sou justo, eu creio e vejo".

Meu cordão virou um belo bloco de todos que nunca são aceitos como eu. E na nossa nuvem só tem gente que vai a todos os lugares, como as moças más. E temos que levar tambor, pandeiro, violão, comida, alegria, defumador, camisinha, mais alegria, e vaga pra quem quiser ir. Até você.

Capítulo 4
Despertando Instinto

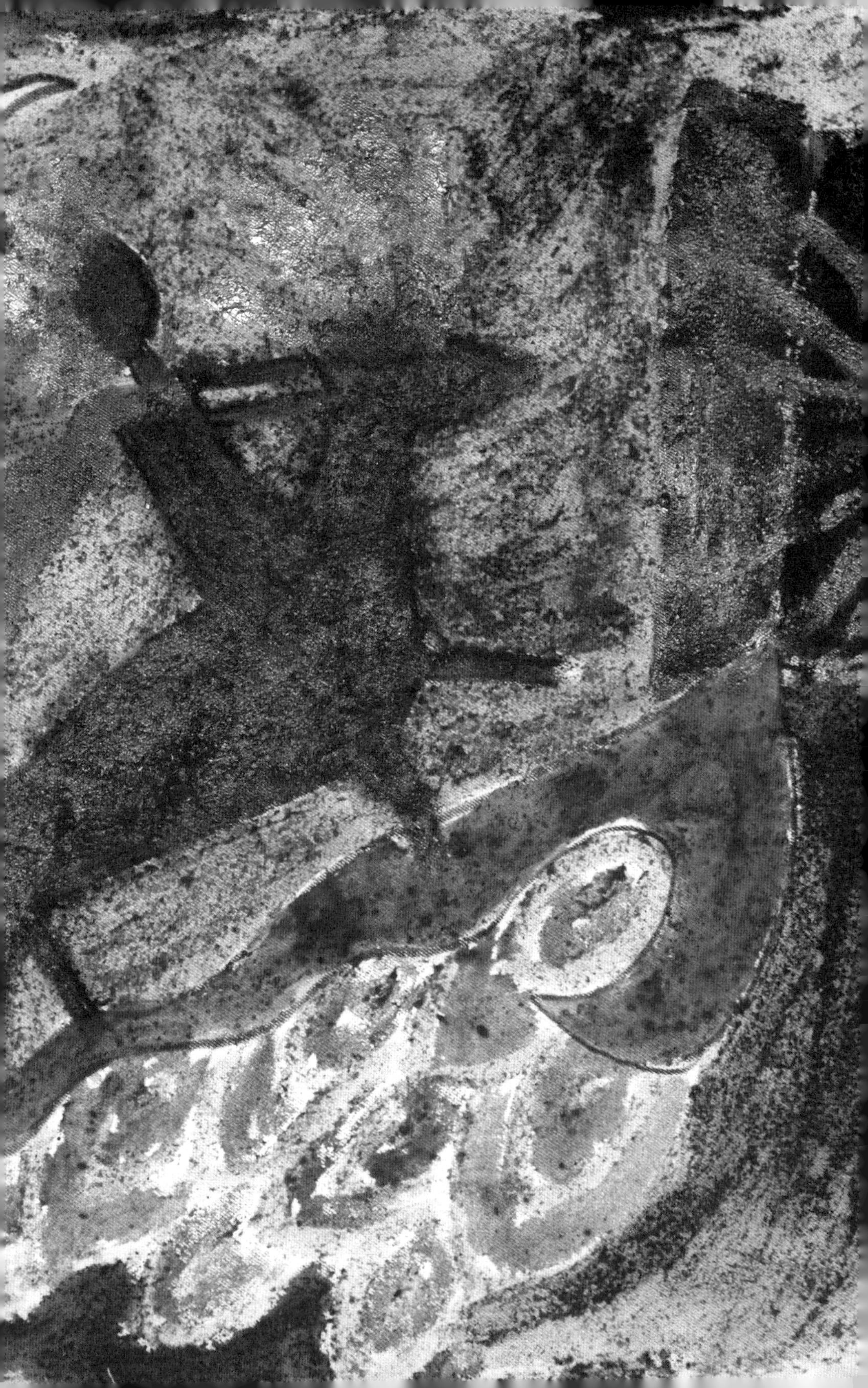

Obra
Quem é o cavaleiro, de onde vem, pra onde vai

Técnica
Pintura com
Café
Açafrão
Barro
Mirra
Cola e sal

Outro gole

Nem lembro qual era a nossa conversa antes de você dizer que ia fazer o café pra mim, pra nós duas. Mas quem recusa um café oferecido quando parecia que a conversa já havia se acabado?

Ainda mais alguém romântica como eu, uma sonhadora das coisas possíveis, uma leitora dos corações em crise a minha volta, que acredita que o amador, sim, aquele que ama, e não sabe dizer, não consegue definir que o que ele sente, é amor e não consegue dizer, não consegue jogar pra fora da alma. Ele só diz com os olhos ou, dependendo da dureza que a vida lhe deu, em caminhos que ele escolheu. Como eu.

Ele busca formas pra fazer chegar ao ser amado aquilo que sua rudeza não permite, porque ele tem medo de ser rejeitado e esconde tudo sobre seu sentimento.

Eu sei, sou assim, tô em tratamento. E ouso dizer que todos que se sentem rejeitados estão assim. Estão, mas podem mudar.

E um café, um biscoito na lata, uma comidinha gostosa num fogão de lenha, às vezes um arroz doce, um sorvete com batata frita, um macarrão com farofa, uma lasanha com dois ovos fritos. Segredos que só quem ama nunca esquece. E só quem conhece, manja. Por vezes levam toda uma noite adentro, velando sozinha uma feijoada, um cozido desejado, coisas que às vezes nem come mais.

E espera ser lido pelo outro, espera que a flecha de sua intenção seja certeira e atinja o alvo. E que as palavras destruam as mágoas que insistem em não querer ir embora, pois que são feridas abertas, parênteses abertos, precisando fechar.

E espera que o outro leia seu coração:
"Fique mais, eu te amo,
Quero que fique,
Senti saudades,

Sinto sua falta,
Quando você volta?
Não vá ainda,
Não falamos tudo,
Você está bem?
Não era aquilo que eu queria dizer, fui burra quando deixei que saísse daquele jeito, pirracei,
Pensei que era forte, mas descobri que não sou,
Me perdoa,
Era mentira tudo o que falei sobre você."

Mas o peito ordena e ela não diz, quase diz, mas não diz.

Teve um momento, mãe, que você veio em minha direção, abrindo os braços e eu pensei que receberia um abraço, seria o primeiro... Sei que não admite frescuras como estas. Mas as meninas dos seus olhos me diziam que você queria.

Mas, ao se aproximar mais, a trava surgiu em seu olhar e você fechou as mãos e matou ali uma mosca imaginaria.

Respiro fundo. Ainda não saberia como receber este abraço porque preciso que alguém me liberte desta maldição de não conseguir dar ou receber um abraço entre as pessoas de casa.

Só abraço se for bem provocada, me provoque mais, eu preciso. Estou em tratamento!

Um libertador liberta o outro e daí pra fala é um pulo. Imaginei que seu interior tremia querendo dizer. Você nem imagina o quanto me fez falta. Quantas noites passei em claro esperando um aviso seu.

E hoje, mais de 40 anos depois, você me diz...

"Nem sabe o tamanho do vazio que me tomou, ocupando seu lugar quando partiu, mas fiz um propósito maldito comigo de não te procurar, mesmo sendo você a esperança do meu caminho, um pedaço de mim.

É bem verdade que eu precisava saber se sofria, se comia, se dormia... Mas sou tão cabeça dura e você também, que toda vez que eu pensava em o quanto sofri, o quanto me esforcei pra criar todos vocês, pra dar o que não tive, pra não vê-los sofrer como eu sofri, toda vez que eu lembrava, um calor profundo me tomava o peito e o ódio me aconselhava".

A raiva, acredite, é uma péssima conselheira e então um rancor crescia dentro de mim e eu não ia.

"Quem sabe até talvez o sofrimento lhe mostrasse o caminho de casa. E a cada dia que não voltou, meus olhos marejaram, minhas vistas embaçaram e eu não via graça em viver, mas, se consegui me manter viva, foi pra ver chegar o momento de ver você voltar.

E, além do mais, eu sabia, sempre soube, que a mãe tem o direito de pedir a Deus por seus filhos e Deus ouve as mães sempre que possível, quando o filho não vai pra um abismo muito grande destes, sem retorno e não pode voltar. Não porque Deus o esquece, jamais! Mas sim porque o filho não ouve e precisa ir".

Meus olhos marejavam dia e noite criando uma vaga onde caberia um ou mais oceanos só das minhas lágrimas e foi nesta vaga que o álcool entrou, porque em todo coração amargurado fica um vazio que o álcool toma conta, se apossa.

Isto é um disfarce pra pessoa pensar que está tudo bem e fica bem por um tempo, depois dói muito mais e haja droga pra tapar o rombo que a saudade faz dentro da gente. Fica um peito rasgado, ferido e úmido de bebida e nunca mais cala, nunca mais cessa de cismar em sofrer.

"Sabe, sou dura, não nasci assim, mas me tornei, era necessário me fingir de pedra pra cumprir o meu papel de protegê-los. Eu me fiz de pedra pra sobreviver e o fiz com tanta força que esqueci de desempedrar. Continuei dura e mantive a promessa que fiz a mim mesma. Preferi sofrer do que dar o braço a torcer.

Opinião, sabe, maldita opinião".

Eu

Enquanto isso, dentro de mim, o coração respondia pra dentro, sofria e corria acelerado. Corria. Sofria...

"Diga que também sofreu, que chorou sozinha, que tudo o que você disse aconteceu! Havia dias que eu dizia pra mim mesma:'como a senhora poderia saber de tanto sofrimento?'. Eu passei frio, muito frio e fome...

Diga que no dia que pensou que não resistiria, mergulhou dentro de você mesma e pediu com a pouca fé que tinha que a ajudasse a viver, porque precisava voltar pra dizer que nunca amou ninguém, mais do que ama você. Vamos, diga. Digaaaaaaaa!"

Aproveitei o momento, deixei a embriaguez da fumaça daquele café amolecer este orgulho, caralho! É agora ou nunca. Minhas pernas tremem, meus braços não obedecem e eu apenas me deixo ficar.

Aceitei ficar ali e deixar tudo como estava, mesmo sabendo que aquela era uma única oportunidade. Ou a primeira de abrir o coração e dizer a verdade.

E se tivesse conseguido, talvez agora estaria sorrindo, chorando e rasgando este papel ao invés de estar aqui nesta tarde fria da serra, escrevendo isso e pedindo perdão ao acaso.

E eu ali fiquei nem tanto pela bebida, mas sim pelas lembranças e as possibilidades... Esperando que o assunto ali se montasse, sem que eu movesse uma palha. Pude ali aprender como é difícil voltar atrás nas merdas que se fala na hora da raiva. Tantos e tantos anos depois, o fantasma das palavras sem sentido me perseguia.

Sei lá que força é essa que a covardia tem, que nunca desacorrenta o prisioneiro. Mas quem sabe se a água quente, ao entrar em contato com o pó torrado, exalasse ali a fumaça das minhas saudades e das coisas que perdi pelo caminho e Oxalá enviasse um recado pra Iansã, lá no Orum e ela, penalizada por nós, de lá soprasse e soprasse sua ventania justiceira. E então, ela alcançaria aquela fumaça e sopraria em narizes menos orgulhosos.

E este alguém, feito um mito, ali chegasse trazido pela necessidade do momento e fizesse agora a ponte entre nós duas.

Mas, quem me dera, somos duas feras. Quem se atreveria?

Já vi isto acontecer muitas vezes em filmes, novelas, contos e mentiras que nos contam, cheias das próprias verdades. Chego até a pensar que o autor destas novelas fez aqui como eu faço agora: não disse o que tinha que ser dito na hora certa, pra pessoa certa.

Vai ver que o "eu te amo" dele também não saiu e, por esta razão, ele se puni em dizer pra milhões de pessoas o que não disse ao pé do ouvido de alguém, como todos nós fazemos.

E todo este mundaréu vai assistir e chorar a sua própria dor isolada e nunca lhe fará justiça. Quem quiser se acertar com a vida, há que se desligar da mentira e devolver a verdade ao seu lugar, pois é a lei da natureza. Que a dívida anoiteça e amanheça com o devedor, até que seja paga, mas nenhuma de nós queria botar o dedo na ferida, ainda não. Deixa pra outra hora.

Mas a fumaça tenta. Quem pode com a natureza do vento que ela viaja? E quando encontra meu nariz, entra devagarinho e penetra... tira de mim, ali em pleno silêncio, confissões há muito guardadas, quase esquecidas, de um tempo que eu era feliz e não sabia.

Foi preciso eu sair do meu ninho protegido pra descobrir que nunca fui só, como pensei. Na verdade, estava rodeada de pessoas que nunca quiseram me ouvir.

Isto fez com que eu pensasse que não era amada e me tornou uma loba solitária, por ausência da comunicação e, como a raiva é mau conselheira, não obedeci a meu coração, que pedia tempo e bom senso.

Eu chorei com lágrimas que escorreram quente pelo rosto. E a covardia riu de mim ao sentir cada lágrima que brotava e se punha pra fora, que varava os cílios, subia a montanha das bochechas e tombava e então iam caindo, caindo até rolar abaixo do queixo e caindo pra dentro.

As lágrimas caiam, mas a covardia alimentava o orgulho, este que herdei de você. A todo momento recolhia o choro e escondia a lágrima e renovava a mágoa, pra nunca, nunca ceder.

Se alguém ali tivesse coragem, que dissesse a primeira palavra. E a cada lágrima que corria, eu abanava, como se a fumaça ardesse em meus olhos e provocasse o pranto.

Mas quem já viu fumaça de café arder no olho? Ainda, a imbecilidade em mim não permitiria que eu lutasse pra fazer a minha parte e fechar aquele ciclo.

De volta pro começo

O perfume da fumaça abriu ali o filme da minha vida. Lembrei de quantas vezes, sentindo cheiro de uma fumaça como esta, bem lá no meio do mundo, vinha-me à mente saudades de você.

E eu estava com fome, sem um vintém. Eu ainda não havia conseguido ficar rica e ainda não tinha nem pro café, nem pra nada.

Lembrei da mesa posta, leite, café, pão com ovo, biscoito, queijo. Lembra que nunca tomei o leite? Todo dia eu ficava na mesa até derrubar porque, se eu tomasse, me fazia mal, lembra?

E você, que queria me ver forte, insistia. Agora sei que não posso tomar, viu? Tenho intolerância ao leite e a várias pessoas... ainda guardo essa intolerância até hoje, muito mais que ontem.

Pra não entorpecer

A gente, quando sai de casa, vai pensando que a vida é fácil, leva um susto quando se depara com a realidade.

Às vezes eu passava em frente a um bar e sentia o cheiro, um cheiro tão comum, igual ao de casa. Pode ser de café, de arroz, de pipoca, coisas que nos faz retornar pra o passado onde tudo era bom e a gente era feliz e nem percebia, pois se na casa da gente a mesa é farta ou pelo menos eu não pensava em fome de comida, minha fome era outra.

Existe uma infinidade de fome.

Sonha em tecer, não pode.
Quer escrever, não deixam.
Quer poetizar, não permitem.
Quer aprender, só contam mentiras.
Quer estudar, não te ensinam direito.

E quando a gente percebe e avisa que agora já ganhou a fita, querem te dopar e aí vem Diazepam, Fluoxetina e tantos outros, contanto que lhe calem a boca.

Então a vida passa, a juventude aspira e sua frustração te leva pro buraco mais fundo. Se você vira nóia, ninguém entende o porquê. Se fica louco e apático, ninguém, entende o porquê.

Primeiro te mandam calar a boca. Depois dirão "por que não falas?". E de repente eu estava diante da Estação da Luz. Não mais como visitante pra tirar foto no lambe-lambe, não mais pra comer pipoca, mas sim pra conhecer o outro lado da estrada.

E agora a gente estava ali, sem lenço nem documento, porque não foi aceito na escola, na comunidade, na igreja, na vida.

Ah mãe, isto me fez tão triste, o mundo da rua é pura solidão, sem alegria e lembranças, só aproxima a gente da morte.

E se afastamos do nosso norte, é pra não entorpecer. Nestas horas me valia das lembranças da tua cozinha, das mulheres em volta do poço, do meu pé de planta perfumada.

Acredite, foi isso que fortaleceu e salvou sua filha, por isto ela não sucumbiu de vez e não morreu de todo.

O biscoito

Lembra quando você me mandou ir ao bar do seu Gonçalo comprar um quilo de feijão? Daí eu comprei também um pacote de bolacha e comi tudinho, cheguei em casa sem dinheiro. Você perguntou do troco e eu disse que não sabia e você me pegou pela mão e voltamos lá. Seu Gonçalo não aliviou pra mim.

Eu estava bem escondidinha embaixo do balcão de doce e ele se dobrou e falou pra mim: "Você não falou pra mamãe que comprou um pacote de bolacha?".

Lembrar hoje é engraçado. Aprendi que você não era boba.

A rua

A cada olhar torto de uma ajuda negada, eu morria um tanto. Não sei pedir, não aprendi.

E a cada esporro, tua fala, seu canto guardado na fumaça do meu peito me salvava e eu me valia dela pra não sucumbir mais.

Eu achava que eu não tinha mais pra onde descer. Na verdade, sempre tem como descer, um dia eu descobriria que tinha. Ah! Mãe, eu ainda era tão pequena, tão menina.

Todos beberam o seu café e estão nas minhas lembranças até hoje.

Sua raposa era eu

Lembrei das galinhas e dos pintinhos que acordavam cedinho, antes do sol e vinham pra porta cacarejando manso. Então você enchia as mãos de milho e jogava no quintal e elas comiam em festa.

O sol entrava no quarto silencioso devagar e bem amarelinho, adoro sol. Tudo isto me salvou a vida, viu?

Galinha é um bicho que se cria sozinho, vai e volta sem precisar procurar. Às vezes você me mandava procurar o ninho delas, lembra? Eu levava açúcar e farinha e comia todos os ovos que achava, e voltava pra casa de cestinha vazia, e dizia que não tinha achado nada.

Vocês ficavam vários dias atrás do lagarto. Era ele não, viu? Sua raposa era eu.

Quando eu não tinha mais em que me apegar. Foi em toda minha vida estéril e sem sentido que me apeguei, pois era tudo o que eu tinha.

Como eu poderia ter futuro, onde o futuro é negado? Onde eu poderia ter fé, se a fé é dúbia? Onde eu poderia falar de amor, se ele se esconde entre valores que não se justificam? E como eu poderia ser eu, se todos do meu rebanho que deveriam me rodear, também não sabiam quem eram eles e estavam convencidos que viver num mundo dos esquecidos era melhor?

Eu fui educada pra afundar, pra puxar o cordão da invisibilidade. Então a rua foi o que me sobrou.

Me ofereceram maconha, recusei. Cocaína, recusei. Optalidon, recusei. Prostituição, recusei. Eu queria os livros.

Sabe, é impossível destruir um escritor, pois qualquer coisa que a ele importe, seja boa ou ruim, vira história.

Abacateiro

Éramos todos moleques, rua acima, rua abaixo. Começávamos bem cedo, cada tempo uma temporada.

Ora burca, ora pipa, ora rolimã. E tinha tempo de pega-pega de galho em galho nos abacateiros. A gente era orientado a não fazer isso, mas a gente ia. Era divertido era só uma vez, era só um pouco.

Era sempre Polaco, Miro, Joãzinho, Zé Manoel, Gerson, Carlinhos e outros mais. Quando era empinar na laje, sempre Polaco caia, mas caia na laje.

Era um tempo que nossos pais tinham a mão mole pra bater e por isso nem tudo a gente contava.

Nem tudo eles sabiam, ajustávamos ali entre nós. E foi por isso que nem um de nós contou pra os pais de Polaco no dia em que ele caiu do abacateiro. Ele se levantou e foi pra casa. A gente não disse nada, pois já havíamos caído também e tudo tinha ficado bem.

Amanheceu e a rua estava vazia, num silêncio mortal. A gente olhava pra casa de Polaco esperando que ele levantasse e viesse contar qual a mentira que ele contou em casa pra não dizer a verdade.

Já era de tardezinha quando a mãe chegou e as outras mães também. Quis saber da gente o que aconteceu com o amiguinho. Pensamos que ele estava no hospital. Mas não estava. Polaco havia morrido de madrugada.

Seu enterro foi logo que amanheceu, pois ele estava todo estourado. A culpa foi dolorida, mas eu tenho certeza de que se tivéssemos dito o que aconteceu no dia anterior, talvez ele tivesse apanhado antes de morrer.

O mundo já foi muito violento, mais do que supõe a sua vã filosofia.

A mão violenta

Dona Antônia partiu da Bahia deixando seus filhos. Carlinhos foi um deles.

Anos mais tarde, Carlinhos foi perseguido e, depois de várias visitas da baratinha à casa dele, sumiu pra sempre.

Dona Antônia envelheceu e morreu o procurando.

Ainda estava longe pra eu saber o que isto queria dizer. Um dia estávamos assistindo a TV e eu ouvi a reportagem dizendo que "as pessoas anistiadas estavam voltando pra o Brasil", e perguntei pra mim mesma: "Por que ninguém nunca tinha resposta? Vindo de onde? Aonde estavam? Quando foram? Por que foram?".

Chegavam emocionadas, beijavam o solo. Por que será que alguém que gostava tanto desta terra havia saído dela?

Eu não sabia do terço a metade. Mas ela havia passado por ali. Eu fui vítima dela, levou com ela gente conhecida, sem ninguém perceber.

Uma mulher negra perde um filho pra guerra sem saber.

Presente do universo

A vida é um sopro. E passa.

Eu tinha sete vidas e oito, ou nove, ou 10 de tempo, eu acho... Prefiro contar a vida pelo tempo das coisas, nunca pelo tempo de folhinha, pois este não foi feito pra gente como eu. Passa muito mais rápido do que a gente imagina.

Foram muitas as vezes que a goiabeira, o abacateiro, a mangueira, o limoeiro me viu passar, sem sair do lugar e vivendo quatro estações de homens, que pensam, que mandam e mandam, mas graças à providência, mandam, mas não ficam, passam. Não como as frutas ou as árvores ou as sementes, mas, sim, graças à providência, o homem morre. Os homens passam.

E das vezes que morri, quem me fez morrer ou quase, me deve. E como encantadeira que sou, penso que deve ter uma bruxaria. Que fique de hoje em diante estipulado que quem mata ou tenta matar a esperança em alguém que ainda nem viveu direito, deve a ele sete vidas. No meu reino, que isto se faça lei, quando ele existir.

Houve um tempo que eu pensava assim. Hoje não mais, eu cresci e me tornei um adulto. Mas eu tive um amigo que pensava e vivia no tempo das coisas e era bem assim.

Era o Nico. Eu sempre queria algo que dependia de obedecer aos mais velhos, eu dizia: "Um dia eu vou ser grande e não vou perguntar nada pra ninguém". O tempo da criança não é nem longe nem perto. Imaginação e sonho não tem tempo. Mas a água de rio abaixo não tem volta. É mágico, rápido.

Se é pra um passeio num lugar que eu gostava, eu perdia o sono. Não conseguia dormir. A noite durava séculos e o ponteiro não se movia, mas pra ir à escola era terrível.

Eu nem bem tinha chegado ou fugido dela e já estava na hora de voltar pra ela. A quem interessa mesmo este cativeiro?

Eu não lembro parte das coisas que passei depois da segunda série. Era um tempo escuro, sem brilho, enfadonho, tinha um não sei que nem consigo lembrar. Acho que foi aí que comecei a ter dores de cabeça. A escola era minha dor de cabeça. E pensar que eu tanto quis ir para lá. A minha escola imaginária, na verdade, nunca existia. Era um ideal meu, só meu.

Nada fazia sentido. E o que me salvava eram as brincadeiras com os moleques de rua e na rua. Brincadeiras de rua mesmo. Passeios incríveis que tivemos em bando, roubando ameixas do japonês lá no Jardim São João.

A gente andava em bando. Polaco sempre ia na frente, levando a bandeira dos moleques destemidos. Sem camisa, segurando o elástico frouxo do calção, cheios de remela e nariz ranhento. Mas muito feliz, muito.

Não tinha frio, não tinha calor que nos acomodasse em casa. A rua era nosso quartel general. Sem pai, sem mãe, a regra era nossa. Por vezes a gente nem voltava pra casa pra almoçar, a gente comia na mata.

Beirando a estrada da serra, bem na beirinha do mato, tinha maria-pretinha, fisális, azedinha, capim gordura. E preá.

Que mãe não saiba que nós, os moleques do Jardim Ataliba Leonel, exterminamos quase todas as tartarugas do lugar. Eu nunca soube de onde elas vieram, eu só sei em que estômago elas foram parar, o nosso.

Preá e formigas eram nosso lanche. Mas sempre tinha um adulto que cozinhava, a gente só caçava, pra passar o dia fora, metidos no meio do mato feito feras. Desbravadores de si mesmos e fugindo da escola.

Quantas vezes fugindo do cachorro pastor alemão do Japonês, de quando íamos roubar ameixas ali onde antigamente tinha uma empresa Kinoko.

Quantas vezes, na corrida, a gente perdia as calças e chinelos, às vezes novinhos e tínhamos que inventar uma boa desculpa em casa pra justificar o prejuízo.

Era um sonho do cachorro alcançar um de nós, nunca conseguiu. Acho que porque ele era pastor e alemão e nós, filhos da resistência, da maledicência e de tudo que aquele povo não queria ver por ali. E também porque, é verdade, Deus protege as crianças até quando pode, mas um dia perdemos nosso guerreiro Polaco pra o outro lado.

Quantas vezes a gente amanheceu com o espírito empreendedor e uma grande gana: ficar rico. Aí cada um de nós pegava um saco e saia pelas ruas da Vila catando coisas pra vender no ferro velho. Se fosse hoje, ficaríamos ricos de tanto lixo que a rua tem, mas antes não existia refri de latinha, só de vidro e o vidro era valioso.

Tudo o que se encontravam eram latas de leite, que eram poucas e toda mãe tinha leite dentro dela. Mãe não vem em embalagem, e não se vende a mãe.

Tinha amigo da gente grande que voltava pra casa pra mamar na mãe dele. Era engraçado. O cabra comia mato, bicho pau e pedra com espinho e tudo... e mamava. Coisa de mamíferos.

Quantas vezes eu, travestido de moleque, era a única menina do bando. Vestida de Nico, disfarçada ou encantada dele, encabeçava o grupo. Detalhe, o primeiro lixo a ser revirado era o da minha casa, que todo mundo chamava de "mãe rica".

E quantas vezes minha mãe, ou a mãe de Nico, a Xica Mixirica, ficava sabendo que eu andava pelas ruas da Vila com um saco nas costas catando lata. Resolvia as coisas a seu modo com cocorote no cocoruto.

Nico achava que ela ia se arrepender quando ele ficasse rico. Xica dizia que havia "um homem do saco que roubava crianças" e, de repente, ela descobria que tinha em casa um menino do saco.

Certa feita a gente, voltando pra casa pela estrada onde hoje é a Escola Pedro de Moraes Victor, que ainda ia ser construída, achou uns pacotes escondidos no capim. Tinha lá uma riqueza em coisas novas. A gente achou que era tudo riqueza nossa.

Tinha panelas, chinelos, muito leite em pó, sabão, Topo Gigio. Você não sabe o que é Topo Gigio, né? Era um ratinho de plástico que vinha nalguma coisa. Custava pra gente ter um, a mãe tinha que comprar aquilo que era daquela marca, na compra do mês. Eu não lembro o que era. Mas ali na Matula, tava cheio deles.

Tinha coisa demais, hoje não me vem tudo na mente. A gente se sentou no mato, comeu leite, muito leite em pó. Nem comia tudo, jogava a lata pra o lado. Ah! Tinha brilhantina e coisas de irmãs maiores também.

E como pequenos heróis, a gente desembocou de dentro do mato com as riquezas nas costas. Fomos ali escolhendo o que lhes interessava. As irmãs levaram os mimos. Nós ficamos com as chinelas. Nico separou dali umas panelas pra Xica, toda mulher tem verdadeira loucura por panelas.

E que Xica se contentasse com aquelas, quando ele conseguisse mais, ela as teria. Enfim, agora Nico veria ali o sorriso na cara de Xica. O próximo passo seria tirar ela do trabalho, pra voltar a lavar roupa em casa, fazer polenta, batata doce.

Matar a galinha pra galinhada, fazer doce de abóbora, catar serralha e rir gostosamente em volta do poço ou mesmo pra cantar aquelas músicas tristes que ela entoava. Xica não cantava, ela trinava e fazia um dueto com a Bisa.

Xica ia voltar pra fazer coisas que só ela sabia fazer. Nico comeu na infância o melhor bofe de boi ou a língua que Xica cozinhava. Às vezes ela fazia bolinho de batata com recheio de carne moída. Nico salivava quando pressentia que ia ter bolinho e quando ela dizia: "Tua batata tá assando", ele também pensava em comida.

Quando era esta iguaria de bolinha de batata é que seria servida, era contada duas pra pessoa mais velha homem e duas pra segunda pessoa mais velha mulher. Pra todos os outros tripulantes do barco, um só bolinho. Era muito pouco.

Ah! Se Nico conseguisse, roubaria um sem dor na consciência, pois aquilo era bom demais. Xica precisava voltar pra cozinha de casa, pra cozinha que era dela.

Todo mundo ficou muito feliz com tudo, até Xica e Dona Antônia voltar do serviço. As mães dos meus amiguinhos eram como nós, felizes como pinto no lixo, qualquer coisa agradava elas. A mãe de Zé e Manuel corria atrás de pipa, boiando com a gente vez ou outra. Mas só puxava a sardinha pras crianças delas. Ah! Se Xica um dia fizesse par com Nico, ah!

Quando Xica viu aquele monte de coisa nova, dentro de casa, ela deu o estopor e gritou: "Isto é coisa roubada, onde você achou isso?". E aí ela já tinha as orelhas de Nico entre os dedos dela. Xica fez todo mundo devolver tudo, todo mundo, a gente de casa.

E por tudo lá no mesmo lugar, onde eu disse que achamos. Com a promessa de que se a polícia fosse em casa, Nico iria apanhar mais. As pessoas foram lá e carregaram tudo que Nico devolveu. Só Nico devolveu.

Xica, mau agradecida, nunca iria ficar rica na vida. Aí no dia seguinte, era voltar pra lida. A escola.

Mas não era isto que eu queria, isto era o que eu me atrevia a fazer pra gastar ali os meus últimos dias como Nico. O fantasioso minino mandão, alegre, desconfiado zeloso de si. Alegre e triste, mas cheio de encanto e fantasia.

Os livros não haviam me alcançado, o crédito das professoras nas minhas composições também não. Eu sabia que era boa naquilo, eu sabia. Mas só eu saber, de que adiantava?

Nesta época, entre a terceira e quinta série, eu me pus à prova e escrevi uma carta de amor. As meninas já cismavam namoricos, coisa que eu nunca consegui, mas sonhava. Então resolvi mentir que também já tinha um rabicho.

E pra isto eu me deitei, tinha em papel, isto eu sabia fazer, pra provocar a inveja. A gente não conta vantagens pra vive-las, é só pra os outros imaginarem que a gente tem, pra testar habilidade, acho que já contei isto nalgum lugar.

Uma carta apaixonada que me deu um problemão. Ali estava provado eu era uma escritora, sim. Mas ali pra os meus, eu só compliquei a minha situação. Afinal de contas, o que tinha de tão ruim em amar alguém ou ser amado por alguém?

Nesta época eu ainda não sabia nada sobre coisas de sentimento de pessoas de fora e eu não me sentia amada por ninguém. Nem amava ninguém também, mas parecia bom.

As meninas mais velhas já namoravam, mas isto não era amor. Isto era pra elas nos dar dinheiro, pra gente mentir pra mãe que elas não namoravam. Mas amor, o que era então? Amor mesmo estava nas promessas das novelas, nas palavras bonitas.

E hoje eu não sei dizer direito se eu amava alguém. Mas eu já me sentia rejeitada em todos os lugares. Eu não era amada por ninguém, ainda não tinha percebido direito aquele mundo seco à minha volta.

O tempo deu uma reviravolta e eu cresci mais. Mais, mais... Eu me sentia já mais velha e tão perdida quanto já me sentia tempos atrás. Um dia, ali no bambuzal, o Zé beijou-me a boca. Eu senti nojo e chutei ele. Mas meu coração ficou pulando, pulando. Ele era meu vizinho.

Aí toda vez que eu o via, quase que pedia pra que ele me devolvesse aquilo que havia me dado naquele dia, lá no bambuzal. Mas como ele me daria, se eu havia batido nele? Eu até risquei o nome dele no meu braço, pra sempre, mas sumiu.

O mundo agora era velho, estranho, com as mesmas armadilhas de sempre. Mas antes eu tinha esperança de que, ao amanhecer, o sol traria minha alegria de volta. Agora não, até o sol tinha esquecido de mim. Eu estava velha.

Eu tentava ir pra rua, riscar o chão, correr atrás de pipa. Olhar os grandes pelo buraco da fechadura. Eu tentava acordar o Nico. Nico estava indo embora e eu não sabia.

O tempo passa tão rápido quando se é infante e, quando eu não esperava, já estava mais velha. O tempo foi varrido pelo vento e eu, ou melhor, nós ganhamos presentes do universo. Ganhamos corpo, volume... beleza. Sim, nós temos beleza, mesmo em meio a tanto segredo.

A realidade se mostrava pra todo mundo. Ela, a menstruação, chegava pra todas. Uma de cada vez.

Eu já sentia uma agonia, um calor, uma tristeza, uma angústia. Nico foi embora e eu fiquei só, nunca havia me sentido tão só. E, mesmo no meio de tanta gente, eu estava só. Procurava algo, alguém na minha multidão que me tivesse um pouco de carinho. De repente, eu me vi assim, sem ninguém, sozinha.

Às vezes, eu tinha mudança de sentimento, quatro vezes por dia. Amanhecia feliz, eufórica, cheia de esperança. Depois ficava arredia, de lado. Eu queria ficar só, depois ficava cansada, muito cansada. E depois eu tinha vontade de morrer. A noite sempre me trouxe a morte como amiga, eu queria morrer, ir embora dali pra outro lugar, quem sabe.

Teve um dia que eu achei um pacote de veneno de rato e ele começou a me convidar a bebê-lo. Relutei algumas vezes, mas ele me chamava. Eu o escondi e a todo momento eu ia até lá apalpar aquele pacotinho com morte dentro.

O mundo não era bom pra mim. Eu pensava que, se eu fosse embora, seria melhor pra todo mundo. Eu estava agora na terceira ou quarta série e a professora dizia que a gente fedia. Nos colocava no fundo da sala.

Eu tinha vergonha e nojo de lavar as latrinas fedidas da escola, as duas. Até sábado a gente tinha que ir limpar a escola, nós as crianças negras.

Eu não podia ler,
Eu não podia tecer,
Eu não podia desenhar,
Eu não podia sair,
Eu não podia ter amigos,
Eu me tornei a pessoa mais silenciosa daquela casa,
Eu passava as noites em claro olhando pro teto,
Eu só podia pensar, mas pensar sem externar o que eu achava.

Deixar as coisas que eu amava e queria fazer azedar dentro de mim, pra virar veneno. A única pessoa viva que falava comigo sem me magoar era o Neguinho, meu cachorro. Ele sabia o que eu sentia.

Um dia todos saíram pra uma festa e eu fiquei só. Ninguém me chamou e nem eu queria. Por que eu iria pra algum lugar com eles, que em qualquer lugar que eu estivesse, logo alguém puxava o cordão dos meus defeitos e todo mundo ria?

Era engraçado pra eles rir das coisas que eu escrevia, das minhas manias de fazer escala de serviço, de plantar coisas. Tudo em mim era motivo de chacota, eu era defeituosa.

O mundo estava acrescentando coisas muito ruins em mim que, quando eu era o Nico, eu não ligava. Bonita, inteligente e educada mesmo, só o alheio. Aproveitando a solidão da noite, eu bebi o veneno. E me deitei.

No dia seguinte, achei que havia acordado em outra esfera, mas não eu estava ali entre eles. Passei muito mal, vômito, diarreia, fraqueza. Mas eu já sentia estes sintomas sem ter bebido veneno. Minha vida já era um veneno. Ninguém notou, quem notaria? Eu ainda tentaria morrer por duas vezes.

Nesta época, estávamos fazendo curso no convento pra fazer a primeira comunhão. Eu abandonei quando descobri que a gente tinha que confessar se já havia pecado contra castidade.

Mas o que era castidade? Ser casto era necessário, mas ninguém ali sabia o significado. Alguém disse que era fazer besteira e eu pensei: "Mãe diz sempre que eu só faço besteira." Aí eu não fui me confessar e não pude ser contemplada na cerimônia. Naquele dia não pude pôr vestido branco e ainda fiquei tachada como alguém não casta.

Isto fez com que as mães de algumas meninas do meu grupo me perturbassem, justo eu que não tinha ninguém. Mas eu queria mesmo era provar aquele negócio que o padre dava na hora da missa. Eu daria o meu jeito, Nico ainda me visitava e aí eu tinha coragem. Depois passava.

Minha mãe passou mal numa segunda-feira de noite, bem no dia que a magnólia roubou meu jogo de canetinhas Neo-Pen. O primeiro que consegui comprar na minha toda vida. Acho que eu tinha 10 anos, acho, não sei com certeza.

Tem coisas na minha vida que é ruim de lembrar, ruim de voltar lá. As coisas que nunca se resolvem ficam lá, no fundo escuro do passado, feito uma cobra sucuri grande, muito grande. De vez em quando ela boia, vem pra margem do futuro, presente. Fere e volta pra o mesmo lugar.

As coisas do passado nunca descansam de vez dentro de mim. Como eu dizia, comprei com meu dinheiro. Mas sua dor foi mais importante que a caneta pra mim.

Eu havia comprado o jogo de canetinhas na semana anterior, mas ainda não tinha usado. Eu estava com dó de usar e estragar ou acabar. Queria só ficar olhando pra elas.

Desde que eu entrei na escola, as crianças que podiam ter tinham canetinhas Sylvapen, de seis ou 12 cores. Eu tinha vontade de pintar meus desenhos e o fazia quando alguém me emprestava seu lápis de cor.

A mãe ficava brava quando a professora pedia o dinheiro do livro. Eu não tinha coragem de pedir dinheiro pra lápis de cor, canetinha, então, nem pensar. Mas de canetinha, o desenho era mais bonito. Canetinha era só pra contorno e pra gente rica.

Mas a mãe achava que a gente era pobre pra ter estas coisas e ela dizia que "Dali a pouco, logo que aprendesse escrever o nome, a gente já ia sair da escola". Meninas não precisavam estudar.

E dali a pouco cada uma de nós já iria pra casa de madame. Minina que anotava recados de madame ganhava mais. Tinha mais valor. Valia mais. Meninas eram pra tanque, pia e, no nosso caso, já servia pra trabalhar na feira. Crianças eram um bem, de emprestar, de usar de gastar.

Eu, enfim, havia conseguido comprar as tais canetinhas que eu namorara há tanto tempo, há anos. Mas como eu descobri as canetinhas? Boa pergunta. Eu era criança e criança acha o que gosta, Deus guia. Eu descobri as canetinhas porque eu sempre ia encapar os botões pra minha mãe. Isto tempos atrás, nem era eu, era Nico. Eu já nem tinha mais a mágica dele, ela estava saindo de mim.

Nico foi embora e deixou pra mim a incumbência de me dar as tais canetinhas.

E o que era encapar botões? Era uma mágica feita por gente grande. Numa prensa que unia duas partes, uma de plástico, outra de metal, debaixo de um tecido. Vinha tudo separado e a máquina, manipulada pela mão do homem, unia tudo. Eu sei, parece sem sentido, e esta prensa existe até hoje.

Eu tenho uma e adoro, uso como brinquedo de Nico. Pra mim, ainda é mágico.

O homem que fazia este serviço era lento, andava arrastando as chinelas e mal conseguia abrir a boca, e não ouvia também. Minha mãe sempre mandava um recado de como ela queria os botões lá na vontade dela, com as florezinhas viradas pra lá ou pra acolá.

Maluquice de costureira, cada uma tem a sua, dizia ele. Botão é tudo igual. Mãe dizia assim: "Fala pra ele acertar a florzinha bem no centro do botão, pra orná". Ele não ornava, virava as costas no meio da frase e eu nem chegava ao assunto, na florzinha. Por esta razão, eu voltava lá muitas vezes.

Por conta desta florzinha no centro, mãe muitas vezes disse a ele muitas descomposturas graves. Ela tirava dos cachorros e botava nele as poucas e boas dela. Um dia, ele faleceu. Ouvi gente dizer que "os anjos vieram buscar ele pra descansar" e dar descanso pra senhora dele também. E disseram mais, teve quem disse que "este era o sonho dele".

Sabe que mãe brigava comigo porque ele também me acusava de não ter dito nada? Mãe nunca me deixava responder, me dava logo um cocorote no cocuruto. Se ela deixasse, eu diria: "Ele vira as costas e nunca ouve este...", deixa pra lá.

O lucro era que foi por isto que eu conheci as canetinhas e sabia de tudo sobre elas. Quem vendia era o seu Chico, lá no ponto final do Jardim Joamar. Seu Chico me deixava pegar todas elas, as doze, e dizia: "Não pode abrir nem escrever".

Você pode imaginar como alguém que, até aquela idade e que gostava de desenhar, ainda não tinha tido sequer o primeiro lápis de pintar? Estando inserida num meio tão rico de dinheiro e pobre de vontades. Era tanto dinheiro gasto, o ano inteiro, pra festa de natal. Natal este ao qual ela nunca pertenceu, mesmo sendo seu aniversário?

A fala das canetinhas me levou aos botões, eu resgatei Nico, mas Nico sempre volta, nunca fica, não cabe mais pra fora de mim.

Esta conversa é triste, bem triste. Estou fazendo hora pra ganhar coragem e tempo. Eu não tinha amizade com Magnólia, eu era amiga da irmã dela. Mas, naquele dia, na volta da escola, acho que o pessoal havia saído mais cedo ou mais tarde. E no caminho só vínhamos nós duas.

E a gente estava subindo o morro, fizemos companhia uma pra outra porque segundo o povo do lugar, o morro era perigoso e era. Não era bom andar sozinha. Eu estava doida pra falar da novidade.

Eu tinha, enfim, conseguido comprar as tais canetinhas dos meus sonhos, aquelas que eu já namorava há muito tempo, desde que as conheci. A Magnólia já era da igreja, eu acho, da igreja, da umbanda, de tudo quanto era lugar. E, como sempre, este povo tem mania de ser missionário até no caminho da escola.

Foi quando ela disse de coisas difíceis, quase milagres e eu então achei uma brecha pra falar das minhas canetinhas. Nada, nada, foram quase quatro anos, quatro natais, quatro anos de namoro entre as canetinhas e eu.

Eu sonhava com elas, acordava imaginando o que faria com elas. Era sim um milagre. Nós vínhamos já cá em cima no Ataliba Leonel, quando eu cheguei nesta parte do assunto.

Depois que passou a casa daquelas pessoas que todo mundo dizia que roubavam, igual os portugueses falavam da gente.

Passado o perigo, ela me pediu pra ver as canetinhas. Aí eu vi ali uma importância cheia de desconfiança porque ela tinha já a idade das meninas mais velhas. Gente velhaca com os menores como eu.

Meu coração dizia, "Não". Meu cérebro amostrado dizia, "Sim". Por que sim, por que não? Já havíamos passado do bar do Seu Gonçalo quando ela insistiu. Eu queria mostrar, mas tinha medo dela tomar de mim.

Eu ainda não havia riscado com nenhuma delas. Estava esperando o melhor momento, melhor papel. Agora que eu nem empinava mais, poderia bem repatriar o papel de pão pra este fim. Estava esperando um papel que merecesse um desenho bonito, uma pintura decente, quem sabe o papel de pão da manhã seguinte, que não houve.

Ela tinha nove irmãos e uma vida miserável, bem pior que a minha. A mãe dela pagava aluguel. Ela tinha o pai, mas era o mesmo que não ter. A gente só sabia a serventia que o pai dela tinha quando a mãe dela ficava grávida ou apanhava dele.

Quando ele não bebia, nenhum deles podiam sair na rua porque ele ficava trancado dentro de casa o dia todo. Lá na nossa escola da igrejinha quando o nosso caderno acabava, a gente podia pegar um na secretaria. "A gente era da caixa", diziam.

A Cecília, diretora, e a Maria do Carmo ou mesmo a Lavínia humilhavam a gente. Às vezes a gente escrevia em papel de pão vários dias, até criar coragem de enfrentar elas. As humilhações eram muito frequentes. Às vezes eu achava que era proibido ou pecado escrever.

Ela me pediu pra ver as canetinhas, ela me pediu pra pegar as canetinhas.

Meu coração deixou, meu cérebro não. Mas eu ouvi o coração. Ela pediu pra mostrar pra os irmãos que estavam dentro do barraquinho. Que mal tinha? Eu deixei. Ela demorou demais, eu chamei, chamei mais uma vez. Chamei muitas vezes. Ninguém respondeu.

Estava já tarde pra eu chegar em casa, a mãe dela chegou e eu pedi a ela que pedisse a sua filha que me devolvesse as canetinhas. Se a mãe dela fosse como a mãe de Nico, ela teria devolvido. Mas a mãe entrou na casa, depois botou a cara pra fora e disse: "Ela não está aqui", sorrindo. Ela mentiu.

Eu, diante desta situação, fui pra casa pra reclamar com minha mãe ou alguém que talvez me pudesse ajudar a recuperar as canetinhas que eram minhas. Eu nunca mais veria as tais canetinhas.

Cheguei em casa, todo mundo estava em volta da minha mãe ali no quarto e ela se contorcia. A primeira coisa que pensei foi: "Será que minha mãe vai morrer?". Esta era minha maior preocupação, porque morria muita mulher e criança e homem.

De tudo quanto era jeito, nem pude falar nada vendo minha mãe naquele estado. E depois que levaram ela pra o hospital, eu fui pra cama me sentindo culpada. "Minha mãe doente, eu pensando em canetinhas!".

Eu achei que era castigo de Deus. "Não é todo mundo que pode ter tudo", era o que dizia o padre, os vizinhos, a mãe... até o demônio dizia isto. Mas trabalhar podia, sempre podia. Era apendicite o que a mãe teve, aí operou e eu ouvia os grandes dizerem "que ela estava bem".

Esquisito que eu nem era tão pequena assim. Minha pequenez era pessoal, nunca de tamanho. Quando toda esta desgraça passou, eu nunca mais pensei nas tais canetinhas e por vezes pensei que eu nunca as tive. Que foi um pesadelo que havia passado.

E de tanto que me doeu, eu nunca mais pensei nem em desenhar, nem escrever colorido. Eu era pobre e pra todo pobre tinha lápis preto na diretoria depois do esporro.

Magnólia eu nunca mais vi. Mas sei que ela foi perdendo não as minha canetinhas, mas os irmãos pra polícia, pra doença. Mas eu sei que ela é evangélica até hoje, nunca conseguiu ser outra coisa... e ladra.

Mas não pense que eu tive vontade ou tempo de sentir dó dela. Eu não tive este tempo.

Uma vez uma amiga me disse assim: "O fia, um dia você vai ter uma surpresinha, viu? Você vai dormir e vai acordar com o pijama cheio de sangue!" Eu respondi: "Mas eu não tenho pijama...".

Passou bem uma semana, amanheceu, era um belo dia de sol. E este dia chegou, bem quando você se ausentou, pois teve que operar de apendicite.

Era um sábado e bem neste dia eu iria passear pela primeira vez no trabalho da minha irmã. Não era passeio, era treino.

Eu senti uma coisa viscosa no meio das minhas pernas. O que seria aquilo? Eu tocava com a mão e cheirava, o cheiro era esquisito. Estava escuro ainda dentro do quarto, precisava ir ao banheiro pra ver o que era.

Mas o corpo doía, eu tinha febre, a cabeça doía, o mundo girava. Quando amanheceu, eu fui até o banheiro e vi, levei um susto.

Eu amanheci cheia de sangue entre as pernas, mas eu tinha uma promessa de sair e ver o mundo, eu iria. Poderia ser que o sangue parasse, tinha que parar.

Desistir? Nem pensar. E eu fui. No caminho, talvez aquilo parasse. Pensei tanta coisa sobre o sangramento: primeiro achei que era isto, depois aquilo e me tranquei no banheiro. Fiquei ali esperando o sangue parar.

Gastei todo papel higiênico, fiz tufos e mais tufos, botei dentro da calcinha. Eu nunca tinha ouvido de mãe uma palavra sequer sobre isto e até a semana anterior minha maior preocupação ainda era bola de gude, pipa, rabiola e afins.

Saímos de casa, pegamos, dois ônibus, um de Furnas até a Estação da Luz, outro da Luz até o Brás. Naquele tempo não tinha ainda o Terminal de ônibus Santana.

Que vergonha, os dois bancos ficaram manchados. O sangue escorria tanto que descia pelas pernas. Hoje eu penso: estive neste dia com tantas mulheres e nenhuma delas disse nada.

Aquilo poderia não ser menstruação, poderia bem ser uma hemorragia de outro tipo. Maldade, burrice, ciúmes, covardia feminina... Se afastavam de mim e cochichavam as mulheres... sempre são cruéis com as meninas.

Nem precisava dizer que não viu, era impossível não ter visto. São mulheres infantis que querem punir as meninas por suas vidas mau vividas. Hoje ainda é assim.

Eu não me preocupava com o fato delas se afastarem, porque eu não sabia nem como pedir ajuda, porque eu não sabia o que era aquilo.

Ainda lembro nomes que ouvi quando alguma delas passava bem perto de mim e me zuavam, me ofendiam como se tudo fosse de propósito. Ao chegar na loja, fui ao banheiro e tive vontade de nunca mais sair dali.

Eu sangrava e tinha um cheiro forte de sangue no ar, eu tentava fazer o sangue parar sem conseguir. O banheiro ficou todo ensanguentado, eu estava fraca, triste, envergonhada e com a cabeça tonta.

Era uma loja de lingerie, onde a maioria das pessoas eram mulheres, ou melhor, animais. Animais são outra coisa, elas eram monstros.

Eu já sabia que as pessoas não gostavam do meu jeito porque eu era tímida, achavam que eu era metida. Mas empatava, viu, nunca gostei de nenhuma delas. Mas isto nunca me impediu de prestar ajuda a ninguém.

Saí do banheiro, procurei uma cadeira, botei jornal e me sentei. E só Deus sabe como saí dali naquele dia, quando a loja se fechou.

Era de tarde, tinha muita gente na rua, eu amarrei uma blusa na cintura e fingi não ver as pernas. Ninguém se sentou no mesmo banco que eu, apesar do ônibus estar lotado. Foi a viagem mais longa da minha vida. Tinha um Brasil entre o Brás e a Zona Norte.

E que alívio quando cheguei em casa, me deitei e fiquei ali sem me mexer. No dia seguinte, acordei com febre, diarreia e vômito, o que ajudou muito pra eu não sair da cama. Eu só saía, mas porque o sangramento estava mais forte. "Porque este sangue não para?", eu perguntava pra mim.

As pessoas da minha casa gostavam de me punir porque eu era muito sabida e minha mãe me elogiava algumas vezes. O fato de eu ter ficado pouco no convento e mais tempo com a mãe fez com que meus irmãos mais velhos se sentissem traídos. Nós fomos criados separados, o que fazia de nós estranhos no mesmo ninho.

A mãe agora queria compensar o tempo que passaram separados. Resumindo, era um inferno pra mim. Em casa seguia um silêncio, seguido de calunias e indiretas. Todos me odiavam, ninguém me enxergava.

Agiam como se não estivesse acontecendo nada e diziam: "Ela não é a sabidona que sabe de tudo? Pois que se vire".

Sobrevivi ao domingo, eu estava sem comer há 24 horas e tudo o que eu ouvia era de vez em quando alguém dizer: "Vai ver que já fez besteira".

Chegou segunda-feira, fui obrigada a ir pra escola. Disseram que era frescura minha. Levantei da cama joguei toda roupa no lixo e coloquei uniforme.

Graças a Deus ou ao Diabo, o sangue estava menor, mas ainda sangrava. Fui pra escola com a pasta nas costas pra ninguém ver. A carteira manchou de novo e pasmem, mais uma tarde entre várias mulheres e nem uma palavra. Eu estava invisível.

A professora não me deixou ficar na sala na hora do intervalo. Eu fiquei de pé do lado de fora, encostada na parede. Eu não tinha coragem de pedir ajuda. Na saída, tornei a colocar a pasta atrás pra cobrir a mancha.

Mais dois ou três dias e o sangue foi embora. Eu estava livre, só estava triste por não saber o que tinha acontecido, morrendo de vergonha e a pergunta: "O que foi aquele pesadelo?".

A mãe veio de alta e eu, quando consegui sair do choque, procurei amigas mais velhas e contei por que eu havia sumido. Sempre tive boas amigas que me ajudavam quando eu precisava e me emprestavam o ombro e os ouvidos quando eu precisava.

Minhas amizades eram muito diferentes dos amigos de meus irmãos, isto era motivo de piadas na sala de casa.

No próximo mês, porque os meses passam, tudo aconteceu de novo, mas desta vez fiz como minha amiga me disse, falei com minha mãe.

Criei coragem, fui até a cozinha e perguntei o que era aquilo. Ela ficou muito nervosa, me repreendeu. Minha mãe levou um susto com a minha menstruação.

Ela disse assim: "Rasgue um pedaço de trapo e forre esta nojeira, todo mundo sabe o que é isso, já sei que andou por aí envergonhando gente pelo bairro. E tome cuidado pra não arrumar barriga".

Afinal, o que era aquilo que todo mundo sabia, menos eu? Daí pra frente eu tinha medo e vergonha. Como viver com aquilo dali em diante?

Até quando aquilo viria? Por que veio? Pra que servia?

Quando eu ouvia dizer que alguém morreu de hemorragia, eu achava que eu poderia morrer também.

Eu já tinha visto mulheres morrerem depois de um sangramento grande.

O louco é que não pensem que eu não sabia nada sobre sexo, só não sabia era o nome que se dava a ele.

Eu havia me tornado outra coisa que havia saído do Nico. Nico foi embora. Me deixou sozinha sem saber o que fazer. Agora eu tinha aí esta inimiga oculta, só minha e que saía de dentro de mim.

Quando escrevi este livro anos atrás, pela primeira vez, eu havia listado aqui o nome, sobrenome e endereço de cada uma destas mulheres que me prejudicaram ou que fizeram vistas grossas. Eu as conheço, convivo com elas, estamos no mesmo lugar.

Eu queria acabar com todas elas, tinha muito ódio delas, todas elas. Mas eu conheci um homem, o contador de histórias Toumani Kouyaté. Ele fez com que minha raiva caísse por terra quando disse que "Ninguém pode contar histórias antes de 50 anos, antes de ter vivido pelo menos meia vida pra entender as razões alheias".

"E que ninguém coloque o dedo em feridas que estão fechadas, ou quase, se não tiver um antídoto pra cura da mesma, porque cada um tem seu tempo de acerto de contas e o ódio direcionado ao outro, antes de atingir o outro, atinge primeiro quem o carrega".

Eu entendi o recado. Voltei pra casa e, chorando, rasguei folha por folha, deitei fogo e disse: "Jacira, deixe o passado no passado". Rasguei os papeis, mas não se engane, é impossível esquecer uma surra desta que é dada pela vida. E estando todas nós, no mesmo lugar, a queda nunca é uma vez só.

Preferi entender que eu teria que tirar o melhor desta experiência também e seguir a vida. Cada um é responsável pelas coisas que poderia fazer e se omitiu. Que isto sempre me sirva de lição.

Quem falta o respeito com um inocente, falha na construção de si mesmo. E isto é uma falta grave na construção do universo. Eu poderia ter morrido ou ter matado alguém, mas a providência tinha um outro plano pra mim, mesmo porque, de todas estas pessoas hoje, quem está melhor sou eu.

Isto é questão da cura do tempo. Eu voltei pra casa e as canetinhas?

Dia destes alguém, ao ler este trecho, me perguntou: "E de onde você tirou o dinheiro pra comprar as canetinhas?". Eu só pedi pra ele fazer silêncio.

Ele passou por cima de tudo isto que eu disse acima pra se preocupar só com a parte financeira. Tenho certeza de que, na cabeça dele, pensava igual muita gente: "Ela roubou o dinheiro".

Caso a sua pergunta seja esta também, me deixe esclarecer. Não me pergunte, nem me acuse mais por este dinheiro. Eu já me perdoei por querer ter coisas. Mas, se por acaso eu tivesse roubado, e se preciso fosse, eu talvez faria tudo de novo.

Mas não foi isso que aconteceu. Eu já trabalhava na feira, já ganhava uma moedinha aqui, outra ali, que isto não é da conta de ninguém.

Mas, nos ventos que a vida deu, eu já precisei ir ao fundo do poço. Bem mais fundo do que eu imaginava, andei por lugares escuros e beijei a lona das minhas estradas milhares de vezes. Teve momentos que Deus me tirou toda poesia e, nestes momentos, uma pedra era mesmo só uma pedra mesmo.

E fui muito mais fundo pra sobreviver, até parar de contar. Eu fui, sim, como aquele lutador por profissão, que ainda carrega as lembranças de cada vez que foi ao chão por orgulho e por dinheiro.

E muitas vezes eu quis fugir, mas no fundo eu sempre soube que o caminho é persistir. A vida não sabe olhar pra trás.

Hoje estou fechando ciclos, nem menstruação tenho mais, mas tenho canetas de todo jeito, de toda qualidade. Quando eu me for desta pra melhor, eu deixarei canetas. A cada jogo de canetinha que tenho, a cada caneta que ganho, quando alguém viaja a cada caneta nova, eu só agradeço.

Pra um escritor, basta depois do papel em branco, algo com que se deite as ideias sobre ele e pronto. Sempre uma netinha me pergunta: "Mas vovó, você não é criança!?". "Sou sim". Aí eu mando Nico falar com ela. E eu não empresto, viu?

Agora posso entender o susto de minha mãe. Era um assunto difícil de ser tocado, casto e a castidade amaldiçoa. Mas eu não entendi por que tanta gente poderia ter me ajudado e não o fez, se até é divertido ensinar sexualidade e sacanagem pros meninos.

Hoje, me inspiro em Hugo Mãe para dizer que nós mulheres temos entre as pernas uma ferida que todos querem e que guarda a honra e a sorte de toda a família, que tem dentro dela um tesouro que só alguém especial pode tocar: o marido, mas que nem ela mesma tem esse direito.

Provocação

Lembra quando fui expulsa da escola e fui proibida de escrever com 10 anos? Naquele dia a professora me provocou, pedindo uma composição. O tema: "O que você quer ser quando você crescer?", eu aceitei o desafio.

Havia já algum tempo que eu me enfiei numa cilada danada por conta de uma carta que eu mesma escrevi, inventando um namorado pra mim. Deu até polícia.

Ali, ou até antes, a escritora em mim estava presente. Porém, toda vez aquela sala afirmava: "O texto é grande, tem sentido, tempo cronológico: começo, meio e fim". Eu sempre soube disso em pensamento. Agora eu estava ali, alinhando em palavras, só faltava os ajustes.

E foi tanta a negação sobre meu cavalo que perdi a habilidade de falar. Porque as letras me remetiam ao silêncio e, a meu ver, isto bastava.

O escrito queria dizer: "Eu sou isto, me compreenda". Mas a sala da escola dizia: "Esta composição não é sua, você pegou de quem?". Eu seguia tentando provar que era eu quem escrevia, mas elas sabiam.

Há mais de quatro ou cinco anos naquela escola, apenas uma professora havia me notado. E fora repreendida por sua superiora. Mas eu ainda não entendia.

Quando assisti ao documentário de Nina Simone pela primeira vez, eu achei lindo. Uma mulher branca reconhecê-la ainda tão pequena e dar a ela a oportunidade de ser o que ela queria ser.

Em seguida, vi que chegou o momento de o mundo não a aceitar, mesmo tendo uma pessoa branca lhe apoiando. Ali eu compreendi que, de qualquer forma, eu teria sido barrada.

Mas, pelo menos, ela sabia que era boa naquilo. Comigo não foi assim. A toda hora me negavam reconhecimento. Tanto os brancos, quanto os negros. Mas eu ainda não sabia.

Ela ordenou, eu fiz. Se acaso eu me negasse a escrever, seria punida da mesma forma. Eu respondi, escrevi com verdades o que ela queria saber e o que eu queria que ela soubesse. Escrevi com a alma, seria meu último grito, que era também um pedido de socorro.

Quem sabe alguém poderia me ajudar e compreender ali o meu S.O.S.

"Eu não sei o que eu quero ser. Eu não sei para o que eu sirvo, me ajude. Eu não imagino o que vai ser da minha vida. Tampouco o que esperam de mim".

Deitei grafite no papel branco, com a força e a coragem de quem se entrega ao inimigo. Eu sabia que ela não gostava de mim. Ela nunca escondeu.

Subi o morro, cheguei no topo, abri os braços e me entreguei de peito aberto ao meu capataz.

"Que me enforque!", eu estava me entregando.

E como eu já sabia o preço que poderia custar esta sinceridade, minha mão suava, tremia, sangrava em negrito sobre as linhas, sem parar.

O papel só recebia verdades e parecia que ali uma força estranha não me permitia parar. Foram folhas e mais folhas, um rastilho de pólvora miserável de assuntos que já sujei folhas aí pra trás.

Coisas que não direi mais, pois quero poupar você e a mim.

Porque eu preciso esquecer. Teve uma hora que minha mão disse, chega! Obedeci e entreguei. Devolvi a folha com minha condenação de réu confesso. Narrei ali tudo o que se passou comigo desde que fui retirada do meu território, do meu quintal, pra conhecer a luz do saber que quase me mata, quase me cega.

O mundo das letras foi cruel comigo. E nem uma vez sequer toquei no nome do meu amigo sagrado, o meu pé de feijão, isto agora era segredo meu. O mundo jamais me ouviria falar dele novamente.

O mundo não merece tanta sinceridade.

E eu estava cansada e me sentia ridícula por ter sido tão sincera.

Eu escrevi. Eu escrevi que queria ser freira ou professora por vingança. Eu tive medo, eu me conhecia. Era a segunda vez que eu arriscava uma mensagem cifrada dentro da garrafa do tempo, arrolhada e pesada de tanto esperar. Mas me arrepender, jamais.

A aula acabou. Uma noite se fez escura, deixando ali no caminho marcado na poeira da Rua do Estradão até a Rua Lucas Alaman. Eram os últimos passos de mais uma tentativa de não me deixar afogar sem tentar.

Eu precisava ser ouvida. Eu era um náufrago procurando uma ilha. Eu tinha que tentar. Amanheceu e entardeceu. Fui pra escola meio anestesiada e esperando um bom resultado. Ela entrou na sala com os olhos vermelhos e inchados de chorar. E ainda chorava.

A tristeza dela comoveu toda a sala. Até eu.

Depois ela desabafou, abriu a bolsa, tirou uns papéis e começou a ler. Era eu a razão da mágoa dela. Ela leu a minha composição. Toda sala se revoltou contra a pessoa que havia escrito aquilo.

Queriam que ela falasse o nome. Ela disse que não diria. Mas eu disse a ela que poderia dizer. E ela falou meu nome inteiro.

Eu então pude ver que ela realmente havia sentido alguma coisa. Dó dela mesma. Eu não me abalei. Ela apenas leu. Eu vivi tudo aquilo. O momento seguinte seria a hora de subir ou descer.

Na verdade, o meu maior medo era alguém querer realmente me ouvir porque eu com certeza me perderia nas falas. Mas, com a desgraça eu estava acostumada. Naquele dia, não teve aula.

Eu era esperada na secretaria, onde um grupo de mulheres me aguardavam. Mal cheguei, a chuva de acusações se iniciou. A diretora ainda era aquela que passava a ponta do dedo indicador no dorso da mão oposta, toda vez que alguém dizia que eu sabia muito.

Pra ela era questão de tempo. Ninguém perguntou o porquê de tanta ira. Ninguém perguntou o que eu queria com aquilo. Não era ira.

Era um resumo de 10 anos convivendo com cada mulher cínica que passou na minha vida. E algumas delas estavam ali naquele momento. Salvo algumas poucas espalhadas pela terra.

Arrependimento? Nenhum.
Pedir desculpas? Jamais.

Desta vez eu não iria deixar me transformarem em réu. Elas não iriam fazer comigo o que as freiras fizeram lá no convento. Não! Desta vez não.

Da outra vez, cada uma me destruiu e depois cada uma foi levar a sua vida justa e honrada. Vitória que tiveram sobre uma menina de cinco anos que fora maltratada por elas.

Elas foram viver. Eu acabei numa UTI.

E mais uma vez eu não estava mentindo, como não estava mentindo naquele papel. Depois de ler, elas foram rasgando as folhas com os meus escritos, ali na minha frente. Eu tinha o direito de ter minha composição de volta. Se eu tivesse ali alguém que me defendesse...

Aquilo era praticamente um documento do desserviço delas. Era pra fazer pensar, mas não fez.

Na verdade, fez. Eu sabia que havia causado um bum ali. Tanto que elas se juntaram pra me acuar.

Elas tiveram medo de mim e eu perdi o medo.

Na hora da sentença, eu ouvi ali de pé o castigo que seria aplicado. Três dias sem aula. Três dias sem precisar descer do Ataliba até a Vila Zilda. Três dias sem ver a cara delas e dos alunos queridos delas. Três dias sem levar bronca em vão.

E, enfim, fui proibida de entrar na escola que eu desejava nunca ter conhecido. Tá bom!

Eu perdi o medo e aprendi a ser cínica, afinal de contas eu estava na escola pra aprender, não estava? Quando os alunos vieram tirar satisfação comigo pra defender a honra da professora, eu encarei cada um deles, olhando bem dentro da bolinha do olho de cada filho da puta.

Levantei o pescoço e encarei um a um. Eu não sei bater, mas naquela hora, como gostaria... Em contrapartida, sabia jogar pedras. Surtei, fiz a louca.

Mas o que eu fiz, foi um desafio e a resposta viria, porque eram covardes e trabalhavam na sombra, como ratos. Ainda fiquei na escola mais um ano e meio.

Aí veio o mau conselho: "E se por acaso eu morresse?". Eu me sentia sem lugar, sem alguém que gostasse de mim. Sem reconhecimento. Afinal de contas, era uma vida de descrédito aos 10 anos de idade. Eu perdi a fase mais bonita da minha vida brigando com a própria vida e sendo manipulada. Sim, agora eu entendia tudo.

A vida ali era manipulação, era inútil dizer a verdade. Eu até tentei contra minha vida, mas ninguém notou. Agora era esperar o que o futuro me reservaria

Custei a aprender que escrever não era pra nós, éramos treinadas pra ser de alguém cativa, jamais para ser independente ou feliz. Era pra gastar feito moinho de gastar gente.

Nem pra casar-se nos confiavam, não que as meninas que eram

criadas pra casar fossem mais felizes, eram dois toneis de desgraça.

Mas não era só a escola, a casa também expulsava.

À mesa da casa, quando repleta com a família, era o pior lugar pra mim. E agora, então, tudo era motivo de piada. As ironias me feriam ainda quando diziam: "A artista chegou, hoje teremos uma escritora na mesa".

Isto nunca terminava bem.

Meu príncipe

A vida é incessantemente repetitiva. Só desejava o calor dos homens pra bem amar. Ou...

Chega um dia que o príncipe que virá, de além do muro da estrada, começa cutucar a gente. De várias formas. Mexe o pensamento, tira atenção e pulsa de dentro pra fora.

É um coração, mas parece com uma bomba relógio, prestes a explodir. É um corpo, mas reage como lenha. Lenha seca que, se encontra uma fagulha acesa, incendeia.

É preciso muito tempo na vida pra fazer esta declaração. Inclusive encontrar e se reconhecer, primeiro como lenha verde por convicção. Estas que próximo ao fogo só faz fumaça. Tempo de pura fama sem proveito. Ah, se fosse hoje!

Muita água teria passado por debaixo desta minha ponte. E eu teria vivido muitos amores destes ordinários que não compensam. Pois se todo mundo diz, como canta Maria Bethânia:

"Mesmo o amor que não compensa
é melhor que a solidão".

Esta é sim uma saudade mal resolvida, tempo que não volta mais.

Se voltasse, eu resolveria a vida e todos os dias eu teria uma pia entupida.

Um ralo em perigo,
Uma lâmpada queimada,
Um gato na amoreira,
Molharia a lenha da minha lareira,
E o resto... deixa pra lá...
É vinho que eu não bebo mais

Naquele tempo, Deus ainda não havia dado asas à minha cobra. Por isso que hoje eu sou contadora de histórias. Tem que viver pra contar.

Hoje acho até engraçado ter levado tanto tempo pra desconfiar que todo corpo pulsa e que a toda hora a corrente sanguínea da várias voltas, dentro do universo que a gente é. Cada ser é um universo.

Eu, esta aí, mais uma vez deixando pra trás as peraltices pra me entender menina. E mais uma vez era pra eu aí ter algum tipo de iniciação, mas como já há muito tempo, necessidade é monetária.

É complicado ter que parar um dia de trabalho pra orientar um filho ou filha nas transições que a vida impõe. Se acaso fossemos dar importância a fases, como o foi em algum tempo, seria preciso um código maior que este da CLT.

É por isso que meu orientador foi a minha própria essência, meu amigo interior já há muito conhecido, Nico. O chamado do corpo, na passagem da infância pra puberdade é um grito.

É tão gritante que parece que todo mundo está vendo e sentindo junto com a gente. E, por alguma razão, é segredo. Ou por questões da gente que acha que aquilo é algo infantil e o mundo está gritando: "Você não é mais criança!". Hoje eu vejo a violência desta frase mal administrada.

Como o mundo os fazem cruéis uns com os outros e com os que hão de vir... Como as pessoas se perdem neste momento que todo mundo passou... Parece que é um parto duro de engolir.

Difícil de até recordar. A fase mágica que está entre a passagem da infância pra receber a adolescência, pra mim, foi um tempo novo a ser passado a limpo.

Seu Zé Béttio nunca falou. Seu Gonzaga chegou bem perto, quando cantou mandacaru.

*"Toda menina que enjoa da boneca
é sinal de que o amor já chegou no coração..."*

E eu sempre fui bem desavisada pelo tempo, porque nunca prestei atenção em coisas que nunca me pediam atenção. A vida frequentemente me enganou e eu sempre me achei livre.

Mesmo com tudo o que já havia vivido. Ainda hoje me pego assim.

As pessoas que amarei é sempre alguém que está ao meu redor. Nunca dou voltas muito longe pra amar um ser que eu já não tenha tropeçado nele pela vida afora. E, não raro, primeiro eu me enraivo dele. Depois eu o trago pra dentro de mim ou ele salta pra dentro de mim e eu passo a amá-lo.

Cara, assim do nada, adolescer é a fase de aprender que amar vem de dentro. Não protege nem, obedece nem se garante.

E nem eu mesma nunca saberia o porquê.

Amor é fato, é constatação, de nada.
Como ele é cheio de perguntas,
De encanto,
Como ele é cheio de dúvidas,
Como ele é repleto de sentimentos,
Como ele é todo fragilidade,
É força,
E ao mesmo tempo ele é todo descobertas,
Principalmente porque a ingenuidade ganha outros olhos.

As pessoas grandes são visualizadas como realmente o são. Pessoas que podem ser amadas e vir a amar. Quem, em sã consciência, pode neste momento se levantar aí de seu pedestal e dizer: "Eu não passei por esta fase".

De ter quatro estados em uma hora. Raiva, tristeza, alegria, contentamento, depressão. Ou cinco ou mais... E depois, a apatia.

Quem pode assumir que teve, sem sentir a consciência bater na trave cinicamente. E quem pode, sim, voltar atrás e dizer: "Eu passei por ela, entendi, não entendi, tive medo".

E quando chegou a hora de eu entender a vez do outro, eu tive medo, fui covarde e não dei a criança que estava perto de mim a chance de viver esta fase da forma mais salutar?

Eu confesso, a minha foi ruim e eu tornei a fase de algumas pessoas desconfortável. E só tardiamente me dei conta do quanto estava errada. Por que estava achando que certo esta quem omite e se omite?

Hoje eu sei que faltar o respeito com quem está em fase de formação pra vida é, sim, faltar o respeito consigo mesmo.

E negar ao outro o que lhe foi negado. E quem faz isto, se nega. E é neste momento, nesta falta de ação positiva, que toda a humanidade perde.

É caro ser criança, mas há nela uma esperança de continuidade. Já na pessoa mais velha, a continuidade não existe, salvo se este velho é homem que quando envelhece se torna um galã.

É muito cedo ainda pra eu falar sobre um assunto, mas eu direi. A vida é muito mais difícil e complexa pra esta mulher. Hoje eu sei disso, antes eu não sabia.

Hoje eu lembro a aflição da minha mãe e da minha Bisa quando eu dizia: "Eu quero ter filhos antes do ano 2.000".

Elas nunca perceberam que eu os queria ter logo pra que já estivessem grandes quando chegasse o dia do juízo final. Tão anunciado em anos 70, 80, 90.

O mundo poderia acabar em edição extraordinária, ali no Jardim Ataliba Leonel. Que já era pra todos nós tão pequeno. Mas eu era criança, eu queria dizer que ter filho pra mim era pensando no tempo. As mulheres da casa pensavam em sexo. Eu não sabia ainda o que era isto.

Eu já tinha filhos de barro, insetos, plantas, pau e pedra e pés de feijão. Elas tinham a honra da família a zelar. O mundo pra mim se dava pelas explosões de dinamite na pedreira que religiosamente batia e tremia as casas, nos lembrando que estávamos vivos e poderíamos sucumbir a qualquer momento.

Pra mim, o mundo acabava bem ali no pé da serra e pra dali em diante pra atrás da mata. Já era todo início de fim do mundo, a não ser quando tremia ao som do bum das dinamites.

E isto acontecia sempre as 11 da manhã e 17 horas. Sempre foi e é a pedreira que enche as nossas casas de rachaduras e é a mesma que nos diz que "não sabemos construir, por isso elas racham, porque são frágeis".

Curiosamente, quando a vida da gente não dá certo, a primeira coisa que a gente ouve é que "não sabemos gerir ela nem economicamente, nem sexualmente, nem religiosamente".

Cantada em verso e prosa por religiosos, vizinhos, amigos, parentes... E num futuro recente filósofos, chefs de cozinha e *reality shows*. Até as pedras das minhas ruas sabiam muito mais que eu.

Mas o que isto tem a ver com o pulsar dentro de você? Ah! Naquele tempo.

Verdade, você tem razão, mas isto tem a ver com futuro: se a criança e o adolescente não são informados e respeitados nesta fase, como ele se tornará um adulto saudável se sequer tem direito de saber o básico sobre si? Sobre o que tem dentro de si.

Tem um dizer que é assim: "Quando a casa cala, a rua fala, quando a casa abandona, a rua acolhe, adota". Eu vivi isto, eu sei o que é.

Um mundo cheio de perguntas e nenhuma resposta ou sem resposta plausível. Ora, por acaso não vivias dizendo que eu precisava crescer?

Eu cresci. O que o presente tem pra me oferecer antes de colher, o que posso dar?

Esta pergunta ainda está em tempo real. Era assim...

Algo em mim de dentro pra fora pulsava. Pulsava forte, como que chamando outra coisa.

O que seria isso? Era isso que talvez elas quisessem dizer. Será que as mulheres da beira do poço queriam dizer que era perigoso? Era doença?

Era isto que nos levaria para as tais casas de madame? Já que agora já sabíamos assinar o nome e ler correspondências?

Eu então neste quesito era letrada, eu já até escrevia cartas. Não que fossem lá muito bem quistas. Mas o caso era já escrever e estar pronta, por isto não, pra isto.

Seria por isso que a Bisa quase todo dia levantava as cobertas da gente pra ver se nossas mãos estavam entre as pernas?

Era isto que deixava algumas meninas pálidas, depois de tirarem alguma coisa que estava dentro delas? Era isto a tal besteira que todos diziam que a gente fazia?

O pulsar era atrevido e sem interrupções. E buscava o bonito, o viril. Hoje eu entendo isso.

Ao me ver, querendo correr os campos nua, naquele tempo eu só imaginava: é pecado. Quanto tempo levei até entender a natureza ambígua que se guarda em mim.

Ela aflorando me dizia. Tu tens segredos que só se revelarão pra você no futuro. Eu não tinha cacife pra suportar minha própria concepção ambígua. Meus polos a mais.

E, sendo assim, nem ontem, nem hoje eu conseguiria respostas vindas de pessoas comuns. Eu sou um mito. E é por isto que recorro ao mito pra ter a liberdade que ainda não tenho pra entrar no meu subconsciente e de lá submergir com o encanto da verdade.

Chegou o momento. É hora de dar altar ao espírito da verdade. Doa a quem doer. Se é que vai doer.

Era justamente isso que todo mundo dizia que não podia. Eu ainda inocente pra coisa toda redobrava nas orações pra que ninguém percebesse, minha culpa, meu pecado. E se eu fosse castigada.

Ainda pouco tempo atrás, eu nem havia conseguido fazer a primeira comunhão. Porque pairou uma dúvida sobre a minha castidade. Que eu nem sabia o que era. E nem queria saber.

Eu queria mesmo era poder comer aquilo que todo mundo fazia, fila pra comer. Toda vez que chegava àquela hora lá na missa, que o padre levantava a taça e eu precisava ser casta pra tal evento. E eu sempre dava jeitos pra chegar onde eu queria. Eu e Nico.

Porque quando tudo dava errado, muito errado, Enemerique chegava na figura de algum protetor e me arrebatava dali. Aquela era a época que Nico e Enemerique precisavam me mostrar a outra pegada da vida.

Porque ir embora, nunca foram, alguém que leu este livro antes de você me disse: "Jacira desde sempre você é uma feministazinha que sempre namorou".

Meninos com jeito de mulher. Eu nunca tinha percebido que eu gosto de meninos e meninas. Eu sempre tive pressa e teria que ler pra me buscar.

Nesta época, tudo era proibido e todos os olhos estavam olhando em minha direção. Tudo era cronometrado, o andar, o falar, o pensar, o coçar, o esquecimento, as lembranças, os amigos e a ausência deles.

E até o que não era dito, era interpretado.

As pessoas tentavam adivinhar como me tirar daquele mundo só meu sem conseguir. Um dia, minha mãe me prometeu que, se eu me comportasse, ela me daria algo que eu queria muito.

Eu como já neste tempo não confiava nela mesmo, lembrei: Igual a boneca da promessa da sua amiga minha madrinha? Igual ao passeio pra o convento? Igual a escola? Como seria este presente? E ela não respondeu às minhas perguntas primeiras. Mas me deu moral ao perguntar: "O que você mais quer?", "Eu quero um Kichute preto de travas", "Mas isto é coisa de moleque", "Eu quero isto, não me importa!".

Pra jogar queimada na rua, era muito bom. Pra combinar com a belas pernas que eu tenho, também. Naquele tempo já as moças gostavam de copiar as mulheres e queriam saltos. Eu também os haveria de buscar noutros tempos.

Naquele momento, me alegrava muito o Kichute. Durante alguns dias, eu fiz o esperado. Sou boa negociante, cumpridora do que prometo. Lavei, passei, cozinhei e fingi, sim, eu aprendi o que da paz aos homens. Era fingir que não estava sentindo o que realmente estava sentindo.

E dias depois ele chegou, o Kichute. Este dia ficou marcado porque foi o dia que Elvis Presley morreu. Eu nunca tinha ouvido falar sobre ele, o ilustre desconhecido. Mas o namorado da minha irmã era apaixonado por ele.

Porque ele nunca me interessou? Mas o namorado da minha irmã conhecia. Tanto que foi pra casa chorar as magoas.

E disse que iria começar a trabalhar no dia seguinte e que, agora que estava de luto, teria que romper com o trabalho.

Quase que meu humor terrível e sarcástico põe tudo a perder, porque o rapaz nunca trabalhou nem naquele tempo, até hoje. E ele saia pra procurar trabalho domingo de tarde e minha mãe brigou comigo porque eu disse que ele nunca trabalhava.

Mas ele não trabalhava mesmo. Quase que ela me toma o presente. Eu dormi de sapato neste dia, ou melhor, de chuteira.

A chuteira era meu símbolo de liberdade, de mini saia, pense... eram duas coisas que não ornavam no outro.

Mas em mim com o fogo do desejo de viver e descobrir sabe-se lá Deus o que eram asas que complementavam outras asas. O pulsar me deixava feliz, mesmo sem saber pra que servia.

Eu, de tantas vezes, quis, sim, sair livre e andar pelos lugares, correr riscos e estar, sim, dentro de outros olhares furtivos possíveis. Eu queria correr riscos, como se eu já estivesse de certa forma correndo.

Tirar proveito mesmo de gente que estava ali ao meu redor. Era, sim, um desejo gritante, latente em mim que dizia: "Venha, só venha. A gente vai conversando no caminho".

O pulsar ditava desejos nunca dantes imaginados. Era uma saúde, era uma beleza, não está beleza moldada. Eu era selvagem, era é bondade minha, pura e divinamente selvagem cheia de alegria e... uma ventania. Dizem que quando Deus cismou de criar o cavalo, ele chamou o vento sul e disse: "Eu quero tirar de teu seio um novo ser, condensa-se despojando-te de tua fluidez" e foi obedecido.

Então, ele tomou um punhado desse elemento, soprou sobre ele. E o cavalo apareceu. E se fez com essência de vento sul e alma selvagem.

Eu nasci da forma dele, sou filha da ventania e ela agora queria nascer de mim, sair de dentro de mim. Quem consegue esconder tanta vida?

Eu sou o tempo de Camélia, eu, bacante, filha de Iansã. Era divino, aquilo deveria estar na bíblia de tão belo que é.

Se eu fosse um bicho, ou melhor, se me fosse dado o mesmo poder que aos bichos é dado, eu, com meu olhar, contemplaria a terra ao invés de contemplar o firmamento. Poderia ali no meu tempo viver o meu coito sem mistério, buscar meu parceiro pelo cheiro do suor que seu corpo exalasse e deixar que ele se guiasse pelo meu.

Marcar o chão pisado com minhas patas pra que meu amante assim me perseguisse pelas pegadas. Deixar o olfato cavalgar, montar-me o corpo depois de afastar outro pretendente meu, mais fraco e infeliz por também querer estar ali a cortejar-me. E eu orgulhosa de estar sendo pretendida por dois seres ao mesmo tempo.

E sendo servida pelo vencedor. E permitir que a fêmea em mim cavalgue feito fera e parta a gozar, extravasar o cio que Deus me deu até chegar ao fim. Depois seguir sem culpa.

Neste tempo sagrado, quem consegue entender os pedidos do corpo e da alma tem asas. Eu tinha e as minhas estavam atadas ainda. Ali estava pautado e pulsando o instante seguinte: o estado de repouso, era sim o instante da poesia e, através do pulsar do corpo, onde as coisas falavam que mundo tem cor, som, cheiro, muito além do que eu pensava. Eu estava em total estado de contemplação do universo.

Era uma comunhão sagrada, que era um encontro comigo mesma, chamado de Cio.

Pra que não se perca o encanto da época não darei nome. Dar nome muitas vezes põe tudo a perder. E se me fosse dado voltar, eu diria à minha ninfa atropelada esta poesia de William Blake:

"Ver um Mundo num Grão de Areia
E um Céu numa Flor silvestre,
Ter o Infinito na palma da sua mão
E a Eternidade numa hora."

Ah! Se acaso a vida me tivesse dado o dom de ser ávida pra saber, escolher e reter sem nomear. Eu quereria viver entre as tais índias amazonas que diz o poeta: "foram descobertas e jamais vencidas". Estão em mim.

Escolhiam seus homens e a eles se entregavam sem culpa. Deixavam que estes se servissem de seu corpo e se serviam dos corpos deles. Permitiam que se deleitassem com elas e mergulhassem em seu perfume, e fossem muito mais longe, muito mais profundo de si.

Acariciando seu seio livre, seu ventre ardente e ávido, até atingir o êxtase, vindo da profundeza do desejo que atrai os corpos. E que este momento fosse eterno e que perdurasse e ficasse até esgotar.

E se repetisse toda vez que ele tivesse a mesma sede e ela ou eu seria esta água corrente sempre. E por ser água e estar entre água, entreter-se ali com outro qualquer e deixar que quem quiser, ali naquele momento, vivesse aquela liberdade.

E trazer a aurora, nua e livre. E ser a própria manhã e gozar por existir. E começar tudo de novo no seu tempo igualzinho o ipê amarelo em agosto. Sem, medo, sem punição sem represália.

O mundo não está pronto pra viver tanta beleza, mas elas viviam assim, as amazonas do alto do Rio Xingu. Sem precisar esconder o grito, o uivo que acorda, a Lua que ilumina a Terra. E só parar quando o instante pedir.

Depois, cada qual seguia seu caminho extasiado, cansado, esfarrapado... mas feliz por ter sido o que se esperam. Macho e fêmea.

Era isto que o meu corpo pedia e precisava saber. Quando eu sentia que o momento era forte, me trancava no banheiro e imaginava coisas boas de viver. E demorava sonhando acordada, com alguém que chegaria a qualquer hora e me tomaria nos braços e me faria feliz.

Mas esta pessoa chegaria de mim, não viria de fora. Como o infante que vem de longe de outra esfera, procurando por uma donzela adormecida num castelo a espera-lo. E, ao chegar, descobre que a donzela é ele mesmo. É um espelho.

Mas minha parte racional consertava o subconsciente. É como um príncipe encantado dos contos de fada. Ele viria de além do muro da estrada. E eu viajava o corpo, pedia isso tirava toda roupa e olhava meu corpo.

E como era lindo, e como tremia, e como pedia. Mas pedia o quê? Tocar a região prazerosa, nem pensar, por mais que ela pulsasse. Meninas não fazem aquilo. Na verdade, nunca soube se faziam ou não.

Nunca me foi dado nem o benefício da dúvida. Eu brincava com meninos e entre nós não havia este tipo de pergunta. Ainda.

Eu bem poderia ter ficado menino pra sempre, mas a mãe ralhava. Eu precisava das duas partes. Quando menina, mais menina, bem pequena, eu me conhecia debaixo das cobertas. Sentia um prazerzinho tão bom.

Eu e algumas amigas, nos tocávamos também, em segredo. Mas guardávamos segredo, ninguém podia saber. Era brincadeira de descobrir o próprio segredo, sem maldade, só curiosidade. Mas uma tempestade caiu sobre nós, quando alguém descobriu.

Um dia, eu e uma amiga nos acariciávamos num lugar escondido quando uma pessoa que vivia me perseguindo nos deu um flagrante. Foi aquela Tia Ma.

Ela fez da nossa vida um inferno que acabou até com a amizade das nossas mães. Até minha amiga deixou de falar comigo pra tristeza minha. E, mais tarde, eu a vi entrar por caminhos horríveis como usuária de entorpecentes. Mas não éramos mais amigas. Ela ficou ilesa e a culpa recaiu sobre mim.

Tive uma punição severa, maldosa, porque a mesma pessoa que nos viu e contou pra nossas mães, o fez porque eu me recusava a limpar a casa dela, eu me recusava a ser escrava dela como havia sido por muito tempo.

Ela saiu pelo bairro falando pras pessoas que tomassem cuidado comigo porque eu era sem vergonha. Só precisava isto pra que o julgo da Vila toda me rejeitasse.

As pessoas me apontavam na rua e diziam: "É aquela ali!". E quando isto acontece, tem gente que se afasta e tem gente que se aproxima.

Eu fui alvo de uma das maiores violências consentidas, pra que eu ali aprendesse mais uma vez uma lição. E sofri um abuso sexual de uma pessoa adulta que me disse: "Isto é porque você gosta". Era meia verdade, cobrindo uma mentira que eu nem podia sequer pedir ajuda, porque a culpa eu já tinha.

Sofri um solavanco tão grande que nunca mais meu corpo pulsara. E depois, eu pensei que talvez tivesse sido isto que fez com que minha mãe me trancasse no convento. Eu descobriria ali mesmo, que nossos corpos pertenciam a qualquer um.

E novamente eu estaria sendo castigada por ter brincado de ver e tocar o corpo da minha amiga, ainda lá no meu quintal. Minha Bisa dizia que "os olhos de Deus estão em todo lugar". Eu descobri que não era verdade, nem justo. E fiquei anos reprimida.

Até aquele momento, eu acreditei que o grande castigo fora por causa desta mesma sensação: "Quem será que nos daria algo que a gente não pudesse tocar, Deus? Mas que outra pessoa grande poderia tocar com tanta violência, Deus?".

Então quando novamente a pulsação voltou, decidi não dizer a ninguém, para que eu não sofresse punição novamente. Mas isto não queria dizer que tido ido embora só por eu tentar ignorá-la.

Nos tempos que se passaram, eu aprendi que a vida é assim mesmo. O mito me ensinou. Era uma alegria num corpo novo recém-nascido que viajava.

E eu ouvia o cantar dos meus novos amigos, os pássaros no céu. E me parecia que, apesar da vida, apesar de tudo, eu até que era feliz.

Os dias eram excepcionalmente bonitos. E eu achava que devia ser uma delícia poder voar, toda vez que ficava excitada.

Não se deve dar nome às coisas, tem nome que tira todo tesão que o momento tem.

O bom fantasma

Hoje, fazendo um retrocesso na minha vida matrimonial, nunca senti o prazer que sentia comigo mesma, ali encolhidinha no banheiro frio, esperando que o bom fantasma fosse embora pra que eu pudesse viver.

Não é que eu não sentisse vontade. A questão era que, no casamento, as coisas aconteciam no tempo do homem. Então quando ele viajava dentro de mim, nunca ou quase nunca eu me encontrava ali.

Ele entrava em mim, pegava tudo o que queria e dormia. Em seguida, como quase toda vez, deixava dentro de mim um menino. Achei que era isso.

Como meus meninos foram a luz do meu caminho e eu não tinha nada, achava bom, pois quem não tem nada, pode vir a ter qualquer coisa, pode ter inclusive tudo ou nada.

Eu nem esperava nada, aprendi que minha parte era servir pra que ele não buscasse nada fora, além de emprego. Quantas vezes eu quase era feliz e a brincadeira acabava?

E quantas outras eu chegava ao meu destino e ele ainda dava várias voltas no parque, aí parava cansado e dizia que eu não tinha colaborado e eu dormia culpada do crime de não dar prazer a meu marido, com medo que isto amanhecesse estampado no meu rosto.

E quantas vezes ele insistia freneticamente, a fricção num movimento que não fazia mais sentido, do corpo dele pesado sobre o meu. E enquanto não estivesse resolvido pra ele, nada feito.

Eu era uma pia de despejar esperma, um lugar, um eco. Repetidas vezes fui eu submetida à relação sexual obrigatória, exercendo assim o direito à liberdade sem saber que aquilo nada tinha a ver com ser livre.

Minha ninfa abandonada ficara perdida no passado. Por castigo.

Reza a lenda que, desde sempre, a mulher paga violentamente por querer ser como o homem e ter direitos, desfrutar dos direitos dados somente aos machos. E que se elas não se redimem, se acaso nunca se dobram, seus filhos recebem os castigos a ela direcionados e vão assim de geração, pra sempre.

O mundo inteiro tem um ranço, um ódio de mulheres, que congregam e passam adiante culturalmente, ensinam as crianças como é difícil e duro nascer mulher, tanto que existem mulheres machistas.

Nem parece que o Divino Criador concedeu a nós o direito de ser passagem de todas as vidas da Terra.

Conta a lenda que a morena ninfa do rio foi uma das primeiras a provar sua veracidade, depois que se entregou prazerosamente por vontade às outras águas daquele rio. Cefiso era o rio que já há muito a cortejava sem que ela o quisesse, por não sentir por ele nenhum prazer.

Um dia, Cefiso a abraçou na curva de sua correnteza e a fizera prisioneira de suas ondas e brutalmente a violentara. E ela se engravidou dele. E quando sua hora chegou, a linda ninfa deu à luz uma criança por quem qualquer um se apaixonaria desde o berço.

Esta criança se chamava Narciso. O profeta disse, quando lhe foi perguntado sobre o tempo de vida daquela criança tão bela, que "ela viverá muito se acaso nunca vier a se conhecer". Pareciam palavras ocas.

No entanto, foi justificado o futuro pelo desenlace dos eventos, quando a estranha loucura acometeu o rapaz e a natureza de sua morte provaria sua verdade. O filho de Cefiso chegou aos 16 anos. E muitos jovens e moças e moços se apaixonaram por ele.

Mas seu corpo macio abrigava um orgulho inabalável. E ele não permitia que nenhum destes moços e moças o ousassem tocar para não macular sua beleza.

Um dia, quando acuava veados temerosos e selvagens, ele foi visto por aquela ninfa tagarela que nunca sabia calar-se quando outra pessoa falava. Contudo, ela ainda nem havia aprendido a falar direito.

Seu nome era Eco e ela só respondia. Neste tempo, ela ainda tinha corpo, não apenas voz. Os antigos diziam que, no passado, ela sofreu a ira de Juno, pois frequentemente, quando Juno poderia ter apanhado, as ninfas viviam deitadas com Júpiter nas encostas dos montes.

Eco, sabendo bem o que estava fazendo, costumava deter a deusa com uma conversa infindável, até que as ninfas escapassem.

Quando Juno se deu conta que fora enganada, ela então puniu Eco dizendo: "Vou encurtar os poderes de tua língua, que me pregou peças, terás somente o menor uso possível de tua voz". E se cumpriu...

Até hoje Eco ainda diz as últimas palavras e apenas devolve os sons que ouve. Quando viu o belo Narciso vagando só pelos campos, ela se apaixonou por ele. E então secretamente seguiu seus passos.

Quanto mais o seguia, mais o desejava e tentava declarar-se abertamente com ternas súplicas.

Mas sua deficiência não permitia que ela falasse primeiro. O jovem Narciso, que havia se afastado de seu grupo, estava só e ouvindo aquela voz e a chamou dizendo: "Tem alguém aqui?". Eco respondeu: "Aqui, aqui, aqui, aqui, aqui...". Narciso parou espantado, olhando em todas as direções e gritou bem alto: "Vem!".

Tal como ele gritara, assim ela respondeu, "Vem, vem, vem...". Ele olhou pra trás e vendo que ninguém aparecia, gritou de novo: "Por que estás me evitando?".

Mas tudo o que ouviu foi de novo o Eco de suas próprias palavras. Persistiu ainda, crendo ouvir outra pessoa e disse: "Vem cá, vamos nos encontrar!".

Ela nunca mais responderia tão desejoso som. E saindo do bosque, lançou seus braços em torno do pescoço que amava... Mas ele fugiu dela exclamando: "Longe de mim com esses abraços! Eu morreria antes de deixar que me toques".

Então, desdenhada, Eco escondeu-se nos bosques, cheia de vergonha, ocultando seu rosto detrás das folhas. E desde esse dia, ela habita grutas solitárias.

Ainda assim seu amor continuou enraizado em seu coração, acrescido da dor por ter sido rejeitada, igual quando a gente manda uma mensagem no WhatsApp pra quem a gente gosta, este visualiza e nunca responde. A tecnologia não encontrou ainda a cura pra este mal.

Quando alguém nos faz entender através da ausência da palavra, "Eu não me importo com você!", pensamentos ansiosos não a deixavam dormir e ela tornou-se terrivelmente magra, enrugada, acabada. Todo frescor de sua beleza fanou-se no ar, só restando sua voz e seus ossos, até que finalmente só restaram, só ficou a voz. Seus ossos viraram pedra.

Desde então ela esconde-se nos bosques e, embora nunca seja vista, ela é ouvida nas montanhas: "A voz é a única coisa sua que ainda vive".

Mas, e Narciso? Narciso tinha brincado com o sentimento dela, tratando-a do mesmo modo com que tratava até então os outros espíritos das águas e dos bosques, e assim como tratava seus admiradores tanto masculinos quanto femininos.

Um dia, um daqueles que ele tinha desdenhado levantou as mãos pra o céu e orou pedindo: "Possa ele cair de paixão por outro, como nós caímos por ele! Possa ele também ser incapaz de conseguir o seu amado!".

Nêmeses, a deusa das vinganças e do orgulho, ouviu e atendeu a justa prece. Havia um açude transparente de águas que brilhavam como prata, onde rebanhos nunca tinham chegado, nem cabras, ovelhas ou rebanhos que apascentassem nas montanhas, jamais tinham vindo ali.

Sua paz não era perturbada por pássaros ou feras ou galhos que caem. Em torno de si, a faixa de relva conservava-se verde por causa das águas. Bosques cercavam e protegiam o recanto do sol e tornavam-no sempre fresco.

Foi ali que, um dia, Narciso, cansado de caçar e do calor do alto, deitou-se aí, atraído pela beleza do lugar e pela fonte. Enquanto ele buscava saciar a sede, uma outra sede nasceu de dentro dele e, enquanto bebia, ficou encantado pelo reflexo que viu.

Narciso viu a si mesmo. Apaixonou-se por uma esperança vã. Tomando por um corpo real, uma mera sombra. Enfeitiçado por ele mesmo, imóvel, com olhar fixo... Deitado na margem, contemplava as estrelas gêmeas que eram seus olhos e suas madeixas soltas...

Seu pescoço de marfim, seu rosto encantador com um leve rubor que tingia a brancura de sua tez. Agora ele vivia assim, admirando todos os traços pelos quais ele próprio tinha sido encantado... Desejando-se a si mesmo... nem a falta de sono ou alimento conseguiriam afastá-lo daquele sítio.

Estendido na relva, ele contemplava uma forma que não era real com olhos, que jamais se saciariam. E foi então que seus próprios olhos o derrotaram. Finalmente ergueu-se um pouco, levantando os braços para o bosque...

"Óh! Vós, bosque, alguém jamais sentiu amor mais cruel? Certamente o sabeis, pois muitos amantes vos acharam como esconderijo ideal para seus encontros secretos, vós que vivestes tantos séculos, lembrais de alguém que tenha sofrido tanto quanto eu? Eu amo, mas a desgraça é tanto maior quanto o que nos separa. Não é um vasto oceano nem montanhas ou muralhas de cidades, mas apenas um pouco de água... tão pouca coisa impede nosso amor. Oh! Jovem incomparável, por que me iludes?... Quando estendo meus braços para ti, tu os estendes de volta, quando eu rio, e já vi tuas lágrimas quando eu chorava. Ai de mim! Sou eu mesmo, o jovem que vejo. Eu o sei: meu reflexo não me engana... Que posso fazer?... A dor mina minhas forças, pouca vida me resta... Não tenho querela com a morte, pois aí esquecerei minha dor, mas como eu queria que o objeto do meu amor me sobrevivesse! Assim como é, ambos pereceremos quando a vida em mim for destruída"

Quando parou de falar, voltou a olhar endoidecido o mesmo rosto. Suas lágrimas agitaram em pequenas ondas a água da fonte tornando a imagem mais tênue. Vendo-a desaparecer, ele gritou:

"Para onde foges? Criatura cruel, não abandone aquele que te ama!". Em sua aflição, rasgou o alto de sua túnica batendo no peito com mãos brancas como mármore. E o peito incandesceu-se rubro como maças que brilham vermelhas em partes brancas.

Quando Narciso viu isso refletido, pois a fonte tinha voltado a ficar lisa, ele não o pôde mais suportar. Foi exaurido pelo amor, consumido por seu fogo oculto. Nada restou do corpo que Eco um dia amara.

A ninfa viu o que aconteceu e, embora ainda irada com o tratamento que tinha recebido, chorou por ele... suas últimas palavras foram: "Desgraçado que sou pelo jovem que amei em vão". E o sítio ecoou as mesmas palavras. E quando ele disse seu último Adeus. Ele deitou sua cabeça exausta na relva verde e a morte fechou os olhos que tanto haviam admirado sua beleza.

As ninfas do parque o prantearam e Eco cantou o refrão de seus lamentos. A pira e o ataúde preparados, mas o corpo não foi encontrado em lugar algum. Em vez de corpo, descobriram uma flor. Um círculo de pétalas brancas em torno de um miolo amarelo.

Agora reavaliando a história, até na mitologia a mulher, mesmo depois de morta, acaba ficando pra cuidar das almas.

Ele queria era sexo

O que fizeste sultão de minha alegre menina? Que eu rasgue aqui esta verdade descoberta, deste tempo aí quando eu tinha pouca idade e muito fogo ainda sem domínio.

A mim faltava controlar as chamas e isto não se aprende com lições alheias. Primeiro, eu teria que saber dos limites, isto o inimigo ensina sem dó. Resignação, ainda não aprendi de todo. Estou em tratamento.

Foi assim, de corpo aberto, eu esperava desarmada sem entender de quase nada e ele chegou. Vindo sabe-se lá Deus de onde. Hoje eu sei contar. Ele veio de tudo o que eu procurava, surgiu de tudo o que eu desejava.

Mas não era bem assim... era quase sim, era. E eis que, de repente, tudo a meu lado silenciou. E eu comecei a ouvir os elogios daquela pessoa que eu nunca havia notado na Vila. A voz dizia: "Linda". E eu sorria. A voz tornava dizer: "Quando você passa, meu dia ilumina". E eu pensava: "O príncipe chegou".

Ora, senão, pois se são estas as falas dos príncipes e dos homens escolhidos? Pessoas comuns, homens de todo dia, trabalhadores braçais, feirantes, fiscais da prefeitura, agentes funerários, furadores de poço e rezadores. Eram pessoas práticas e destes eu conhecia as falas. Não, eu conhecia bem as falas que eu não queria ouvir.

A voz de dentro de mim trouxe até mim o que ela dizia que me daria. Um parceiro, que me diria como sobre ser tão bela e ninguém ainda ter notado. De como eu era única, maravilhosa sobre isto de ser o sol da vida de alguém.

Os amigos de rua, de pipa, de burca, de vento e de água de roubar ameixa nunca haviam pronunciado tais palavras. A fala entrava em mim como roupa feita pra aquele corpo sob medida, perfeita, só podia ser ele a pessoa esperada.

Eu sorria e fazia segredo. E ficava feliz de verdade, parecia que estava chegando a minha vez de ser feliz. Um forasteiro, que eu nunca tinha visto por ali, não cresceu ali, não sabia nada de mim nem eu dele, o par perfeito. Só podia ser coisa do destino.

Parecia mágica, em todo lugar que eu ia, ele estava lá ou aparecia assim do nada, sempre dizendo que "era coincidência". Eu pensava que era sorte mesmo. Cada vez mais meu coração gostava e acelerava ao ouvir.

Era amor, só podia ser assim pelo pouco que eu ouvia. Amor está nas falas e nas coisas que alegram. Ele me alegrava a alma e eu agora já não mais esperava um príncipe. Pois que tanto eu pedi, chegou.

Agora todos os meus amiguinhos se pareciam crianças ou moleques, todos a dizer coisas que eu não queria ouvir. E até o amigo que a tempos atrás havia me beijado a boca, despertando em mim o romance interno, nem me fazia mais diferença.

E eu achava ainda que fora ele que havia passado pra mim aquela doença do querer. Mas se havia me adoecido, era aquele forasteiro que estava a caminho de me trazer a cura. Eram dias contados.

A cada dia ele dava um passo na minha direção e entrava pra dentro de mim. Era um lobo sim e eu, a presa.

Como eu gostava de ser cortejada e ouvir coisas que eu nunca tinha ouvido... Nem eu, nem Nico, que agora eu até tinha vergonha de pensar que já havia vivido feito moleque de rua, pra cima e pra baixo catando lata, roubando ameixa, jogando bola, gritando palavrão, brigando de tapa e soco e jogando pedra em avião.

Agora eu olhava a lata de linha, a pipa, a capucheta, a lata de bolinhas de gude e tinha até vergonha de ter um dia me enlameado por coisas tão tolas. Queria nem lembrar que já havia sido menor.

Pra mim, eu tinha sido sempre igual minhas irmãs, o resto era invenção ou mentira. Sair na mão com os moleques pra marcar meu lugar na rua era agora lembranças que me envergonhavam.

Tomara Deus que aquele forasteiro tivesse chegado ali, naquele tempo, e nunca tivesse me visto feito moleque, quando espalhada na rua sem compromisso.

Eu neguei Nico muitas vezes, muito mais que três vezes. Um dia ele foi, ou se fez, convidado das festas da casa. Ele não era conhecido de ninguém, nem aceito. Mas era bonito, cabeludo, mãos maravilhosas, corpulento, boca bonita. E falava o que eu queria ouvir.

E agora estava ali bem na sala de casa ao meu lado. E eu nem quis saber como ele chegou ali, o que me interessava era que havia dado aquele salto do boteco pra sala de casa. A primeira vez que ele me tirou pra dançar, quase que eu não conseguia de tanto que era minha emoção. Sentir ali pela primeira vez a mão dele pegando a minha mão.

O hálito dele quente no meu pescoço. O calor do corpo dele, os batimentos do meu coração se confundindo com o dele. Aí eu perdi o sono, mas como minha vida toda eu só sei perder o sono, seja no amor e na guerra, era normal não dormir. Nós dançávamos coladinhos todas as músicas.

E nas músicas de dançar separados, eu dançava pra ele.

E ele me dizia: "Você não dança, você flutua, todo anjo flutua. Ninguém aqui nesta sala dança tão bonito quanto você".

E eu pensava: "Onde estava este Deus que só agora aparece pra me fazer feliz?". Mas eu ainda era muito tímida e, quando ele ia embora, me arrependia de não ter dito a ele o que meu coração queria que eu dissesse. Eu tinha vergonha.

Mas como é mesmo que ele viera a fazer parte das festas da minha família? Nem me pergunte, foi uma coisa que eu nunca quis saber. Eu só fiquei feliz porque ele estava ali, ninguém ali em casa ou na rua conhecia aquela pessoa. Muito simpática por sinal, signo de libra, gente muito simpática, um elo de ligação simpático sorridente.

E a fala: "Minha vida começou quando eu te conheci". E eu perguntava: "Onde você mora, de onde você vem?", "Eu vim da Bahia!".

Eu havia ouvido aquele nome em dois lugares, na boca de Luiz Gonzaga e na boca das pessoas que falavam mal de pessoas que vinham de lá.

Mas ele era o príncipe que viria de além dos muros da estrada, lembra? Ele era a promessa.

Não contei ainda que ele era bem mais velho que eu, que tinha uns 10 anos e ele 21. Coisa que causava inveja às garotas ao meu redor e a muitas mulheres também.

Nossa, finalmente alguém me reconhecia pelo que eu esperava ser reconhecida. Depois de tanto tempo, aquele anjo caia assim no meu destino. Era sobre isto que eu não sabia nada. Anjos que despencam assim no destino.

O resto, eu saberia. Começamos a namorar escondido. Ele me levava na escola e na hora da saída estava lá no portão, me esperando. Eu estava tão feliz e já havia aprovado que ele fosse o meu namorado, faltava agora a aprovação da família ou, melhor, da minha mãe. Queria que ele falasse com ela.

Eu, contudo, resolvi sondar antes de leva-lo pra falar com mãe, porque eu já havia assistido a contenda que foi quando os namorados das minhas irmãs quiseram fazer o mesmo. Mãe não dava trégua e tinha regras e argumentos que ela sustentava sempre pra manter a honra da família intacta.

O resto era regulamentos, como: "Nada de namoro durante a semana", "sábado até 22 horas", "domingo até 20 horas", passeios a parques e quermesses tinha que agendar antes. Passeios em casa de família e amigas, nem pensar sem agendar.

Mas o nome dele começou a ser citado na sala como pessoa indesejável, mas que estava muito próximo de mim. Diziam que ele não trabalhava, nem estudava e agora posso concordar. Mas, naquele tempo, eu achava que ele trabalhava e corria pra ficar comigo.

Acha que tinha envolvimento com coisas que fazia dele alguém que não era pra estar ali, entre pessoas direitas.

Eu conheci sua família, a irmã dele era antiga moradora, Dona Jeruza, filha de santo de Dona Maria Preta. Gente que viera da Bahia há tempos atrás e que vinha trazendo a família pra viver em São Paulo, porque o Nordeste era uma terra expulsiva.

Muito mais que hoje. Naquela época, meu Tio João estava morando em casa com toda família. Tia Janda contava pra gente com orgulho que ela havia sido roubada da casa de seu pai por meu Tio, que nunca ou pouco trabalhou na vida.

Ela parecia feliz, muito mais que minha mãe com dois empregos. Minha mãe tinha casa e trabalho e sustentava nós, agora a família de seu irmão, que nunca saía pra arranjar trabalho, meu Tio tinha minha tia e as filhas e isso lhe bastava, porque a comida vinha até eles sem maiores preocupações.

Mas meu era engraçado, só perdia o humor quando alguém oferecia trabalho pra ele. Eu queria viver este amor também, o resto era coisa que se ajeitava.

Eu ainda estava indo à escola, que eu detestava. Dali a pouco eu iria entrar no mercado de trabalho e tudo se ajeitava. Eu trabalharia, ele trabalharia e pronto. Desde sempre eu tive dom pra sustentar pessoas, dentre elas algumas sem futuro.

Eu conheci a mãe dele quando chegou da Bahia. Mulher muito simpática que me dizia pra cuidar do filho dela que ainda não tinha juízo. Eu achava que eu daria juízo a ele. Ele estava trazendo pra mim o que meu corpo estava pedindo. Tudo iria dar certo. Ali em casa ninguém me gostava e agora eu havia encontrado quem me gostasse.

Então era bom eu sair. Eu pensava na casinha branca no alto da serra, um cachorro magro amarrado e a vida por construir. Foi assim que tudo começou e seguiu.

Lembro da primeira vez que apanhei quando minha mãe me viu com ele. Batia em mim, batia nele. Eu havia esquecido Nico, mas ela ainda era a Xica Mixirica, agora armada de cinto de couro. E ele me dizia que ela iria gostar dele no futuro, dizia que, depois do casamento, a gente iria embora pra Bahia.

Cantávamos juntos as músicas que tocava no rádio. "Era um biquíni de bolinha amarelinha...". E nas noites de luar, se acaso eu o encontrasse, eu cantava pra ele: "tomo um banho de lua...". Tudo ia bem, até que o namoro começou a ficar estranho. Via nele alguém que eu gostava muito pra conversar, passear, andar de mão dadas.

Mas ele queria estar sempre a me levar em becos escuros e apertados ou na casa do povo dele, mas sempre quando esse povo não estava. Nada demorou pra que as mãos dele quisessem deslizar pelo meu corpo.

E eu não queria fazer sexo com ele, não era isto que eu imaginava que viveria com meu príncipe. Não era pra isso que eu queria namorar ele. Quando eu disse isto a ele, prometeu que não aconteceria outra vez.

Mas foram inúmeras as vezes que ele tentava de novo. Foi difícil convencê-lo que eu não queria ficar sozinha com ele em nenhum lugar. Com muito custo ele aceitava, mas aí o humor dele não era mais o mesmo.

Não havia mais palavras bonitas, nem elogios de natureza alguma. A gente parecia marido e mulher casados há muito tempo.

Como nosso namoro não foi permitido, a gente namorava escondido. Eu saía pra ir à escola, mas não ia e a gente ficava a tarde inteira juntos. Então eu comecei fumar cigarros, era elegante.

Íamos toda tarde pra aquele lugar onde até então eu ia pra roubar ameixa, lá onde tinha um cachorro pastor alemão, no Jardim São João. Ali debaixo das árvores, a gente fazia planos pra o futuro.

Casar-se, ir embora, dali comprar uma casinha, ter filhos, levar os pais dele pra morar conosco. Mas demorou quase nada e a mãe dele morreu e, depois, morreu o pai.

Neste ano, eu ganhei um presente de um rapaz, uma caneta muito bonita. Este é um outro pretendente que vou falar aí pra frente, que quando a gente está na flor da vida, chove pretendentes.

Chico era seu nome, me deu a caneta e foi embora. Ninguém sabia do meu namoro, nem Chico.

Nesta época, o Miguel, que viria a ser o meu marido, já estava por ali, frequentando a minha casa com meus irmãos. Miguel era feio e magro demais, eu nem o notava. Mas sabia que ele havia saído da casa dele pra morar ali na Vila, porque o pai dele era violento.

Nada disso, nem Chico, nem Miguel abalava meu relacionamento. No ano seguinte, eu escrevi uma carta que me tiraria da escola. Este fato está escrito nalgum lugar. E agora seria a hora de eu começar trabalhar.

E quase fui parar na casa de uma mulher como empregada doméstica. E quando eu contei isso a ele, o que havia acontecido, ele quase nem prestou atenção. Eu fiquei triste, mas compreendi que ele não podia fazer nada.

Arrumei emprego lá no Bom Retiro como arrematadeira. Ele aprendeu o caminho e toda tarde estava lá na porta me esperando. Mas, agora, havia começado a me cobrar demais.

Dizia que nós dois já estávamos juntos a um tempão e que eu precisava fazer sexo com ele. Mas eu não queria... Eu estava de vida nova, trabalhando, de amigas novas. Eu queria curtir aquela vida agora.

Aí começaram as brigas por ciúmes. Ele não queria que eu falasse com ninguém. Só com ele. Lá em casa, começou a surgir um assunto estranho: minha mãe me bate porque disse que eu estava fazendo sexo com ele.

Mas eu não estava, fiquei apavorada e fui falar com ele. Na segunda vez que o assunto surgiu, a pessoa disse que era ele que tinha contado. E mais uma vez eu perguntei e ele ficou bravo, dizendo que ia bater em quem disse.

Na loja onde eu estava trabalhando, o dono tentou abusar de mim. Foi um escândalo e uma covardia. Eu saí daquela loja, como bem já disse. Depois do desfecho, contei pra ele e sua resposta foi que: "Até o velhinho quer você, o que será que você fez pra ele querer tanto assim?".

O namoro não tinha mais nada de romântico. Ele gritava comigo, era ríspido e mal educado. Fazia piadinhas sutilmente, mas eu percebia.

Um dia, um amigo nosso, Marcelo, que também trabalhava no Bom Retiro, falou comigo sem segredos: "Jacira, seu namorado disse que já come você há bastante tempo". Eu fiquei louca. Era um sábado, saí do emprego e estava indo pra casa.

Eu mudava de caminho pra não encontrar com ele. Mas neste dia ele estava no ponto de ônibus quando eu cheguei. Eu entrei no ônibus e sentei ali no primeiro banco, pra não sentar no mesmo banco que ele.

Eu estava com raiva e medo porque ele era agressivo, briguento. Mesmo assim, com medo, eu continuei sentada naquele banco. Antigamente, a gente descia do ônibus na beira do mato e tinha só um caminheirozinho pra gente passar.

Era perigoso. Ele já andava cada vez mais nervoso porque acho que sentia que eu não queria mais estar com ele. Mas queria de toda forma fazer sexo comigo. Quando eu desci do ônibus, já fui logo dizendo que não dava mais, que eu não queria mais nada com ele.

Falei do Marcelo e de outras coisas que vinham chegando aos meus ouvidos, que só poderiam mesmo ser calúnia dele. E nós já discutíamos muito porque ele achava que era meu dono. Dizia que todo mundo achava que ele era viado, por isso que ele inventava aquelas histórias porque todo amigo dele fazia sexo com as namoradas e só eu que era difícil, cheia de frescura.

Teve vezes que ele ameaçou até de me pegar à força e então eu comecei a ter muito medo mesmo.

Razões pra terminar não faltavam. Quando ele percebeu que não iria conseguir nada comigo, não desmanchou o namoro e começaram as agressões que, na verdade, eram verbais, eram ameaças de todo tipo. Estas ameaças me prendiam a ele, por medo.

Eu às vezes ainda sentia um certo orgulho por ter um namorado bonito e jamais assumiria que era profundamente infeliz com ele.

Não podia dizer isso pra ninguém, eu já apanhava em casa também e meu patrão já tinha tentado abusar de mim. Enfim, eu não tinha pra onde correr, já tinha saído da escola, já estava trabalhando...

A gota d'água foi quando eu descobri que ele me caluniava, novamente. Dizia pra os amigos que fazíamos de tudo, mas de tudo o quê?

Eu explodi quando um amigo nosso me disse que "se eu já estava arrombada, por que não dava pra ele também?". Aí eu tive ódio e o ódio me deu coragem para acabar com o namoro.

Ele se enfureceu e me ofendeu, com mentiras sobre mim como se eu não o conhecesse.

Ele se revelou dizendo que deixou de comer meninas gostosas e bonitas pra ficar com uma negrinha feia, como eu, que nem dançar sabia. Foi a gota d'água. Depois me pediu perdão, disse que "nunca mais faria nada que me magoasse", "que teve raiva, por isso" disse que eu era feia.

Eu usei da arma que tinha, enchi ele de pedradas. Mas foram anos de perseguição. No dia que ele disse que, se ele quisesse, eu teria ficado grávida, terminamos tudo mesmo.

Eu fiquei muito feliz pensando que havia me livrado dele. Mas a todo momento, ele vinha me pedir desculpas. Quando eu não aceitava, ele me ameaçava.

Como ele não parava de falar mal de mim nos botecos, meu irmão bateu nele. De nada adiantava, ele estava sempre no meu caminho. Mas as fofocas pararam.

Eu não poderia namorar ninguém do meu bairro porque ele nunca permitiria. E ficava nos lugares onde eu ia, me provocando, me humilhando. Eu morria de medo e vergonha. Eu nem saía na rua com medo e raiva de encontrá-lo.

Ele ficava com um muthaco, lutando feito Bruce Lee o dia todo. Ficou muito mais musculoso. Quanto mais músculo ele tinha, mais besta ficava. Trabalho nada.

A dor que eu senti quando ele me disse que "na verdade eu dançava mal e que era uma negrinha feia" só foi menor que a passagem pelo convento. Como eu pude acreditar em alguém que eu nunca tinha visto? E como esta verdade me deu segurança? Como esta mentira me derrubou, me enfiou no chão?

Eu quase que desperdicei meu amor e minha vida com ele. E depois o imbecil achava que um simples pedido de desculpas poria todas as coisas no lugar novamente. Nunca mais eu acreditaria na minha beleza.

Mas vida que segue, este não era meu único problema porque agora ele só havia aumentado a fila das pessoas que eu não acreditava.

A vida seguiu e eu agora estava trabalhando de novo, coisa que ele não sabia o que era. Mas ele me seguia e era horrível não ter ninguém que me defendesse.

Naquele tempo, eu tive que me esconder de várias formas e umas amigas me ajudaram. Porque, entre um trabalho e outro, estávamos na verdade pedindo dinheiro pela rua.

Foi uma fase que vivemos, já que trabalhar não era de muito êxito. Eu tive ainda neste tempo um outro namorado: "Staroup" era seu apelido. E tive pra provar pra mim que eu podia. Coisa sem importância, que ficou lá onde deveria ter ficado, no limbo, nem sobe nem desce.

E este era um imbecil revelado, nem tive tempo de me apaixonar e nem possibilidade. Pouco tempo depois, Chico me deu outro presente, uma camiseta.

Era até engraçado, ele chegava, me entregava um pacote e ia embora sem dizer nada. Eu nem dizia nada porque a gente nem tinha amizade. Achava engraçado. Miguel morava na casa do Chico.

Chico vai se desenrolar aí mais pra frente, assim como Miguel. Eu desisti de encontrar meu príncipe depois desta roubada que eu arranjei pra mim. Acreditem que daí em diante eu já achava que ter alguém não era possível. Eu havia jogado a toalha.

Mas que eu me livrei de uma mala, isto é fato.

Esta cena não saía da minha lembrança. Sim, naquele dia que ele estava bêbado ou saber o que ele tinha usado e aí arranjou uma briga com o Seu Cabral.

Seu Cabral, que tinha uma arma, deu alguns tiros e assustou todo mundo. Mas não atingiu ninguém. Como a cena chamou atenção, todo mundo saiu pra rua pra ver o que tinha acontecido.

A irmã dele havia chamado a polícia por causa dos tiros dados. Quando a polícia chegou, ela disse que ele estava ficando louco porque era louco por mim e eu havia enfeitiçado ele. Pronto, aí a coisa virou pra o meu lado.

Ele se contorcia, babava, chorava e ela se descabelava sem saber o que fazer com aquele fingido. Foi aí que ela gritou no meio da rua que eu "jamais seria feliz a não ser que fosse com o irmão dela e que ela iria mover céus e terra pra se vingar de mim", porque eu era "a mulher que ele mais amava na vida" e me jogou uma maldição.

Eu fiquei com esta responsabilidade e com medo por muitos anos. Só me desencantei desta maldição quando compreendi que Orixá não castiga ninguém. E o que falou aquilo num momento de desespero e amor pelo irmão, na esperança que eu ficasse com medo e voltasse a namorá-lo.

Mas acho que depois ela entendeu que eu tinha o direito de não querê-lo e que ele não tinha juízo nenhum. Não fui eu que estragou a vida dele, foi ele mesmo. Espero que ela tenha compreendido porque eu nem lembro mais.

Aquilo, naquele instante, me pegou como castigo. Eu sofri por muitos anos com aquela cena na cabeça, mas voltar com ele nem pensar. A irmã dele era bem mais velha que ele. Ele era mais velho que eu.

Eles acharam que por isto eu voltaria a namorá-lo. Mas ela disse que eu seria infeliz. E infeliz eu já era.

Sofri com a perseguição dele por anos, até que um dia o Miguel enfrentou ele e me defendeu. Daquele dia em diante, Miguel se tornou meu protetor. Foi assim...

Todo domingo tinha baile no salão do Amauri, lá em cima, na Rua 13, se não me engano.

Começava cedo e acabava cedo. Num dia que eu perdi a hora, dei azar.

Nesta época, eu trabalhava na papeleira da Glória, que vou contar mais adiante. Eu havia já virado um mulherão, à força mesmo. Já que o príncipe não chegava, eu desabrochei igual fruta verde que cai do pé e fica doce.

Mas eu queria me divertir. Me arrumei e subi. Naquele tempo mal havia luz nas casas, o resto era um breu só e era perigoso andar só pelas ruas às 20 horas da noite.

Mas eu me arrisquei porque, às vezes, no caminho, sempre encontrava alguém ou me valia nos grupos de pessoas conhecidas que ficavam conversando na rua. Mas naquele dia eu não encontrei ninguém, quase ninguém.

Eu estava já na esquina em frente ao mercado do Seu Tonelada, quando eu vi que vinha descendo duas pessoas. No escuro, só dava pra ver a silhueta. Quando chegou mais perto, eu reconheci pela voz.

Um era irmão de uma amiga que vivia tentando namorar comigo. O outro era ele, meu ex-namorado. Foi tudo muito rápido, eu tentei desviar deles, mas eles vieram em minha direção.

Eu não lembro se eu estava com mais alguém ou se alguém viu o que aconteceu e foi pedir ajuda. O primeiro veio na frente me dizendo que "eu tava brincando com o cara", que "ele tava sofrendo". Ganhando tempo, eu nem tive tempo de dizer nada, ele deu a volta por trás de mim e tapou a minha boca. Eu senti que ali tudo estava perdido.

Acho que desmaiei, não vi mais nada. Até recobrar o sentido e ver o Miguel batendo nele.

E quanto mais ele apanhava, mais ele gritava "que eu era mulher dele!". O outro cara correu.

Mas eu sabia quem era ele. Eu conheci a voz dele, mas naquele tempo nada podia ser feito, se acaso achássemos uma viatura, era bem capaz deles dizerem que ele tinha razão. E quem teria que fazer isto era alguém mais velho. Tudo ficou por isto mesmo.

Foi aí que nomeei Miguel meu herói, mas por necessidade que por atenção.

Anos depois, numa das brigas que ele se envolvia, esse ex-namorado matou uma pessoa. Foi aí que me senti livre dele.

A maldição da irmã ainda me perseguiria por mais um tempo, porque eu era religiosa e a religião adora fortalecer estes medos na gente, pra nos manter fiéis. Entre o namoro com este cara e o casamento ainda tive uns namoricos sem importância, porque o amor não estava nos meus créditos e eu ficava só esperando o momento que, após um beijo sozinhos, a mão procurasse o seio ou a minha vagina, e quando eu protestava a conversa era a mesma: "Duvido que você nunca tenha dado pra ninguém?".

Por esta razão, com uns doze anos talvez tenha desistido dos homens. Quando comecei a namorar com Miguel, já disse logo pra ele: "Se esta porra desta mão subir ou descer, se está fora!".

Ele obedeceu. Daí curti o que era namorar por um tempo. Dizem que meu problema era ser direta.

Mas se já analisei os fatos, já vi que pensavam igual, o que eu poderia fazer além de avisar que já conhecia os costumes deles? E o papo de "abre pra mim que sou seu e serás minha", ah, isto era novela.

Repito, a natureza me protege. Mas a duras penas.

Com tesão que eu estava quando conheci este rapaz que namorei, eu poderia sim ter ali deixado que se consumasse o fato na busca pelo desejo pelo prazer buscado. Era isto que meu corpo pedia. Milagrosamente eu não sentia vontade de nada com ele.

A todo tempo eu curtia as falas dele sobre mim. E hoje eu digo, ele dizia o que eu já sabia sobre mim. É minha maior arte, dar voltas e mais voltas em volta do meu próprio umbigo. Eu sempre gostei muito de mim, hoje eu sei disso.

Eu estava me protegendo. Coisa minha, não e sim. Talvez eu nunca suportasse a dor de reconhecer nele, vindo dele, o punhal da verdade alheia.

Foi o que me feriu quando ele se revelou. Ele jogou a isca e eu engoli, não de todo, um tanto. Vejo aqui uma proteção vinda de longe, sem eu pedir. Eu até queria viver minha liberdade, mas não era com ele.

O fato é que, se por um lado eu estava bem, por outro era só descendo ladeira abaixo.

Foi nesta época que eu saí da escola. Seria bom que eu fosse morar num lugar longe da Vila pra ficar longe dele. A tal "casa de família", como se eu não tivesse família, casas de madames, me perseguiam agora como solução. "Solução", digo isto com ressalva.

Foi aí que surgiu a história da casa da tal menina de cabelo cacheado, naquela loja do Brás. Eu escrevi esta história por aí.

Tudo isto eu passei tendo como consolo este rapaz. Eu estava tendo como conselheiro um rapaz que me ouvia, mas que estava pouco se lixando com a minha vida. Ele já comia e bebia às custas das irmãs dele.

Não ter feito sexo comigo deixou ele transtornado e ele não desistia fácil. Assim seguimos na vida: eu dizendo não e ele querendo um sim, ora sorrindo, ora chorando, ora balançando aquele muthaco na minha direção. A gente não via isto como violência ainda.

Nos anos que se passaram, eu pude infelizmente conviver com este cidadão em vários lugares. Mas ele foi se calando por conta dele mesmo, mas o olhar dele sempre me perseguiu, como algo nunca resolvido.

Ter casado, ter filhos, não afastava de mim esta ameaça e a fala das pessoas a minha volta dizendo que "ele sim era meu grande amor" e que eu "devia ter tentado viver com ele", "que ele era um rapaz infeliz por minha causa".

Mas nesta época eu já tinha meus próprios problemas. Teve tempo que ele se tornou religioso, frequentador da mina onde eu lavava roupa.

Até Miguel chegou a sentir ciúmes dele, desconfiando que talvez eu... Mas ele nunca me passou tal segurança, o que ele queria era alguém pra sustentá-lo no futuro. E acho que nem ele percebia, pois naquele momento ele queria sexo.

Era um inimigo, um lobo tomando conta da lebre. Se minha entidade não me guarda, eu teria, quem sabe, filhos com ele. Sou agradecida, é menos uma história triste pra eu contar.

Estas coisas não acontecem hoje com esta que vos fala porque hoje a ideia dele seria muito bem-vinda. A gente demora pra ficar pronta. Brincadeirinha.

Entre uma coisa, eu digo que o Chico me deu mais presentes. Ninguém, nem ele, nem as demais pessoas a minha volta notavam ele. E eu descobri a paixão dele por mim há bem pouco tempo, numa festa, numa casa de uma... não sei se digo cunhada ou ex-cunhada, eu estava na sala quando Chico chegou com a família. Vieram da Bahia, onde ele foi morar há muitos anos atrás.

Eu ouvi quando alguém disse: "Chico e Jacira não podem ficar perto". Não entendi, depois entendi tudinho. Chico também foi um amigo que me tirou de muitas frias sem ser notado por mim. Conversando com ele dia destes, eu já viúva de um e quase viúva de outro, ele me disse que "havia sido apaixonado por mim quando eu namorava".

Depois, quando o namoro acabou, ele teve esperança, mas perdeu quando eu comecei a namorar o Miguel. "Mas porque você nunca me disse nada?", perguntei. Ele disse e me fez recordar: "Uma tarde de domingo, eu dançava com ele no sideral e ele tentou me beijar". Coitado, eu acabei com ele.

Depois, uma segunda vez, ele tentou conversar comigo e eu não quis. Chico é um rapaz bonito, trabalhador, bom filho, bom pai. Se frustrou com a música, entrou na Eletropaulo e só casou há uns tempos atrás, com uma pessoa da família.

É, não era pra mim mesmo, eu teria que me lascar na vida. E nunca vou saber por que as pessoas tentam evitar o que eu nunca percebi. Se tivesse percebido, mas não percebi.

Mas estamos vivos ainda, é legal pra mim, saber que houve pessoas que me desejavam naquele tempo. E um recado que dou é que o tempo é o senhor de todas as coisas e eu ainda não sinto nada. Só um orgulho foda imenso de mim.

O universo estava me preparando pra crescer.

Algum tempo depois, eu conheceria uma pessoa que caminharia comigo por algum tempo e sairia repentinamente da minha vida, mas não do meu coração.

Jaceni, o príncipe com voz de mulher

Um dia, perambulando pela Avenida Paulista, ali bem na Estação Paraíso, a gente se conheceu. O que eu estava fazendo? Mexendo num trabalho feito, pra algum Erê, cheio de refrigerante.

Ele já estava trabalhando, tão bonitinho com a pastinha de *office boy* debaixo do braço, no ponto, esperando ônibus pra ir a algum lugar e se depara conosco.

Três Madaleninhas arrependidas, esperando a vida passar sem certeza de futuro. Ele simpatizou conosco e nós com ele.

Naquele tempo, totalmente desanimadas com as surpresas da vida, a gente batia nas pessoas. Sim, eu já me prestei isso e, mesmo que depois eu voltasse a mim e me arrependia, tornava a fazer a mesma coisa. Principalmente quando a pessoa fosse menor e tivesse livros.

Eu estava remetendo as outras pessoas o ódio por não ter podido ler e estudar numa escola melhor. Mas isto passou.

Ceni disse "oi" pra gente e nós, eu e minhas amigas, também. Ele disse "eu vou ali e já volto" e voltou mesmo. Depois do trabalho.

Uma grande amizade aconteceu entre nós. E eu nunca senti que aquela seria uma passagem muito boa da minha vida. Naquele dia, voltando pra casa, descobrimos que morávamos no mesmo bairro.

Eu contei a ele sobre o namorado perseguidor e Ceni tinha raiva, mas ele era menor que eu, franzino... fraco. E não era de briga! Ceni era tão delicado, muito mais que eu. Era um refresco diante do perigo exposto.

E o ex-namorado? Agora eu fugia dele. As ameaças continuavam, eu vivia com medo, mas fingia bem. Agora eu não ficava na Vila, eu perambulava pelas ruas da cidade, me aventurando, descobrindo a vida e pedindo dinheiro pras pessoas.

Eu poderia ter ficado rica se não gastasse tudo em luxo, como doces que sempre quis comer, cordas e mais cordas de mel de abelha. Lanches ainda não me contemplavam, mas já fumava o cigarro Cônsul que tinha gosto de hortelã. Não estava bebendo. Mas ainda comia marmita que trazia de casa, por desconfiança de comer em qualquer lugar.

A mãe falava muito de um tal "salitro" que o povo botava na comida, coisa que até hoje eu não sei o que é, mas desconfio. E a comida de casa sempre foi muito boa, mesmo quando era sardinha e ovo cozido, era muito bom.

Pensar em comida diante das coisas que nunca se resolvem sempre me ajuda muito até hoje.

Namoro ingênuo

*"Conta a lenda que dormia
Uma Princesa encantada
A quem só despertaria
Um Infante, que viria
Do além do muro da estrada".*

Eros e Psique, por Fernando Pessoa.

Namorei um menino que tinha nome de flor. E era. Grandes amores são pra vida toda, chegam e partem sem deixar sinais de tristeza e mágoa, mesmo quando não são o que vieram pra ser.

Hoje conto este fato com o brilho dos meus anos vividos. E toda vez que o presente me brinda com a tristeza de algum pé na bunda e o vento sopra o quanto estou infeliz, logo a memória dita: "Volte ao passado e rebusca teu amor com nome de flor".

E se não há no mundo uma flor com este nome, eu a imagino como uma flor do tempo e a ofereço pra alguém que desejo que descanse em paz. Ele era pardo claro, quase branco, tímido, bom de coração ou bobo como eu, mas me parecia que bem mimado pela mãe, coisa que eu queria ser e mãe não queria me mimar. Deve ser bom ser ou ter sido mimado algum dia.

Ceni surgiu do nada, quase imperceptível, depois que a contenda que eu chamei "amor" havia chegado a seu termo.

Longe de acabar beirando o precipício das minhas escolhas, mal fadadas. Foi o bálsamo que caía no colo de uma garotinha ainda ingênua, pras coisas da vida. Menino bonito, rapaz bom, dividia seu almoço comigo e falávamos de música, eu levava doces.

Detalhe: éramos dois capricornianozinhos, não que a gente se importasse com este fato, ainda morava longe o tempo que o zodíaco entraria nos meus interesses.

Sendo ele mimado e eu uma lixa grossa bem trabalhada pela vida, bruta, que eu considerava que tinha. Nós dois éramos fãs de John Travolta, loucos por Grease - Nos Tempos da Brilhantina, filme que bombava na época e que minha mãe permitiu que minha irmã me levasse pra assistir.

A gente podia trabalhar, mas não podia ir ao cinema sozinho, que tempo estranho. Podia enfrentar perigos reais, como tarados, freiras perversas, professores violentos, patroas e patrões abusadores. Mas o risco mesmo estava era na fila do cinema.

Lembro do dia que fui assistir ao filme, chovia e estava frio. Fria e triste como era minha amizade com minha companheira de passeio, que nem de longe queria estar ali comigo. Lembro que ficamos duas sessões numa fila enorme pra poder entrar no Cine Comodoro, na Avenida São João, que era um luxo, o melhor da região.

Foram quatro horas de espera, entre pessoas que já tinham assistido ao filme várias vezes.

Assim, quando entramos no Cine, metade dele eu já sabia de ouvir falar. Fui apresentada às cenas e aos atores ali mesmo na fila, o que me deixava aflita pra entrar logo, sair do frio e, de quebra, assistir ao filme.

Minha família não curtia muito estas coisas de filme como eu, mas minha mãe, vez ou outra, amolecia o coração e me permitia um mimo.

Foi a primeira vez que entrei num cinema. Gostaria de ter visto aquele filme 500 vezes, mas só vi uma. Era demais abusar do humor de Xica Mixirica uma segunda vez pra ir ao mesmo lugar que ela nunca havia entrado, que era pra ela uma ameaça, onde as pessoas corriam risco, era escuro e cheio de artistas na tela e poderia contaminar as pessoas que iam ali ver esta gente.

Xica sempre dizia que soube de histórias de mocinhas que puseram a família a perder porque pegaram esta mania de querer trabalhar na televisão: "a família se acabava, o pai tivera uma sincope, as irmãs se perderam, os irmãos deram pra vagabundo". A mãe só orava pra Deus tirar dela ou dele o demônio.

Ser artista pra ela era a pior coisa do mundo, pior até que aqueles homens que gostavam de homens que ficavam na cidade e furavam o olho de quem olhasse pra eles. Um dia eu vi a medusa na TV e imaginei que estes seres fossem do universo de Xica, de tão perigoso que ela pintava a cena.

Eu imaginava que talvez a gente até virasse pedra olhando pra alguém assim. Engraçado, eu tinha vários amigos assim e nunca vi nenhum deles furar o olho de ninguém, muito pelo contrário.

Eu e mãe nunca nos entendemos mesmo, deve ser porque somos capricórnio e escorpião. Na visão de Xica, mulher que gosta de mulher era uma modalidade de gente que ainda não existia, que ainda seria inventada.

E já naquele tempo eu já havia, mesmo sem saber, me envolvido com a arte e homossexualidade, era questão de tempo. É que eu não falava ainda "arte", eu falava "música", "pintura", "tecelagem" ... Pobre Xica, de carne e osso, sem informação, alimentando o inimigo.

Eu sonhei muito ter amigos pra ter ido com eles ao cinema ao invés de ir com minha irmã. Eu até tinha, mas aqueles eu não podia andar com eles e também eram cheios de problemas como eu.

Na verdade, os problemas não eram nossos. Estavam nos olhares que nos acompanhavam e nunca nos aceitavam. Eu queria sair com todos os meus amigos, igual aos comerciais de cigarro da época, só amigos, sem família.

A gente era quase estranho em casa. E todo mundo em casa tinha amigos e trazia em casa. A alegria se fazia mesmo era com as gentes de fora do portão. Jogando queimada, vôlei, basquete, jogando conversa fora.

Porque eu tinha que ir com ela, que eu nem conhecia direito? Apesar de a gente comer na mesma mesa e até dormir na mesma cama, ter a mesma mãe, a gente nem se falava direito. Eu nem pude dizer a ela o quanto eu gostei, por medo de que ela se zangasse mais. Só o fato de eu me remexer na cadeira, ela reclamava. Era meu capitão do mato.

Deixemos ela pra lá, que tinha lá suas razões. Minha irmã sempre foi muito bonita e dona de si, eu queria muito ser como ela, mas com mais palavras.

Na Vila, na escola, bastava dizer que eu era irmã da Miriam pra ver de longe que as pessoas respeitavam o nome dela. E lá nem estudava mais... minha irmã só estudou até o segundo ano, quando a professora foi bater nela e ela revidou.

Naquele tempo podia o professor humilhar o aluno, mas ela disse que não havia sido ela que cometera o ato que levou a professora a bater nela. E mesmo assim não poderia revidar, mas revidou e se tornou minha heroína.

Ah! Se eu tivesse a coragem dela. A mãe foi na escola, bateu nela na frente da moça. Aí ela disse que nunca mais iria lá e nunca mais foi mesmo. Mas o nome dela nunca saiu de lá.

Curiosamente, a professora deste episódio havia sido a mesma que me deu aula no primeiro ano. Ela gostava de mim, mas eu deixei de gostar dela porque ela fez mal à minha irmã, que nunca mais tocou no assunto, acho que por falta de palavras.

Ela estranhou a mudança de escola e o ter que ler debaixo de tanta violência. Achou melhor não se entender com este mister sangrento que era a escola no nosso tempo.

Mas é o cinema! Ali, sim, que era lugar, era um templo, onde todo mundo ficava porque queria ir.

E quando apagavam as luzes e rodava o filme, todos olhavam pra mesma direção. A missa deveria ser assim, como o cinema.

Não sei o que medrava Xica. Ah, sei sim! Era a falta de informação, medo. Xica perdera muita coisa na vida.

O filme acabou, saímos do cinema às 10 da noite. Isso não era mais hora de moça decente estar na rua. Então, nem comemos um pastel ali debaixo do viaduto da Santa Ifigênia, nem um churrasco grego na esquina da São João. Nem comentamos nada sobre o filme. Mas ele brilhava feito neon dentro de mim. Assim continuou por muito tempo até ir desbotando como coisa que fica exposta ao tempo e clareia até desaparecer.

Por vezes eu revia as cenas me colocando nos papéis dos artistas que eu tanto admirava. Mas que naquele tempo eu nem sabia chamar o nome. Não existiam histórias assim com gente minha e eu então só podia ficar fã deles. Era o que eu via.

Minha irmã nesta época já namorava em casa, tinha namorado e havia ficado sem encontrá-lo pra ir me levar. Ele não foi, era fã de Elvis Presley, que eu nem sabia se era bicho ou era gente. E era filho de gente que mãe não gostava.

Mas minha irmã arrastou o pé e disse que queria ele pra namorado. Ele era uma bosta, eu achava, e ainda acho, uma mala ainda é. Na verdade, ela fazia questão de não estar com ele. Eu também acho tipo um troféu que enfeita a sala.

Mas não lembro de ela ter dito que tenha ido no cinema uma segunda vez. Eu nunca mais esqueci aquele dia. Mais um sonho frustrado, durante anos eu quis ser aquela moça linda, Olivia Newton-John.

Queria ter ido lá mais uma vez pelo menos e não fui, nem sei porquê. Aliás, sei sim: eu não conhecia o segredo de entrar nos lugares. Como fazia, como pedia, eram poucos os lugares que a gente podia entrar.

Minha irmã sabia entrar nos lugares. Nesta época eu já perambulava pra tudo que era lugar caçando assunto. A verdade é que eu não sabia como fazia pra entrar no cinema. O mais longe que eu já tinha ido era no Cine Coliseu, do Jaçanã, que era da família do seu José Béttio, que já nem funcionava mais como cinema. Hoje, recordando isto, eu digo que o bairro do Jaçanã era evoluído naquele tempo porque já tinha trem e cinema.

Quem será que mata as coisas assim pra elas deixarem de existir e nunca mais voltar? Foi lá no Cine Coliseu, quando ele virou salão de baile, e com consentimento de mãe, que Luzanira levou a gente pra brincar o carnaval. Não era perto, mas fomos a pé.

Com o dinheiro de pagar a passagem do ônibus compramos outra coisa.

Eu e Ceni, este era o nome dele, passamos meses falando daquela experiência do filme.

Não lembro de ele ter visto o filme, ele também era caçula, e alguém teria que levá-lo. A gente já podia trabalhar, mas não podia receber, eu já disse isto, mas ainda hoje fico indignada. Por isso que eu pedia esmola, assim o dinheiro era meu.

Naquele tempo, a Avenida São João era um lugar nobre e o juizado de menores recolhia jovens que tentassem entrar no cinema ou que perambulassem à toa pelas ruas da cidade sem um responsável. Eu ouvia dizer isto e acreditava, porque eu vi a viatura levar crianças embora lá na minha Vila e a mãe ficar chorando. Era fácil crer na possibilidade, se tiravam criança da casa da mãe, por que não recolheriam os da rua?

Eu já sabia o que era estar numa destas coisas que chamam de casa, então não poderia titubear. A não ser que estivesse trabalhando, tinha que ficar em minha casa.

Eu contava o filme pro Ceni e inventava cenas que eram da minha cabeça. Eu editei o filme todo pra ele, à minha moda. E a gente conversava de mãos dadas. Nunca ele tentou tocar partes do meu corpo e nem eu o dele, as palavras eram que nos extasiava, a gente gostava das mesmas coisas.

Eu mentia duas vezes pra ele e pra mim porque lá na minha cabeça a película que rodava éramos nós dois os protagonistas. Um dia nos prometemos dar um presente um ao outro. Ele me daria um broche de valor com um pavão, que me acompanhou até tempos atrás e depois eu deixei o tempo engolir ele. E eu daria a ele um LP de Grease, o filme. Ele cumpriu o trato.

Eu não pude porque não era eu que recebia o meu dinheiro, ainda. Eu só trabalhava e alguém mais velho ia lá receber. Como eu diria que precisava comprar um presente, um disco pra um amigo?

Nosso namoro era escondido. E eu não tinha permissão pra ter amigos, teimava em ter, mas tinha medo e vergonha de passar vergonha. Eu não acessava ao som estéreo lá de casa, nunca nem havia posto o dedo no botão do rádio.

Mas na rua eu mentia que botava a mão sim. Afinal de contas, poucas pessoas sabiam o que era um som estéreo, mas lá em casa já tinha um, bem ali na sala. Coberto com um pano pra não pegar olho gordo, já que mãe era rica e desconfiada.

O rádio novo era mais protegido que o nosso São Benedito. Tinha um modelo de São Benedito em casa, era do meu irmão e ele fumava e bebia. Todo mundo mentia sobre a liberdade que não tínhamos ainda, mas esperávamos que ela chegasse.

Quem não era cativo dos pais, o era dos irmãos mais velhos. E a vergonha de contar a verdade? Rádio, ou melhor, a casa toda era pra adultos e irmãos grandes.

Eu só recebia as horas extras porque ninguém sabia delas, ainda. Quando fiquei perambulando pela Estação da Luz, eu dizia que o patrão havia me dado pagamento, que muitas vezes era tudo de moeda e notas amassadas.

Eu ficava imaginando quem falava pra mãe que aquilo não era dinheiro de trabalho, só porque estava amassado. A gente não trocava o dinheiro por notas sem amassar com medo de algum adulto nos roubar. Eu também me tornei desconfiada. Isso acontecia muito.

Só mais tarde me rebelei e passei a levar o dinheiro. Foi quando uma amiga me roubou. Isso durou pouco e eu já disse aí em algum lugar.

Ceni foi um namorado de verdade pra minha idade, da minha forma, do meu tamanho. A gente namorava depois e antes dele trabalhar e junto porque, como ele era *office boy*, então onde ele ia, eu ia também.

Lembro até o nome da patroa dele, Dona Mikaela. Éramos tão ingênuos, tão juntinhos... Ceni foi o refresco depois daquele atropelo chamado de namoro. Coisa de pegar na mão e conversar. E a gente esquecia até de dar beijo.

Mas meu coração sabia que ele era um grande amor e que ficaria em mim pra sempre. Beber no mesmo copo, morder o mesmo pastel pra ver o desenho dos dentes que ficava estampado nele, tomar o mesmo sorvete.

Olhar o rosto da gente no reflexo da água da fonte, contar os peixinhos do riacho. Às vezes não tinha ninguém em casa. Ele me ajudava a lavar a louça pra gente conversar depois. Era um namoro com cheiro de leite.

Ele era meu príncipe, de verdade, éramos do mesmo tamanho, da mesma idade. Um dia eu disse pra ele que o antigo namorado só queria me comer. Ele ficava bravo e dizia: "Se eu fosse grande, eu batia nele".

Ceni queria saber como era alguém ficar perto de alguém com tesão. Um dia tentamos ficar pelados pra ver se sentíamos algo. Sentimos frio e medo de alguém chegar.

Namorávamos no Masp, na Estação da Luz também. O Masp era outro lugar que eu nunca tinha visto e contava história sobre ele pro Ceni. Ele era novo em São Paulo e eu fingia que mostrava a cidade a ele.

Mas foi ele que me levou lá de Metrô. Eu só conhecia o Brás, o Bom Retiro e a Rua 25 de Março. Nem sabia que aquela parte do mundo existia. Mas mentia que sabia. Nem imaginava o que vinha a ser Masp. Mas usava o quintal como se o conhecesse.

Na Vila, nós nem conversávamos. Ceni era índio de pele clara e a mãe dele se dizia branca.

E Ceni também era bem feminino, até mais que eu. Por esta razão ele era discriminado, ele apanhava de meus irmãos e outros garotos do bairro e eu não entendia porquê.

Tinha que fazer coisas absurdas pra ter o direito de sair na rua. Na Paulista, ele era livre, na Vila, não. Falávamos muito sobre nossos medos, ele nem imaginava o que era ser homossexual. Nem ele, nem eu.

Pra nós, havia homens que gostavam de homens, mas era bem longe dali. Brotavam e nasciam na cidade, nunca saiam de lá. Eram como no filme do Zorro, só apareciam se chamados. E eles andavam armados de faca e cortava quem olhasse pra eles. Ceni não era assim, nem morava na cidade, nem tinha faca.

Aquele monstro que já me perseguia sempre me via com ele e nem desconfiava que éramos namoradinhos de mentirinha e de verdadezinha. Ele não saberia o que era isso.

Ele chamava o Ceni de minha amiga. Foi um namoro de verdade até a mãe dele descobrir. Não era bem um namoro, era um encantamento, com muita conversa. Eu sabia que ele não estava ali em casa por mim. Eu sabia que ele gostava de ver meus irmãos. Ele me dizia.

Mas eu sabia, deixava que ele ficasse, mesmo porque eu achava que ele gostava dos meninos como gostava de mim. Eu só sabia que queria ficar perto dele, sempre. Ele, muito de boa, era inofensivo.

Hoje quando lembro dele agora, escrevendo sobre ele, eu o relembro encantada de ter vivido algo tão bom ali no meio de tanta dúvida, tanta atribulação. Pra nós dois era um pau que batia em Chico e em Francisco ao mesmo tempo.

Tempo cinzento pra duas crianças viverem um amor tão grande. Se me fosse dado resolver as coisas pela minha vontade, Ceni teria lá no céu um altar pra gente fazer um inferninho particular quando eu chegar.

Ceni faleceu tragicamente há pouco tempo. E mesmo que nossa amizade tenha sido destruída, eu senti demais. A gente envelhece, não é quando a idade chega, mas quando a idade dos amigos não alcança a nossa.

A morada dele, quando nos conhecemos, morava com a família bem ali na esquina da Rua 1. Haviam chegado ali pouco tempo atrás, oriundos do Jardim São Paulo, região nobre da Zona Norte.

Não era uma história feliz de se contar. A família dele era meio indígena, tinham a pele nem clara, nem escura e os cabelos lisos. Então eram classificados como gente branca por eles mesmos e por outras pessoas que levam em conta este tipo de importância, o que dava às mulheres da família fumaças de nobreza.

Tava me lixando pra isso. Minha mãe era a única mulher da Vila que trabalhava fora e minha casa era bonita. Mesmo ela sendo preta e sendo chamada de baiana, coisa que ela detestava. Ser chamado de baiano era ofensa pra muita gente.

A palavra Bahia já me soava bem, lembrava Gonzaga e algum lugar no mundo que, pra mim, era dentro do rádio. Mas eu mentia que não, pra mim mesma. Ainda estava machucada por conta do desfecho do namoro anterior. Eu nem achava mais que namorar fosse bom.

A minha casa era bonita. Triste, mas bonita. Nestas ocasiões, eu usava a casa e o emprego da mãe como referência, pretexto de felicidade.

A gente se encontrava na Avenida Paulista, na hora do almoço. Ele gastava todo seu dinheirinho conosco e dizia "depois minha mãe me dá outro". E a patroa também lhe pagava o almoço. Era dinheiro pra caramba, eu o ajudava a gastar.

Eu tinha medo de alguém nos ver juntos e ir contar pra outras pessoas, principalmente pra um certo louco do bairro, bipolar, eu diria se fosse hoje. Mas a gente dava um jeito de se falar até chegar na Vila.

A gente se falava no ônibus, até quando foi possível. Um dia vínhamos sentadinhos no banco do ônibus e a mãe dele nos viu.

Ele não sabia onde pôr a cara. ela foi logo dizendo: "É sua namoradinha, Ceni?", este nome eu ainda não conhecia. Ele havia se apresentado pra mim como "boy", era assim que eu o chamava, eu e todo mundo. Ele tinha vergonha do nome dele, foi ali que eu soube o nome dele. Ele ficou duro e gelado, vermelho, sem graça. "Conversamos em casa", disse ela.

Ele largou da minha mão naquela hora. Gostávamos de andar de mãos dadas. No dia seguinte, quando cheguei do trabalho, minha mãe estava brava, porque a mãe dele havia ido lá em casa e, como costumo dizer, "tirou dos cachorros e pôs nela".

"Onde já se viu uma negrinha como eu querer namorar um rapaz de família e branco?". Pronto, tava definido que a minha não era mesmo uma família. A mãe resolveu como sabia resolver e me encomendou, dizendo: "Se você for jogar pedras na casa dela, eu acabo com você". Ela sabia que eu iria.

Era só amanhecer, eram horas contadas. Só mãe podia tripudiar assim o meu cadáver sem ter um vidro quebrado. Outros, eu não admitia. Eu jogava pedra em avião, era meu jeito simples de dizer: "não mexa comigo".

Antes de jogar pedras, disse a ela o que bem quis, mostrei a língua e tudo. Poderia ter feito mais, muito mais. Mas era a mãe do meu amigo. Num pode, tem que amenizar.

Não era amor, era amizade. Foram elas que viram maldade. Ceni me procurou e pediu que eu pedisse desculpas à sua mãe. Foi muito corajoso ao me pedir isso e ouviu o que eu tinha pra dizer.

Antes dele me fazer este pedido, eu estava preocupada com ele. Havia dias que ele vinha fugindo de mim e eu não o via em lugar nenhum.

Acho que até do serviço a senhora mãe, tirou ele pra não se envolver comigo. Ele deve ter sido recompensado pra ter me feito tal pedido. Ele tava de brincadeira, era mais fácil Deus pecar.

Nunca mais a gente conversou. A saudade que eu senti dele ficou ali dentro daquele ônibus, onde eu senti o calor da mão dele pela última vez. Por muito tempo ainda eu fiz questão de me sentar naquele banco que um dia presenciou minha história. É pra renovar na memória a passagem do Ceni na minha vida.

Ele soltou minha mão no ônibus, ali acabou a amizade, agora queria que euzinha fosse pedir desculpas pra mulher que fazia minha caveira. Eu fui bem homofóbica com ele, foi a praga por não ter me apoiado.

Naquele tempo só eu falava com ele. Ninguém da Vila o aceitava. Por que ele fez aquilo de virar as costas pra mim? Hoje eu sei que ele foi obrigado.

Sou descendente de gente brava, de gente guerreira sou tupiniquim. Se magoada, também sei ferir, nem que eu me dane, guerreiro é assim. Ainda não sabia nada disso.

Na verdade, sou mesmo é louca, ou fui ficando cada vez pior, sem entender o que é que tinha em mim que todo mundo me rejeitava, menos aquele cara. Eu tentei morrer, eu já queria ir embora dali.

Veja como o universo afro estava longe de mim, bem longe. Eu nem me sentia negra, eu era parda.

Eu sabia que o segredo dele poderia marcar aquela mãe idiota.

Nunca falei sobre ele, nunca. E nem saberia como falar, não foi ele que me magoou, ele só era medroso e chorão.

O tempo varreu tudo e cada um de nós se encontrou com seu destino. Ceni cresceu mais, virou menino grande.

Eu já havia casado, já tinha filhos. Era como se nunca tivéssemos sido amigos. Agora ele era branco e homem, como queria a mama.

E a gente nunca mais conversou. E como eu quase morri de saudade dele. A mãe dele simpatizava muito com a menina loira da Rua 1, queria ela pra seu filho.

Aquela, que a mãe havia fugido com outro homem quando ela era pequenina e o pai dela via os olhos da mãe nos olhos da menina. Ela sofria, viu? Mais que sovaco de aleijado.

Mas a mãe de Ceni viu seu sonho realizado, seu filho Ceni namorou a menina por algum tempo. Eu até bati nela por isso.

Mentira! Não era namoro, era pano de fundo pra menina se encontrar com outra pessoa. Tudo só foi descoberto quando ela fugiu com o cabeludo que fumava coisas.

O cabeludo era sobrinho da moça que era mãe da minha amiga, que gostava de brincar comigo no galinheiro, de ter intimidades. Aquela que ganhou a boneca que andava de bicicleta, lembra? Aquela família de negros com fumaças de nobreza nas ventas, mas na verdade não tinham um gato pra puxar pelo rabo, mas mentiam que tinha.

Tá escrito por aí. Agora ela havia fugido de casa e perdidona usando droga. Eu estava com outra droga, o casamento.

A menina loira não falava com ninguém. Ela era loira e nós não. Ela fugiu. Nunca mais ninguém a viu. O cabeludo era hippie, vivia na rua. Levou ela embora pra viver nalgum castelo encantado.

Todo mundo sonha com felicidade e castelo. Ele, sim, era príncipe, tinha cabelo de príncipe e morava longe. Ele levou ela embora. Ela se livrou do pai, mas quase morreu na mão deste rapaz.

Quando eu vi a menina novamente, muita água já havia passado por baixo desta ponte, minha e dela. Quando eu vi esta mulher loira novamente, muito tempo já havia passado, eu e ela já éramos viúvas, havíamos sido libertadas pela providência divina.

Ela teve 4 filhos lindos, a cruza com o cabeludo deu gente muito bonita, igual eu. Nunca fomos amigas, nossa cor não permitia e eu joguei pedras nela no passado por ser racista e ter boa mira e raiva.

Cada uma com certa qualidade. As pedras viravam palavras na minha mão. E Ceni, o seu Flor, tinha comigo um segredo, que era um castigo sobre a Terra, em forma de flor.

Sendo por ela, sua mãe, criado pra ser macho, era delicado demais pra entender tanta violência.

Seu nome era Jaceni. Mas dei minha palavra de guardar segredo. Ele também nunca pode ser o que queria ser.

Mas creio eu, foi quem mais sofreu primeiro por querer ser este filho desejado, segundo porque seu instinto dizia: "não Ceni, me respeita. Respeita eu Ceni, que estou dentro de você". Pra ser feliz é preciso ser o que se é. Viva Ceni.

Agora a desforra do tempo.

Ceni foi trabalhar na Eletropaulo, na polícia e em vários lugares, foi expulso de todos eles. Ele nunca se encaixava.

A desventura passou a mão sobre o destino daquela casa e os irmãos dele se perderam, o que fez a mãe dele sofrer demais. Ceni, menina dos olhos de mãe, consolava ela. Mas nem por isso ela dava trégua pra ele.

Ainda disse que "preferia ele preso, que casado com uma negra". E eu não entendia por que ela me chamava de negra. Eu era parda.

A vida ensina. O Rei Midas pediu pra Dionísio todo ouro que existisse no universo. Se arrependeu quando percebeu que tudo que ele tocava, virava ouro. Assim como Midas, há que tomar cuidado com o que se pede aos deuses.

E a vida segue.

Veio morar no escadão, numa casa de aluguel, uma moça separada com três filhos. Diziam as bocas que foi por motivo de adultério. As bocas sempre dizem coisas dos outros. Ceni se apaixonou por ela. A mãe dele ralhou e ele enfrentou a mãe por ela. Até que enfim, Ceni!

Ainda não era o esperado, mas era um começo. E como nunca pode ser o que veio pra ser, escolheu algo que fosse aceitável, pois não sendo o que o instinto lhe pedia, e então se sentindo ele nada, resolveu que, sendo nada, queria ter tudo, não seguiu seu caminho, achou um atalho.

Aí tocou a vida, entrou pra vida torta junto com a menina do galinheiro. Assumiu-se e teve um namorado. Namoro que durou bem pouco tempo. Antigamente ser homossexual era bem pior que nos tempos de hoje, era um risco diário. É a vida.

Ceni foi morto com vários tiros, acerto de contas? Com a vida, com o universo. Agora Ceni virou lembrança e lágrimas são saudade.

O menino bom que, por nunca poder ser o que veio pra ser, foi o que pode ser. Enfim, assim acabou a guerra de Ceni.

Muitos anos depois a mãe dele, agora já entrada nos anos, falou com minha mãe sobre mim. Disse que "era muito orgulhosa de mim e que se arrependeu de ter sido tão cruel comigo no passado". E que no fim das contas: "queria me pedir desculpas". Não quero, não tenho raiva dela.

O que eu achava dela, minhas pedras já deram o recado, não sou de ficar remoendo mágoas.

Passou. Aí mãe disse: "Como você é vingativa". Será que sou eu a vingativa?

Tive que dar volta nas palavras pra dizer à mãe que não éramos namoradinhos, éramos aliados. Porque o mundo não nos entendia, tampouco respeitava. Encontramos formas pra sobreviver diante de um lugar com pessoas que amávamos e que, no entanto, eram injustas conosco. E elas acabaram com um namoro que não existia.

E era tarde demais pra remoer aquele assunto.

Que Ceni descanse.

Agora elas queriam saber coisas sobre ele. Eram tão tolas que até outro dia achavam que haviam nos vencidos.

Nada é maior que a vontade, e nós dois não tínhamos vontade de compromisso. No entanto, conversávamos feito gente grande, sobretudo até sobre aquele assunto, e sabíamos que nem eu, nem ele, tínhamos vontade de estar juntos sem as roupas, porque as vontades de pecado eram ausentes em nós.

E pra nós era dádiva, jamais pecado. Ceni era sagrado. Gostávamos mesmo era de comer pão com mortadela juntos, comprar uma trança de mel e chupar todinha no Metrô, indo várias vezes de Santana à Jabaquara sem roubar, sem matar, sem foder, apenas vivendo aquilo que podíamos ser, amigos. De pele diferente, os dois negros, sendo eu um pouco mais.

Não, nenhuma de vocês duas não nos devem nada. Fomos nós, dois capricornianozinhos vivendo, só isso. A gente não queria mais do que isso.

Esta menina do galinheiro não me deve nada, nem deverá. Estamos quites. Sabe quem mora com a mãe do Ceni e cuida dela? A moça desquitada que a mãe dele também não aprovava como nora. O mundo dá muitas voltas.

Mas, apesar de tudo, ela o amava sim, e tomara que em outra encarnação ela tenha chances de viver com ele novamente. Tomara que na próxima encarnação ela o respeite, pelo menos. Agora, em memória, só arrependimento, porque mãe é foda, viu? É bem capaz dela zoar o barraco dele lá no além, quando o encontrar, se São Pedro deixar. Eu não duvido.

Eu sei, sou mãe agora.

Fugindo de mim, fugindo de casa

Com 10 anos, eu vivia entre a rua e a casa.

Era uma segunda-feira.

Nunca mais eu havia sido acordada pela fumaça do café. Ou o cacarejo no quintal ou o Zé Béttio. As noites eram curtas, o sono perturbado. E o seu Gonzaga? Havia ficado lá atrás. Mas ainda estava tudo lá. Só eu não estava mais. Alguém ali havia morrido.

Como eu dizia, alguém me acordou e disse "Vamos!".

Não perguntei onde, já sabia como era, não iria me responder. Eu era o peso, a filha mais nova que era imposta ao irmão mais velho. Afinal, era uma surpresa ruim como tantas outras. Levantei-me, troquei de roupa e curiosamente me deparei com uma mala na porta. Nem me arrepiei, mas eu sabia que aquilo tinha alguma coisa a ver comigo.

Nada mais era surpresa ali. Eu me perguntei, "e agora?", e eu me respondi, "seja lá o que for, eu não vou".

Saímos. Segui até o ponto do ônibus, nós não tínhamos amizade. Só falavam direito comigo quando queriam que eu levasse um recado ou coisa do tipo. O ônibus saia do Portão de Furnas e tinha este mesmo nome.

Sabe onde fomos? Naquela loja que eu fui quando menstruei. Lembrei do pesadelo que passei ali. Mas eu não tinha do que me envergonhar. Fiquei ali, ninguém falava comigo, eu não falava com ninguém.

Até que chegou aquela menina bonita, ruiva, com o cabelo todo cacheado. Educada ela, despachada, foi logo pegando uma cadeira e se sentando ali do meu lado. Conversando comigo, como se fosse importante pra ela saber quem eu era.

Eu já sabendo da atitude das pessoas, conversava com ela, mas esperava que a qualquer momento alguém viria tirar ela de perto de mim. Ela era muito bonita pra estar ali perdendo tempo comigo. Tinha a mesma idade que eu, 10 anos.

E tinha a sorte de ter algo que eu queria ter, alguém que quisesse saber como eu me sentia. Ali diante daquela garota de cabelos cacheados, estava uma coisa irreconhecível, uma adolescente perigosíssima que escrevia coisas que punham pessoas de bem arrepiadas. Nem de longe eu desconfiava do que se tratava.

Mas fui reconhecendo com quem eu estava falando. Aquela menina era muito falada na sala da casa onde eu ainda vivia: "A Simone hoje sorriu", "A Simone é linda", "Ela escreve poesia". Eu também escrevia. "A Simone vai trabalhar na televisão", "Vai ser médica", "A Simone vai viajar", "Ela não pode tomar vento". Eu também sabia muitas coisas, tanto quanto a Simone.

Enfim, eu descobri o episódio que deu origem à série. Minha sobrinha foi batizada com este nome, em homenagem àquela menina. Homenagem nada, puxação de saco.

A conversa iria até mais tarde, mas foi cortada. A menina se levantou, foi até uma cozinha e voltou com uma laranja e uma faca. E me disse que descascasse para ela.

Eu já iria descascar quando ouvi a segunda frase: "Vamos ver se eu gosto da laranja que você descasca". A ficha caiu na hora, "Você não sabe descascar?". "Eu sei, mas você vai ser minha empregada". "Não vou, não!". "Vai sim, sua mãe até já levou a sua mala lá pra minha casa, agora você vai morar na minha casa". "Não vou, não!".

Levantei-me e segui para o rumo da porta. Aí a garota se mostrou realmente quem era e chamou sua mãe. A mulher gritou pra minha irmã: "Ela está fugindo!". Fui segurada covardemente pra não sair, fui levada pra mesma cadeira e a mesma faca e a mesma laranja vieram parar na minha mão.

341

Estavam domando um animal. Eu. Mais uma vez, eu fui posta à prova na casa de estranhos, por gente minha. Ficamos ali a tarde toda, todos queriam ver a laranja sem casca.

Todo mundo que pode ali me bateu. A cada momento, uma pessoa do grupo dizia: "Vou almoçar".

Eu tinha fome também. Meu rosto tinha sangue. A menina de cabelo cacheado foi tirada dali pra não ver a selvageria.

Bem mais tarde, para desfecho do teatro, ela chegou. Primeiro veio com conversa fiada de que agora quem sabe eu teria um quarto só pra mim. Caderno, lápis e vez ou outra eu iria pra casa. Igualzinho ela fez no convento, quando levou a madrinha.

"Descasque a laranja!". Caí num choro compulsivo e foi preciso que um dos homens fosse até lá e acabasse com aquilo, não penalizado com o que estavam fazendo comigo, mas com medo que alguém ouvisse os meus gritos ou visse marcas de sangue, medo que alguém chamasse a polícia.

A mulher, mãe da menina, disse que eu não havia sido educada como as outras irmãs. Eu não queria comer nada, eu queria sair dali.

Meu Deus, por que tanta desgraça em cima de mim, por quê? Aquela mulher então seria a tal madame tão prometida a todas nós? Nosso prêmio?

Enfim, a tarde se foi e a maldita laranja ficou lá com a casca, em cima da mesa. Eu fui embora. Nem vou falar do caminho de volta, quero me poupar. Na casa, mais ofensa.

Fui tomar banho, todo meu corpo doía, eu tinha sangue e hematomas pelo corpo. Sentei-me no chão do banheiro com o chuveiro ligado e respirei fundo, vitoriosa. Venci, venci, venci. Ninguém vai me deixar onde eu não quiser.

Saindo do banho, ela me disse que daquele dia em diante não queria mais que eu a chamasse de um certo nome. Ótimo, nunca senti que ela fosse o que ali naquela hora estava confessando não ser.

Fui ao quarto me trocar e não havia uma só peça de roupa na minha gaveta. Dormi com a roupa suja de sangue que havia tirado, eu sabia onde estava a minha roupa.

Tive uma discussão com alguém da casa porque ele veio rir de mim. Falei um palavrão. Ela veio me bater e eu tive outro ataque de fúria e fui pra cima dela. Aí todo mundo me segurou e ela fez o que bem quis.

A noite passou, eu não.

Quando amanheceu, ela veio com sua voz manipuladora dizendo que se eu "pedisse desculpas...", interrompi com nenhum medo: "Quando eu tiver culpa, eu peço".

Voltou atrás dali a três dias. Eu não.

Mas arranjei um emprego com uma amiga. Era no Bom Retiro pra trabalhar como arrematadeira. Era uma loja de roupas.

Passou o tempo e a poeira foi baixando. Eu acreditava que quando eu chegasse com o primeiro dinheiro, tudo iria melhorar. A loja tinha várias vantagens, uma delas era que aos sábados era hora extra e quem trabalhasse recebia no final do expediente. A outra era uma surpresa que só as moças mais jovens conheciam.

Era um sábado quente, final da primeira semana do trabalho, já recebemos e fomos dispensados às 14 horas. Meus colegas foram para a Avenida São João comer lanche grego. Outros, para a Galeria 24 de Maio. Eu fui pra casa, levar o dinheiro. Queria ver a cara que ela faria ao ver meu primeiro dinheiro chegando e sem virar escrava na casa de ninguém.

Cheguei em casa e entreguei o dinheiro, não teve expressão nenhuma. Virou de costas e foi guardar o dinheiro nalgum lugar. Eu estava morta de fome e vi que havia comida pronta.

Fui até o fogão e fritei um ovo, botei feijão no prato, depois arroz e, por cima, o ovo frito com a gema bem molinha. O ovo bem acertadinho sobre a pequena montanha de arroz. Eu ia furar a gema quando ela voltou e eu não consegui.

Ela disse tanta miséria, tanta ofensa, isso só porque eu nunca esperava meus irmãos pra comer junto. Sim, nunca comíamos juntos, eu comia correndo pra não estar ali quando chegassem, isto pra evitar confusão, porque o meu prato era território deles. Eles podiam tanto nos tomar a mistura ou o prato todo e a gente tinha que ficar calada.

Senão era feito um panelão de arroz e a pessoa agredida tinha que comer tudinho. Era uma cena horrível, nunca aconteceu comigo justamente porque eu corria. As palavras me feriram a alma, a fome não passou, mas a garganta travou.

Duas lagrimas brotaram lá do fundo dos meus olhos, eram quentes e pegavam fogo. Rolavam pela minha face e corriam feito um ribeirão até cair ali bem em cima do ovo de gema molinha.

De repente aquele ovo deixou de ser alimento, virou contenda. Não dei nem a primeira garfada. Quando consegui sair dali, levantei e me arrastei pra fora.

E não sentia mais vontade nenhuma de voltar a sentar naquela mesa. Nunca mais eu iria me sentar ali, mas "nunca mais" pra mim, naquele tempo, era um tempo sem sentido.

A casa de madame

Tinha mais essa: "Que madame?". No tempo certo, todas nós descobriríamos. E se tivesse sorte, arranjaria uma boa casa que me aceitasse, com uma boa patroa.

E por acaso a gente lá precisava de outra casa pra limpar? E como seria? Às vezes eu até sonhava com casa melhor, quem sabe? Mas a casa que eu sonhava era a minha.

No andar desta carruagem de recados mau dados, perdi a conta de quantas coisa nocivas ouvi e vivi. Pois que era certo que, de repente, as meninas sumiam, eram tiradas da escola e desapareciam.

Iam pras tais "casas de madames" e apareciam, vez ou outra, tão diferentes, de cabelo liso, roupa nova, cheias de pose. Tinham vezes que até dava mesmo vontade de ir embora, sabe?

As meninas desmontavam e choravam na hora de voltar pras tais casas. E quantas voltavam grávidas e mudas, e outras quantas, nunca mais?

E todas as vezes que as mães falavam das "casas de madames", as lágrimas escorriam pelos rostos das filhas órfãs de mães. E vinha aquela pergunta: "por quê?". Teve uma que caiu da janela da patroa e morreu, tinha 11 anos.

Veio pra casa num caixão branco, toda menina que morria virgem tinha como presente um caixão branco. Na semana seguinte, a irmã dela seguiu pra ocupar a vaga.

E os meninos? Ah! Muito bem lembrado! Estes iam bem, obrigado. Viviam pra ser homens, eram varões. Meninos, por alguma razão, tinham tratamento diferente. Já começava logo na hora que nasciam.

Quando alguém dizia "é uma menina", as pessoas diziam que era "uma sofredora". Quando era um menino, se comemorava o varão eleito.

E assim os dois se criavam no andar do tempo, as diferenças de trato iam se formando. Os meninos desde cedo eram estimulados a serem machos. Valentes, comedores e, quando tinham certa idade, iam pra zona pegar mulher.

As meninas eram tuteladas de seus irmãos, tinham amigas que até apanhavam deles com consentimento dos pais.

Quando alguém fosse namorar, sempre tinha que ser com rapazes dali da vila, porque se viessem namorados de outro lugar, eles apanhavam. Era guerra territorial, só pras meninas. Os pais ficavam cheios de orgulho, as mães satisfeitas.

Agora a gente era debaixo de segredo. Quando elas queriam conversar sobre coisas de mulheres, diziam logo que a gente tava descalça, mandava a gente até ensacar fumaça, gente, não ouvir o que elas tinham a dizer. Era medo de não saber dizer.

Era uma preocupação com o sentar da gente, com o falar, em reforçar os afazeres. Diziam pra aquelas que estavam namorando que elas "precisavam saber descascar um abacaxi pra poder cuidar de um marido". Eu pensava que era só pegar uma faca e descascar, me enganei.

Os meninos pegaram chato e gonorreia. Contaminaram o bairro todo. Fumavam maconha, entravam em casa com os pés sujos, cobravam obediência.

Não precisavam tirar o prato da mesa. Sabe como é, homem não move um garfo em casa que tem mulher. Afinal, eram homens, precisavam se preparar pra vida. Se preparavam pra ser o que são muitos deles: seres patriarcais perdidos no espaço.

Peço desculpas aos homens que são diferentes. Meninos criados alheios ao mundo lá fora, se tornam homens indiferentes. Acham que vieram só pra se divertir, não fincam moradia, são nômades, querem ter várias mulheres, não suportam críticas.

E por qualquer coisa, mostram seu pendor à violência. Sem contar aqueles que bebem e nem precisam ser provocados pra tocar o terror em casa. Há mulheres assim também. Muitas.

Não falo pelos homens que não conheço, sim pelos que estão a meu lado, perto mim, ao meu redor, com os quais convivo e os que sei de ouvir falar.

Mas tenho orgulho dos dois que criei, são homens que eu e muita gente pode contar, eu sou suspeita dizer porque sou mãe, mas o povo é testemunha.

O tarado

Fiquei neste emprego por três meses, entrei como arrematadeira, mas já passava com o ferro industrial, já olhava a loja e até botava as marmitas de todo mundo pra aquecer.

Entre nós, sempre havia alguém que o dono da loja chamava pra experimentar, alguma peça de roupa e naquele dia ele me chamou.

Eu não sabia como era, entrei na sala, ele mandou que eu fechasse a porta e me deu três camisetas. Mandou que eu vestisse por cima da minha roupa. Eu vesti. Ele fez anotações, abriu a porta chamou os outros... falaram lá em seu idioma e saíram, ficando na sala só ele e eu.

Faltava experimentar uma terceira peça e, quando eu ia vestir, ele trancou a porta e mandou que eu tirasse a roupa e já veio pra cima de mim. Entramos numa luta corporal. Eu gritei, gritei e ninguém apareceu.

Consegui escapar da sala com as roupas todas rasgadas, tinha feito xixi na roupa. Corri pra casa, peguei ônibus, Metrô daquele jeito e contei o que tinha acontecido... e na mesma hora você pegou a bolsa e nós voltamos lá.

Mãe, juro que pensei que você iria me defender. Aconteceu de novo igualzinho no convento, a dona da loja levou você pra uma sala e ficaram lá por algum tempo. Eu pensei que você brigaria com eles. Quando a porta se abriu, você veio na minha direção e sem me dizer uma palavra me bateu ali na frente de todo mundo e só então a mulher falou. Disse que não ouviram barulho algum.

Chamou funcionários que confirmaram o que ela disse. Disse que já queria me mandar embora, "porque eu não servia pra aquele cargo, mas tinha dó". Arrematou dizendo que entendia a preocupação da senhora porque também era mãe.

Porém, disse pra mim que eu deveria entender que o filho dela não era pra mim, que era um rapaz de família, que era muito bonito e que por esta razão entendia o fato de eu ter tentado incriminá-lo e que, por ter gostado muito de mim, não chamaria a polícia.

Disse que por ali já haviam passado outras garotas que tentaram dar o mesmo golpe, pois eram ricos. Eu não sabia o que era golpe. Aquela mulher tinha a voz pausada e macia, como as mulheres de cabelo azul da casa de artes manuais.

Ela deu uns trocados a você e saímos da loja. Eu com a cara enterrada no chão de vergonha e você com raiva.

Desde aquele dia, sempre acho que, se existir um demônio, ele deve falar assim desse mesmo jeitinho. Com certeza tem cabelo azul também!

Hoje relevo, eu pinto o cabelo de azul e não sou assim. "Agora evolui", acho que gente psicopata fala assim.

A minha solução

No dia seguinte, saí pra procurar outro emprego e me encontrei com algumas meninas. Elas me contaram que já haviam, na mesma loja, sofrido abuso dele e do pai dele também, mas tiveram medo de contar e que as pessoas foram obrigadas a dizer que não ouviram barulho nenhum.

Duas delas saíram da loja e ficamos por ali tentando achar outro emprego, mas era lógico que a gente nunca iria conseguir, são todos ou quase todos patrícios entre eles.

Fonte da praça

Aprendi que eu poderia mentir dali por diante, porque até aquele momento, contando a verdade, nunca me fizeram justiça. Foi um bom começo.

Ao fim desta carreira curta como arrematadeira, fiquei meses com algumas amigas tirando moedas que eram atiradas na fonte da Estação da Luz. E fomos muito felizes por algum tempo, porque fomos crianças, corremos dos guardas, ríamos das prostitutas e conseguíamos juntar o salário do mês em duas semanas.

O restante gastávamos com mel, guaraná, cigarro de hortelã e chocolate. A gente não tinha medo de nada, pedia esmola, rolava na grama, mexia nas entregas que as pessoas faziam pros orixás pra pegar doce e refri. E tínhamos dinheiro pra caramba.

Descobri que se a gente contar uma verdade, ninguém liga. Mas conte uma mentira legal e as pessoas te darão o benefício da dúvida.

Fiquei assim por um tempo, depois cansei quando a Maria roubou a minha bolsa. Cansei de fazer nada, meu espírito nunca suportou mesmismos.

Acordei numa segunda-feira e fui procurar um trampo, desta vez em Santana.

Vestido de noiva

Um fio de memória, um vento passou por ali e me lembrou porque eu estava ali, sim, como lembrei. Toda vez era assim.

Nos lugares aonde tinha aulas de prendas do lar e artes manuais, que sempre eram em lojas, eu nunca fui aceita. Tentei algumas vezes, mas eu sempre era a única negra e era sempre a mesma coisa, lembro que em muitas vezes você me dava algum dinheiro pra eu tentar.

As salas eram lotadas de senhoras simpáticas, estas de cabelos azuis coloridos com papel crepom. E as mulheres eram novas, fragilizadas e pálidas.

E uma das senhoras que sempre era muito gentil, depois de recolher meu dinheiro e guardar em sua gaveta, elogiava minhas mãos. Sem perceber, eu me embriagava pelo falso discurso e pelo carinho dela. Sou carente, caia no golpe do vigário, de novo!

Ela dizia o que sabia que eu queria e precisava ouvir. Me conduzia carinhosamente pro lugar do negro e eu nem notava. Eu não sabia que existia este lugar. A escola me iludiu dizendo que diante de Deus, somos todos iguais. O padre também dizia, eu era uma iludida.

Perdi a conta de quantos vestidos de noiva bordei, pérola por pérola, pétala por pétala, milhões de miçangas postas ali pra enfeitar a felicidade de alguém. E eu fazia com todo prazer, sem receber por eles nem um tostão. Eu estava ali como aluna. E ainda pagava!

Depois ia novamente ter que lavar os banheiros, arrumar a cozinha. Era até automático, quando via, já tinha feito. Eu era obediente, espirituosa, cativa. Boa moça, obediente, tinha tudo pra obedecer.

Segundo ela, eu ganhava prestígio, eu não sabia o que era isso, mas achava que era alguma coisa que gente rica tinha e eu sabia que seria rica um dia. Eu já era rica, já viu uma rainha ser pobre?

Mas fui perdendo as riquezas pelo caminho, trocando poesias ricas que eu tinha, por migalhas e esmolas coloridas de sorrisos azuis. Uma pessoa como eu, negra, e só hoje eu sei, deveria dar graças a Deus pela oportunidade de estar ali entre elas, pois ali na Rua São Caetano era um lugar onde só passava gente rica.

É muito importante e, quem sabe, a sorte me sorriria. Eu ficava só imaginando o dia em que eu chegaria em casa e diria pra você: "Tome este tantão de dinheiro que ganhei bordando. Viu? Aquela mulher de cabelo azul me ajudou, disse que eu era boa. Lembra que você disse pra eu não crer nela? Ela cumpriu, disse que me ajudaria e cumpriu, você estava errada!".

Não, eu estava errada, você estava certa, como sempre.

"Viu como deu certo? Eu consegui, vamos mudar de vida agora. Arrume tudo, vamos morar em Santana, do lado da casa de madame, teremos mordomo, porteiro, teremos até geladeira e televisão".

Madame nunca pendura nem carne, nem peixe no varal e nem põe a polenta pra esfriar na janela, é feio. Gato de madame só dorme, não precisa ficar correndo atrás de rato como o Magrelo em casa, tampouco fica olhando pro varal sonhando que um peixe dele caia a qualquer hora. O gato de madame tem garantido só pra ele todas as sardinhas que precisa, sem precisar nem olhar pro português nojento.

"Eu só vim te buscar, deixe tudo aí e vamos".

De outra feita, eu sonhava que eu era uma mulher fina daquelas que o Sargentelli levava no programa do Silvio. Era chamada de "Mulata do Sargentelli", esta era outra opção caso o bordado não me fizesse a honra, isto se eu fosse obediente, discreta e reforçando a fina.

Mas eu era tudo isso, mas não sabia que elas só viam uma qualidade em mim, a de ser negra.

Elas harpias, aves de rapina. Eu, ingênua. Coisa de criança.

A papelaria da Glória

Toda segunda-feira é dia de procurar emprego.

Bem ali, na esquina da Rua Voluntários da Pátria com a Rua Alfredo Pujol, tinha uma loja, era uma papelaria chamada Glória que estava precisando de ajudante geral.

Naquele tempo, negrinhas não podiam entram nestes espaços. Hoje eu sei disso, antes eu não sabia. Então entrei, a gerente era uma senhora de nome Mércia.

Ela tinha o cabelo pintado com reflexo azul, eu achava bonito, mas, na escola, na diretoria, a mãe do tarado do Bom Retiro, a mulher da casa de vestidos de noiva, a mãe da menina ruiva, aquela do Brás, lembra? Todas elas tinham o cabelo com reflexo azul. Eu tinha medo.

Dona Mércia me fez várias perguntas e depois perguntou se eu gostaria de ser chamada por algum apelido, percebi que ela me daria a vaga e assim foi. Ela me deu um saco de pilhas, era época de natal. Fui conduzida a um quadrado onde havia vários brinquedos e meu ofício seria testar todos eles. Era a primeira vez que eu tinha contato com brinquedos de verdade.

A emoção foi muito grande. Eu fui criança por vários dias até chegar o natal. Entrava às 8 horas da manhã e saía à meia-noite. Acreditem, eu não queria sair dali. Não tinha este negócio de lei trabalhista, além disso, eu tinha um salário para o horário normal e ainda recebia hora extra.

A loja era lotada e eu tinha medo de sair pra almoçar ou jantar e alguém pegar meu lugar. Quem cuidaria daquele trenzinho musical ou do autorama ou dos brinquedos de montar? Sabe, se a senhora me perguntasse, eu lhe diria como fui feliz por algum tempo. Eu nem lembrava que eu tinha outra vida. Uma pessoa, que eu nem conhecia, derramara sobre mim toda poesia que um natal poderia ter.

Aquela mulher, a Dona Mércia, só me surpreendia e notou que eu não comia direito. O que ela fez, hoje eu sei, foi me tornar um projeto dela. Ela me botou uma sobrinha dela pra trabalhar comigo no cercado. Eu com os brinquedos, ela, Nayara, botando preço.

Nayara tinha os cabelos cacheados e era tão educada quanto a Dona Mércia. Ela me convidava pra almoçar e jantar. Sua tia me dizia que "comer era muito importante pra quem trabalhava tanto".

Brinquei com o trenzinho musical, várias bonecas (que às vezes eram meio sem graça)..., carrinhos, ferrorama, autorama... tive todos os brinquedos eletrônicos de uma vez só e ainda recebia dinheiro.

Sabe quem passou na loja um dia? A mulher que passava o dedo indicador no dorso da mão oposta, toda vez que alguém dizia que eu era inteligente. Sorriu pra mim, credo que medo.

Passou todo o final de ano e depois veio o tempo de material escolar. Que vontade de ter tido tanta coisa que tinha ali. Eu comprei uma caixa de lápis de cor e papel. As mães vinham com listas enormes pra separar e eu tive alguns livros nas mãos.

Dona Mércia deixava eu ficar com algum, sem sujar, ler e devolver.

Nayara me apresentou a Biblioteca Narbal Fontes. Íamos lá ler de graça. Achei maravilhoso que tivesse um lugar onde dava pra ler sentada quantos livros eu pudesse, sem pagar, sem ninguém dizer que eu não podia.

A Narbal Fontes também acolhia. Dona Mércia abriu esta porta pra mim. Foi dela que recebi o primeiro livro de Kalil Gibran, mas ainda era muito cedo, mas eu já tentava entender ele.

Fui criança por alguns meses, pude ver, tocar e brincar com brinquedos diversos. Foi bom pela experiência de carinho daquela senhora comigo, porque eu nunca me lembro de ter minha atenção voltada pra um brinquedo assim. Ali eu encontrei um portinho seguro, assim como encontrei vários pelas estradas onde passei.

Era a existência me dizendo: "Respire e viva, respire e viva..., respire e viva".

Essas duas almas me fizeram esquecer o Bom Retiro e nunca mais voltei lá pra procurar trabalho e comecei a pegar firme no batente. Parecia até que eu estava me alinhando com os demais, conformando com a sina. Parecia mesmo.

A papelaria faliu e eu entrei numa loja chamada Galé. Era uma loja de peças íntimas, bem embaixo do Viaduto do Chá, na Santa Ifigênia.

Isto foi no ano que o Papa Paulo II veio ao Brasil. Eu fui ver ele, era rosado. Achei engraçado como foi preparado o lugar ali na Santa Ifigênia para recebê-lo.

O Viaduto foi lavado e cercado, todos as pessoas que enfeiavam o lugar, segundo os organizadores, foram passear pra bem longe das nossas vistas. E até nós fomos varridos da cidade, ficamos uma semana de folga. Foram para o paraíso das pessoas que se pareciam comigo.

O Viaduto foi cercado porque tinha gente que brincava de pular lá do alto. Ali da loja a gente via durante todo dia as pessoas pularem. E chegavam moídas lá no asfalto. Eu também já quisera morrer assim.

A cerca era pra deixar eles bem longe do viaduto. Eles ou qualquer um, eu não imaginava que a gente era tão mal assim.

Café

Capítulo 5
O Golpe

2 de fevereiro

A quem acreditar. Pensei que nunca iria tocar nesta passagem, de tanto que ainda me dói. Porém, agora, chegou o tempo.

Quando a terra que pariu Nganga se abriu pra receber meu irmão, quase levou toda família. E até eu que pensava que não gostava de nenhum deles, quase sucumbi.

Hoje penso que na verdade foi isso que me fez ir embora, já que meu irmão morreu alguns anos antes do meu casamento. E dois antes de eu deixar o Ataliba e ir morar no Jardim Fontalis.

Uma morte serve pra muitas coisas, inclusive para lembrarmos que o amor existe e que a família é muito importante e única. Mas eu não estava ainda em condições de perceber a grandeza do ensinamento da passagem que nos iguala. Muita água ainda iria passar por baixo desta ponte.

Quando a morte levou pelas mãos muito mais pessoas e vai aos poucos levando de mim a ignorância também, eu cheguei a uma sensibilidade tão grande que agora consigo identificar meus sonhos.

E foi assim que dia destes meu irmão falou comigo em sonho, libertando meu coração. Este livro é um grande processo de cura e sou do povo de santo e Oxalá é o deus da minha lei. Minha mãe Iansã sabe meus segredos. Os mortos vivem em nós.

Por esta razão firmo os pés no chão de terra firme que me sustenta para contar o dia em que as águas, que tanto me fortalecem, levaram de mim alguém que eu tanto amava. Mas eu não sabia que o amava. Eu não sabia.

O sonho. De repente acordei. O lugar era escuro e tinha muita água, pense num lugar cheio, alagado, uma bacia e eu estava lá bem no fundo. Eu tenho respeito pela água. Ou melhor, tenho medo e não respeito.

No princípio nem chorava, nem sorria enquanto assistia ao filme de mim mesma, da minha própria vida passando diante de meus olhos. Eu suava frio, sentia meus pés gelados e o fio de frio subindo a coluna.

Eu não entro em barco ou nunca havia entrado até aquele momento. Olhei pra um canto, tava lá meu barquinho todo arrebentado. Ficara assim depois de ter sido arrastado pelo vento na fúria das ondas. Não valia mais nada.

Havia ali ao lado outra cena paralela, mulheres em pranto. Aquelas mulheres eram conhecidas: minha Mãe, Dona Zefa, Dona Báia, Dona Antônia, minhas irmãs... ali estava gente viva e gente morta olhando o acaso do mar e chorando.

Mas eu estava viva... por que choravam? Eu queria saber e ninguém respondia. Eu estava invisível. Se desesperavam tentando arrancar os próprios cabelos e tentando me arrancar dos braços do meu destino.

Pudessem nadar e teriam se lançado ao mar à minha procura. Mas, afinal de contas, o que estava acontecendo? Eu estava bem!

Eu só estava no fundo do mar. Só isso, mas estava tudo bem. Lá embaixo tudo era paz, como no dia que fui parir a Kaki e entrei em coma. Todo mundo achou que eu morreria, todo mundo chorava e eu voltei. Acho que era igual.

Entrar em coma é estar bem perto de fazer a passagem, mas alguém me disse que não era minha hora e me devolveu pra vida.

Teve gente que me disse assim: "Ainda bem que eu não chorei, porque eu sabia que Jacira ia acordar e ainda iria rir de todo mundo que vive falando mal dela."

Achei que desta vez seria da mesma forma. Só a natureza se movimentava, impecável, tranquila, passiva.

E eu estava respirando debaixo d'água. A água me protegia, eu e água. Adormeci.

No sonho, encontrei um homem um velho e ele me pegando pela mão e eu me pus a deixar que ele me conduzisse. Ele falava comigo pelo pensamento e eu entendia e respondia... Ele disse:

"Você vai conhecer a loca de pedra, a morada da grande mãe". Estaquei! Ele continuou a estranha conversa:

"Mais tarde vai passar aqui um cardume e várias sereias. Fique atenta, você será convidada a segui-los, mas antes, me ouça: olhe pro alto!".

Eu olhei e vi uma vela acesa flutuando. Ela foi colocada num pires e estava bem no meio do mar. O velho tornou falar comigo:

"Aquela lanterna é a sua lanterna".

Aí minha ficha caiu. "Meu Pai Oxalá, então eu morri?"

Eu conheço a história da lanterna dos afogados, eu sei que toda vez que um pescador desaparece no mar, uma lanterna como esta é acesa pra que Iemanjá leve a lanterna até onde está o corpo, para que ele seja retirado do mar. Mas eu não sou pescador!

Eu não consegui acreditar, olhava a vela acesa, apesar da "ventania" indo pra lá e pra cá, sem se abalar. Acordei.

Que sonho estranho. Eu, hein! Justo comigo que gosto de água só no copo e no chuveiro!

E as mulheres todas lá. Tornei a dormir e o sonho continuou.

O velho continuou falando: "você foi escolhida para ficar entre a gente, a vela não se apagará até que você decida. Antes de decidir, antes do cardume passar, existe alguém que você precisa ver".

Eu vi um homem que vestia uma roupa que não me era estranha, camisa de goleiro e bermuda, me mostrava a mão com um anel. Eu conhecia aquele anel? Sim, eu conhecia. Ele vinha chegando e eu quase estive tão perto dele. Pude ver o sinal no nariz, a marca. Ele parecia muito com o velho. Quem seria?

De repente, tudo foi encoberto pelo cardume seguido por várias sereias, todas muito alegres, muito bonitas. Mas eu precisava ver de novo o rapaz de roupa de goleiro e anel no dedo.

Eu acordei. O sonho estava nítido na minha cabeça.

As roupas, o anel, o velho? Sei lá quem era. Mas, no mesmo momento, uma fala se fez entre o sonho e a realidade.

"Dia 2 de fevereiro é o meu aniversário." Aí lembrei: Adi, meu irmão. O velho era meu pai.

E então tudo fez sentido, eu lembrei de tudo.

Eles estão em mim, eu terra, eu água. Os mortos vivem.

Era um dia 18 de julho. Que Zambi me fortaleça e me faça fiel na lembrança que é justa, para que a dor vire só saudade. Eu vi a face do meu irmão no fundo do mar, como espírito de luz. Saravá.

Era de tarde, eu ainda estava na Galé e alguém me chamou na recepção pra atender um rapaz, era Miguel, meu namorado, aquele que viria a ser o pai dos meus filhos.

Ele entrou na loja e foi dizendo: "Adivinha quem morreu?". Eu disse: "Sua mãe, seu pai, fulano, sicrano...". Ele respondeu: "Seu irmão morreu, Adi".

A primeira reação foi ficar estática, esperando ele dizer que era brincadeira, mas ele não dizia. Eu esperei... esperei... e ele não disse.

A possibilidade de entender que era verdade não entrou em mim ainda hoje. Entrei em estado de choque, meu patrão veio até mim e disse: "Tente entender que a vida pertence a Deus, você pode estar sofrendo, mas sua mãe vai precisar de você, vá!".

Eu saí da loja sem acreditar. Outra coisa que eu aprenderia: Miguel era a pior pessoa pra dar uma notícia deste porte, percebo que meus amigos librianos não sabem fazer nada sem sorrir, seja lá o que for. Passados já bem 40 anos e por incrível que pareça no dia anterior ao que eu completo tempo. Tive uma surpresa ao deparar-me com um passado distante que guarda bem lá dentro dele uma dor que é minha.

Aqui retomo a história que eu nunca queria contar, pois falar da morte de alguém tão querido é realmente rasgar a alma inteirinha pra reconstituir um passado sem retorno.

Um dia pesado, um corte na existência, uma facada do destino que deixou aberta uma lacuna que precisa se fechar, porque os mortos precisam ficar em paz.

No caminho ele me dizia que Adi tinha ido à São Sebastião na Praia de Guaecá para ser cozinheiro. Ele havia casado há pouco tempo e a filha estava pra nascer e ele aceitou ir pra outra região para fazer hora extra.

Chegando lá, fez o que tinha que fazer e, depois do jantar, foram jogar bola na areia da praia. A bola correu pro mar e ele foi buscar.

O resto é desgraça em forma de história.

Agora seria a minha primeira experiência, viver a morte na carne, em casa. Eu mal disse, Deus. Eu falei que toda vez que ele me dava um sinal era da pior forma.

Bethânia recitou certinho: *"Quem castiga nem é Deus, é os avessos"*, quem castiga são os avessos e os contrários.

Ainda em estado de choque, cheguei na sala de casa e vi ali todo mundo arrasado. Eu nunca tinha vivido isto desta forma. Ninguém fazia outra coisa a não ser ter esperança de que a qualquer momento, Adi entrasse ali naquela sala e dissesse: "Eu não disse que vocês sentiriam falta de mim se eu morresse?". Ele brincava muito com sua própria morte, tanto que depois eu fiquei pensando: "Ele previu a sua morte? Ele pediu a própria morte?"

A sala ia se enchendo de vizinhos e amigos, e agora?

Minha mãe que, quando recebia uma notícia como está, se armava, pegava tudo o que era preciso, se punha à frente e chamava nós e dizia o que cada um tinha que fazer, se virava pra mulherada e dizia: "alguém tem que fazer esta parte", chegava na casa do morto e falava: "mostre onde está o que a gente vai precisar, estamos com você, você não está sozinho".

Mas agora, minha mãe estava "só", olhar perdido, longe. Ela esperava um milagre. Nós também.

Eu nunca mais quero ver o olhar da minha mãe como estava naquele dia, naquele canto de sala, morta. E se há uma maldade no criador do universo, eu acho que é tirar de uma mãe o seu filho, seja ele de que idade for.

Eu pensei que no dia que isto acontecesse em casa, não iria sentir nada. A gente não sabe o que diz.

A sala foi chegando mais gente, Dona Báia, Dona Zefa, Luzanira, Dona Lourdes, Dona Antônia e Dona Maria Preta.

Isto queria dizer que, se unindo ali, estava um time de mulheres fortes... a coisa era verdade e grave.

Lá pelas tantas da noite, alguém veio avisar que teriam que levar outro alguém para o lugar onde tudo aconteceu, o mar.

Depois de uma breve discussão, minha mãe saiu do estado de choque e falou: "Eu trouxe ele ao mundo, posso bem reconhecer meu filho e devolvê-lo pra Deus". Entrou no carro e sumiu.

Precisava que fosse mais alguém com ela e Dona Báia disse: "Tem que ser alguém que não tenha nada que ver com isso, pra dar sustentação pra Maria". Ela já havia perdido um filho, sabia o que estava dizendo.

Nesta hora é preciso ter alguém de pensamento frio para que mantenha o cérebro atento pra ajudar na passagem. O escolhido foi Miguel. Agora era uma outra forma de tratar, agora eu vi o que ele faria diante da verdade.

A morte se deu na semana do aniversário de minha irmã Ninha e a casa se preparava para comemorar a festa. De repente, tudo aquilo que ali estava, bolo, bala, brigadeiro... teve que ser repatriado, ser distribuído entre as pessoas que por ali passassem.

O dia seguinte amanheceu, a realidade... só quem já passou por isto sabe como é.

Quem foi Adi?

Terceiro filho de Maria Aparecida Caldeira de Oliveira e Seu Estácio Roque de Oliveira. Nascido em São Paulo, mas, ao perder o pai, foi separado de suas irmãs e enviado pela ditadura, pela igreja de Davi Miranda e pelo Juizado de Menores pra ir viver num colégio de freiras em Itápolis, junto com nosso irmão Gedeão.

Agora, além de perder o pai, ele passaria a ver sua mãe uma vez por ano porque o colégio era muito longe de São Paulo. Nos dias de hoje, até na cadeia uma mãe consegue subsídio para visitar um filho uma vez por semana. Naquele tempo, uma criança não tinha este direito.

Precisava ser educado pra ser um homem, ser forte. Foi assim que eu vi meu irmão uma vez na vida, numa vez que minha mãe me levou com ela porque eu era muito pequena e nunca mais.

Eu lembro que pegamos um ônibus de viagem, chegamos em outro lugar. Era outra rodoviária e de lá pegamos outra condução e mais outra. Pra mim, era um passeio.

Ao chegar neste lugar, no meio do fim do mundo, e depois de passar por vários outros lugares e responder muitas perguntas, trouxeram até nós os dois meninos.

Eu não entendi nada nem os abraços nem os choros, o tempo era curto eu não consegui entender o que estava acontecendo ali. A mãe levou algumas coisinhas: creme dental, sabonete...

Ela nos aproximou e eles me abraçaram tão forte e chorando... e eu não entendia. Pode ser que ela tenha dito que éramos irmãos, mas eu não lembro. Eu queria sair dali, sentia o lugar ruim demais, muito triste, eu só queria ir embora.

No caminho, lembro que mãe comprou um pacote de biscoito de polvilho enorme e me deu pra segurar. Era um presente pra eles, mas eu esqueci o pacote no ônibus grande. Na verdade, ela esqueceu. O momento era tenso demais.

Aquilo era feito uma cadeia. Foram momentos breves e a agonia acabou. Ambientes como aquele não convidam ninguém a ficar.

Mas mãe, com lágrimas nos olhos, disse a eles que não a esquecessem, pois que ela voltaria. Tinha comprado um terreno, estava fazendo uma casa e, assim que fosse possível, levaria eles pra viver juntos. Abraço difícil de apartar para os dois lados.

Eu nunca mais vi aqueles dois meninos. No ano seguinte, quando minha mãe viajou, eu fiquei com Dona Luci, aquela mulher onde o cachorro Lulu foi morar. Minha irmã Miriam também ficou comigo e assim foram vários anos, até eles virem pra ficar.

Teve um ano que vieram pra passar o natal. Na hora de ir embora, foi só choradeira.

Por que tinham que ir embora se aquela casa era de sua mãe? Porque, pelo gosto do governo, era lei e que só deveriam sair definitivamente com 18 anos.

Quando uma criança carente precisa ser assistida pelo governo, ela só fica nessas casas até 18 anos. Depois tem que sair sem saber o que será de sua vida. E estou falando criança carente, não infrator

Mas mãe tirou eles no ano seguinte, sem o governo deixar mesmo. Botou os meninos pra estudar e trabalhar. Também colocou eles pra vender sorvete e depois foram trabalhar na feira com ela. Mais tarde foram ser *office-boy*.

Quando aconteceu o acidente, estavam como auxiliar de topografia. Por esta razão foi difícil crer que ele havia ido trabalhar como cozinheiro.

Adi era o mais alegre da família e eu não sei dizer hoje por que alguém que sofreu tanto, sorria tanto.

Tem algumas coisas na vida da gente que se repetem como herança divina e a alegria é uma delas. Assim como alguns sinais, Adi tinha uma pinta no nariz e um senso de humor memorável.

Quando eu pari Leandro, notei o presente que era... um presente do meu irmão Adi. Depois constatei: a pinta e o estado de graça... a herança foi o presente de Deus.

Isto são sinais de que Deus não é ruim e que nós estamos unidos, somos o que somos e existimos dentro destas tais leis do universo.

É a primeira vez que escrevo sobre meu irmão e sobre Leandro. É de cura este momento, mais de quatro décadas se foram e eu consegui falar dele. Tempo é tempo.

Um menino cheio de vida ainda lembro. Um dia que mãe foi bater nele porque eles saíram pra um baile de carnaval. Arrumadinho, cheiroso e mãe disse: "Chegue cedo!".

Eles chegaram já amanhecendo, no romper da aurora. Adi vinha arrastando uma mala velha que com certeza tirou de algum lixo. Um trapo amarrado no pescoço como gravata, sem camisa e de bermuda.

Mãe é vaidosa, eu já disse isso. Quando ela viu esse espetáculo, foi pra cima de chinelo e tentava bater nele, mas ele era enorme. E enquanto ele segurava as mãos dela e cantava "Calma Maria, Calma Maria" e entoava uma marchinha... completava dizendo: "Chegamos cedo como pediu".

No final ela ria, todo mundo ria e tudo ficava por aquilo mesmo.

Todo ano, quando era dia de levar o nosso cachorro Neguinho pra vacinar, eles combinavam entre si. Ailton, filho de Seu Dito do Pescocinho com a centenária Dona Etelvina, pegava a carroça de vender miúdos e vinha desde lá de cima da Rua Nove chamando os companheiros pra trazer seus cães pra ir vacinar. Ele tinha o Lobo.

O filho da Dona Cida costureira tinha o Juca e, em casa, o Neguinho. Os meninos da Dona Zefa tinham vários cachorros. Eles enchiam a carroça de cachorros e iam em algazarra.

Depois de vaciná-los, eles soltavam os cães que vinham acompanhando a carroça, arrumando confusão por todo caminho, até chegar em cada casa.

Adi, como bom corintiano, tinha fé em São Jorge e São Benedito e tudo o que ele comia, bebia ou fumava dividia com os santos de sua devoção. Percebeu que São Benedito fumava, porque ele colocava lá o cigarro e então o cigarro sumia... até ele descobrir que alguém da casa fumava e punha culpa no santo.

Leandro tem a pinta, mas o espírito corintiano quem tem é seu irmão, Evandro. Isto de levar a vida com graça era todo dia, toda hora.

Meu Deus, como seria a vida dali pra frente? Quem preencheria o espaço de tanta alegria?

Lá de São Sebastião, Miguel vinha de três em três dias pra dar notícias. Aliás, para dar má notícia. Quando ele retornou, minha irmã Miriam voltou com ele porque Dona Maria Preta disse que mãe não era pra ficar sozinha, só com casca de coco (gente desconhecida).

Ela dizia: "O Má, chama minha fia, o Má, chama... inda mais mãe em desespero".

Passaram-se seis dias até que alguém deu notícia novamente. Os homens do corpo de bombeiro local avisaram que o mar havia expulsado vários corpos. Foi mandado chamar as pessoas que estariam com minha mãe na hora dela entrar no IML.

Segundo disseram, minha mãe do jeito que desceu do carro seis dias antes, sentou-se na calçada em frente ao mar e dali nem saía, nem falava nem ouvia nem chorava. Parece que em pensamento pedia ao mar que não lhe levasse a alma daquela forma, que devolvesse aquela parte dela que estava dentro dele.

O mar devolveu com seis dias um dos corpos encontrados, era o de Adi, que só pode ser reconhecido pelo calção que ele jogava futebol, a camisa de goleiro e um anel. Todo ele estava comido de peixes. Quem viu seu corpo precisou ser socorrido no pronto socorro.

Era uma grande desgraça que se abatia no seio da minha família. Nunca aquela casa fora tão triste, nunca mais foi a mesma.

Em casa, no Ataliba, era só gente que chegava e gente que vinha confirmar se era aquilo mesmo.

Chegou o Tio João, veio tomar conta da gente, ficaram em casa todas as mulheres fortes que se somaram a Luzanira, a Cida e mais um tantão de gente que ia e vinha sem acreditar que aquela casa tão bonita perdera um filho que vivera ali tão pouco. A casa estava de luto.

Pude sentir como não tinha graça nenhuma ver pessoas ali fuçando a casa, da mesma forma que eu fizera em tantas casas.

Meu irmão era como eu, certeiro na pedrada e alguns dias atrás ele havia jogado uma pedra num gato e o gato morreu na hora. Ele não havia feito por mau, chorou muito, muito mesmo. Depois pegou uma enxada e enterrou o bichinho e chorou muito mais.

No dia em que ele saiu pra viagem sem volta, ficou fazendo hora. Tinha bastante gente em casa porque era a semana de aniversário da minha irmã, no dia 17 de julho.

Todos faziam coisas pra festa, a casa já estava toda enfeitada, minha irmã arrumando o vestido que colocaria. Tudo era festa.

Ele retornou muitas vezes para se despedir da minha mãe, era como se não quisesse ir. Até que foi e nunca mais voltou.

Depois da notícia, as pessoas que vinham na casa ajudavam a desmontar o ambiente festivo e arrumar a casa pra o velório e o lugar para o caixão. O lugar vazio dentro da gente.

Era incrível o que eu estava sentindo. Pensava que não gostava deles. Ao imaginar a situação como minha mãe foi levada pelos braços, sendo arrastada por vizinhos, praticamente me cortava o coração.

Nunca mais teve nenhuma festa na sala.
Era um tempo que só havia um telefone no bairro e era na casa de um comerciante que era muito obsceno. Ele deixava a gente ligar depois que acharam Adi, mas, em compensação, ele dizia coisas horríveis pra gente.

O corpo teve que vir de avião, caixão lacrado, todo coberto de formol. Quando a funerária parou no portão de casa, tudo se confirmou.

Dona Antônia era uma fera como a mãe, mas me mostrou, com aquele ato de bravura, que era uma mulher pra além de forte, era um exemplo, o meu exemplo.

Nesta hora, o caixão entrando em casa, uma pessoa entrou pela porta da cozinha, Dona Antônia, com os olhos cheios de lágrimas.

Abraçou minha mãe e disse assim: "Olha Maria, numa hora como está não existe inimizade, eu não me perdoaria se não viesse aqui. Sei do tamanho da sua dor, porque é do tamanho da minha. Nunca se esquece um filho, Deus preparou meu coração porque sabia que eu viria consolar o seu. Vamos deixar as magoas pra lá. Quando passar uns dias vamos conversar, retomar amizade antiga, pelo amor das nossas crianças. Nossas meninas até já casaram".

Depois ela ajudou em tudo o que pode, até amanhecer depois foi embora. Minha mãe disse algo que não me ocorre agora. Era muita dor. Mãe é resistente. A periferia toda estava na sala de casa, aquela que já me expulsava.

A multidão tomou conta da rua e foi preciso que duas viaturas escoltassem o cortejo e controlassem a multidão. A mãe estava irreconhecível de um jeito que não consigo imaginar hoje.

O rosto só tinha osso e lágrima. Quando ela chegou na cozinha, deu de cara com minha cunhada com a barriga enorme e disse: "Eu trouxe meu filho pra casa pra última despedida e pra se despedir mulher do meu filho".

Foi tudo o que eu me lembro. Todo bairro passou pela sala de casa, veio gente de todo lugar. No dia seguinte, na hora marcada pra sair o caixão, foi mais desespero.

Não sei quantos ônibus e carros foram necessários para levar tanta gente. Eu não via nada além do escuro da tristeza. Ficamos nos cuidados com minha cunhada que estava pra dar à luz a qualquer momento.

Como poderia ter acontecido aquilo, como?

Foi o enterro, o tempo passou e um dia, quando conseguimos falar daquele episódio que entristeceu a casa, alguém falou: "a senhora viu que a dona Antônia veio?", ela respondeu seca. Não disse mais nada. Muito depois disse "que não a perdoava".

E assim foi feito.

Nunca mais é muito longe

Quem já passou por isso, há de lembrar que os piores momentos, neste caso, são:

A hora que a notícia chega,
o reconhecer que é mesmo verdade, quando cai a ficha,
o fechar do caixão,
o sepultamento,
e a realidade batendo na porta.

Mas não tem nada pior que voltar pra casa, porque cada um vai para suas casas e a ausência se faz mais forte. Aí a última ficha cai: ele não vai voltar mesmo.

Aí a gente descobre que nunca mais é muito longe e todo choro não ameniza a dor.

Minha mãe seguiu a vida. No ano seguinte, eu fiquei em coma por oito dias com eclampsia e ela foi à loucura de novo, quase morreu novamente, quase perdeu o sorriso. Foi só um susto.

Décadas já se passaram e nunca mais teve festas daquele porte em casa. A sala ficou morta. Era muita dor num peito só.

Até hoje ela ainda vai no cemitério da Vila Formosa acender velas pra o seu menino que Deus levou pela mão das águas, que hoje sabemos, se tornou num espírito de luz, um Orixá nosso no Orun. Mas que está muito em nós porque família é para toda eternidade.

Nós, de religiões de matriz africana, vivenciamos a existência assim, mesmo sem saber, isto é, Ubuntu. Glorifiquemos os mortos para que nossa passagem pela Terra tenha algum sentido.

Cuidar da Terra até morrer, é pra isso que a gente vive.

Fingir de morrer

Deparar com a nova velha realidade, o oco se escancarou e foi nele que o álcool achou morada mais uma vez. Era bom porque eu esquecia as dores, conversava coisas conversáveis e que não exigiam respostas.

Fingir e morrer pra dentro. Neste silêncio feminino milenar, eu afogava minhas mágoas sorrindo amarelo e me preparava pra me entregar ao destino. Achava que talvez viver fosse aquilo mesmo e daí, quando eu pudesse, buscaria justiça.

Minha entidade nunca me permitiu me destruir de vez. Naquele momento aceitar o imposto, deixar de pensar. Isto me punha em pé de igualdade com todos e me tirava a coragem de reagir.

Mas por quanto tempo um ser pensante consegue ficar imune sem raciocinar, até a cachaça estimular? Eu era um bêbado intelectual, nos bares que eu frequentava, juntava gente pra discutir política e outras formas de vida.

A diferença era que, passando o efeito do álcool, voltava o pensamento comum. Eu amanhecia com a ideia do mundo organizado, mas a ressaca... é a fama de mulher fácil. As mulheres burras achavam que eu iria tomar seus parcos machos.

Mas, por debaixo dos panos, elas vinham se aconselhar comigo e me pediam segredo. Nunca fiz segredo, e nem faço, até hoje. Era assim por algum tempo, afogava o choro, as queixas, esquecia a pertença e um comodismo se instalava até passar o efeito da cachaça.

Não sei dizer ao certo por quanto tempo vaguei neste limbo, neste pesadelo, meio dormindo ou fingindo, meio anestesiada pra não encarar a realidade. Mais tarde cai ainda mais, desta vez pra drogas consentidas.

Noutros tempos

Eu estava tentando parar de beber.

Era a única forma de incentivar a escritora em mim. Silenciar sem esquecer... eu ansiava por liberdade e minha intuição me dizia que ela viria. Mas quando? Mas como?

Me diziam que eu tinha que me conciliar com Deus. Tá louco, pois se as piores pessoas que eu convivi eram ou se diziam muito amigas dele.

Capítulo 6
Fazendo Aliança

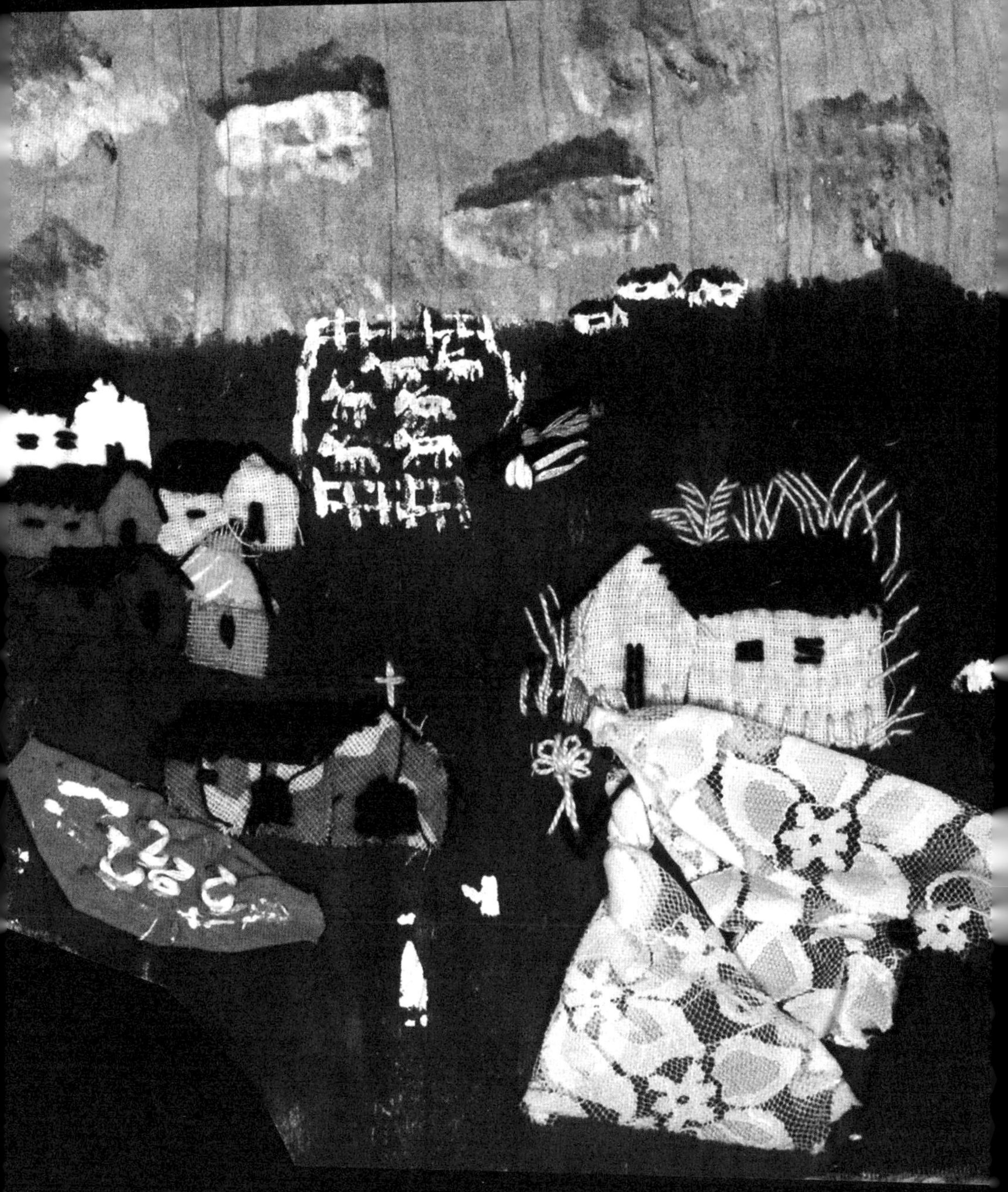

Obra
Casamento de boiadeiro

Técnica
Bordado, colagem e paciência

A semente estava plantada

Eu precisava viver algo que valesse a pena, algo que me fizesse me sentir viva, algo que justificasse minha vida na Terra. E a primeira coisa que meu corpo disse sem palavras foi: "Sexo". Então, chamei Miguel e disse: "Vá pra casa, se arruma, passa perfume e venha, vou dar pra você hoje".

Eu sou muito decidida das coisas que quero fazer. Miguel chegou em casa de noite, todo arrumadinho, cheiroso e eu não havia mudado de ideia.

Ali mesmo no quintal tivemos a melhor e mais bonita experiência que Deus já me concedeu. Já no próximo mês as regras não vieram, a semente estava plantada.

Deixei de jogar bola, empinar pipa... Nunca pensei que tivesse que parar, por mim, eu estaria lá até hoje. Mas você me chamou um dia e disse: "O que você vai fazer da sua vida? Tem gente vindo por aí, não tem?". Aí a coisa ficou séria.

Na verdade, eu sabia que estava grávida, mas se eu tivesse que contar, você ficaria sem saber até hoje. Vocês que adivinhassem, não sabiam de tudo? Mas, por dentro, eu tinha era medo.

Chegaria o tempo que as roupas ficariam apertadas, os enjoos percebidos e aí viriam as cobranças... "O que fizeram com você?", "O que você fez?", "Não lhe ensinei a ficar com as pernas fechadas?". Em pensamento, eu dizia "sim". "Sim, me ensinou, mas nunca me disse que eu sentiria vontade de abri-las, nunca me falou que eu sentiria tesão e que fazer sexo por prazer, e com quem eu gostasse, e com nós dois querendo, era uma sensação maravilhosa".

Você mãe, nunca disse nada sobre sentir prazer. Eu era sempre a pessoa descalça que tinha que sair da sala quando o assunto eram estas coisas. Sexo era "senvergonhisse".

Quero branco!

Eu me casei em dia 23 de maio e Kaki nasceu no dia 29, minha primeira filha. Sabe quando a gente faz arte? Faz besteira? Era assim que se dizia naquele tempo.

Foi a minha melhor e maior arte. Comer a merenda antes da hora era isto. Mas foi tão bom que, mesmo correndo o risco, repetimos e lambemos os beiços e o prato. Várias vezes. Toda vez que era possível, fazíamos de novo.

Éramos duas crianças brincando de ser adultos. Por esta razão, aprendi bem a lição e na hora de falar para os meus filhos e filhas, esta lição me valeu não mentir sobre as coisas que são boas, mas que precisam ser feitas com cuidado e responsabilidade.

Sexo é a coisa mais gostosa de fazer que Deus criou pra nós e é ainda melhor porque nos traz os filhos, mitologicamente falando é o encontro dos falos.

Nos casamos meio de mal porque ele queria só juntar os trapos. Eu queria cartório, igreja, vestido de noiva. Foi um bate-boca... como poderia uma pessoa com a boca na barriga casar de branco? "Eu vou casar de branco". A comunidade nesta hora veio em peso me dizer das razões do porque eu não poderia casar de branco. "Eu vou casar de branco". Uma vizinha disse, "Você está louca, noiva grávida, casar de branco, Deus castiga". "Quem te falou? Deus?". Eu sabia que ela não tinha visto Deus.

Minha irmã disse com fala mansa, igual a daquela mulher da loja: "Jacira, casa de rosa minha irmã, ou azulzinho bem claro, ou bege, igual eu". Mas "Eu não sou você! Quero branco, a cor que eu gosto é branco, é mais bonito, eu quero assim", e de mais a mais, eu sou pura até hoje.

O que me tiraria a pureza de uma hora pra outra, não foi a inocência que perdi, aliás, não perdi nada. "Deus não vai gostar, minina". "Pelo jeito, acho que ele nem vai querer vir na festa e onde tá escrito que é pecado? Na Bíblia?".

Eu lia a Bíblia pra Bisa e lá não tinha nada sobre este assunto de "cor de vestido de noiva grávida". Não era revista de moda. Eu era e ainda sou o tipo de gente que pede perdão pra não pedir permissão.

O pouco de mulheres que ainda falavam comigo pararam por causa da minha decisão. Uma ex-amiga disse assim: "Se eu fosse você, casaria com qualquer roupa pra não arrumar mais confusão, depois você vai num lugar, aluga um vestido de noiva branco e contrata um fotógrafo... faz um álbum". "E faço a festa de novo?", "Não". "Então, não! Você não é eu". Hoje chamaríamos isso de *Photoshop*, né?

"Já tá tudo decidido, vai ter a festa, todo mundo vem, comemos, bebemos e eu com meu vestido branco... você vem se quiser". Na verdade, eu quase não tinha amigas e elas me viraram a cara. Eu conhecia a vida de todas elas e algumas eram bem capazes de ter jogado pedra na cruz. Agora, de uma hora pra outra, virginaram e deram pra me julgar pela cor do meu vestido. "Foda-se!".

Os convidados do meu casamento eram amigos da família. Engraçado como você ficou muito triste com o fato de eu ir embora, mas não deu a mínima pra que cor de vestido eu queria.

Você me acompanhou até a Rua São Caetano, me disse que estava triste porque minha irmã e as pessoas estavam falando muito mal de mim. Por que ninguém dizia pra mim? Porque eu já tinha a boca suja, diziam pro vento.

Na primeira loja que entrei, a vendedora trouxe um vestido rosa e eu disse: "Quero branco". Ela olhou com olhar de deboche pras amigas. Eu falei pra ela: "Sou eu quem vai casar, não pedi a sua opinião". Levantei e saí, fui pra loja seguinte. Comprei o vestido... agora tava valendo.

Engraçado a mãe da gente e a gente quando vira mãe, né? Primeiro ameaça, depois chora, entristece, vai junto, compra briga. É mãe, mãe é tudo assim!

Agora tudo era organizado pra mim, do mesmo jeito que era pro Tio Cido. E ele veio no meu casório, com todo seu rebanho. Num curto espaço de tempo, arranjamos a casa, móveis e enxoval. Na verdade, eu não tinha nada, mas minhas irmãs tinham. Então a mãe pediu carinhosamente que elas me cedessem peças de seus enxovais. Foram preciso muitas ameaças, eu ia precisar!

Eu nunca tinha comprado uma peça sequer, comprava canetinhas, bolas de gude e de capotão.

No cartório, o escrivão disse: "O que você vai tirar de seu nome?", disse eu: "Nada, nossos sobrenomes são iguais". Miguel era de Oliveira e eu, Roque de Oliveira. Eu não deixei tirar meu Roque..., não que eu morresse de orgulho, mas era meu, não gosto de perder nada. E juntos, a gente falou coisas, viu...? Daí eu disse: "Então não caso", "Caso, não caso. Caso, não caso...". Ajeitamos os papéis e ficamos eu com meu Roque e eles foram à merda.

Gente, Miguel não tinha um gato pra puxar pelo rabo. Então a mãe, se não quisesse fazer feio pros parentes, teve que vestir ele e eu. Pra ele, tudo o que queria era um lugar pra descansar a vitrolinha que ele chamava de "aparelho de som", que ele e meus irmãos fizeram as próprias caixinhas de som com madeirite.

A igreja foi um perrengue só. Não encontramos vaga em nenhuma, porque todo mundo casava em maio. E na única que encontramos uma vaga, fui expulsa do cursinho porque perguntava demais. O padre se ofendeu.

Mas mãe tinha amizade com outro padre e pôs sua habilidade a meu serviço. Casamos numa igreja católica apostólica brasileira. Ela era igual uma casa de umbanda, cheia de santos.

Quando faltava um dia pro casamento, foram lá em casa, pegaram o Miguel, ensaboaram ele com farinha de trigo, lavaram com cerveja e depois saímos arrastando ele pelas ruas do bairro cantando e pedindo dinheiro.

Eu não era simpática pra isso, mas achei tão bonito e espontâneo todos ali, havia um ano que Adi tinha morrido e minha mãe conseguia sorrir de novo. Todos nós conseguimos sorrir, mesmo que a dor ainda fosse presente.

Na festa do meu casamento, teve feijoada, kibe, coxinha, cerveja, refrigerante e muito doce. E um bolo imenso também. Na hora de ir pra igreja, um carro veio me buscar. Eu era a primeira moça daquela rua que fazia festa no casamento. A mãe tava orgulhosa, nunca disse, mas tava.

Na hora de sair com vestido de noiva, a rua estava lotada. Umas pessoas vieram pra ver se eu casaria mesmo de branco, outras vieram de inveja. A filha caçula da Dona Maria estava casando com o filho de Dona Inês.

Entre as minhas amigas que não vieram na festa por causa do meu vestido branco, uma delas tinha dois maridos. Ela não foi na festa, mas eles dois foram. Foda-se, ela.

Quando deu a hora, tomei banho, me encaixei no vestido e então me pintaram. Tava me lixando se me pintassem de noiva ou de apache, o dia era meu! Saí da casa pela porta da frente, segui o corredor e entrei no carro. Sabe o que ninguém conseguiu arranjar ou nem pensou? Um fotógrafo.

Um tanto de gente já devia de estar na igreja. Miguel ficou tão bonito depois do banho de farinha com cerveja. Eu segui toda orgulhosa de mim. No meio do caminho garramos uma briga, Cumadi, e eu, ela tava roxa de despeito. Deixou as alianças em casa de propósito, casamos com as aliança de dois convidados.

Foi tudo muito rápido: num sei que lá, num sei de cá, um "dominus dorum" e amém. Pronto, voltamos pra casa, com o carro buzinando. Teve chuva de arroz, a casa estava cheia de gente, ganhamos muitos presentes. Na verdade, foi muito simples a cerimonia na igreja, mas ninguém sabe, só eu e agora vocês.

A única coisa que guardei de tudo o que ouvi era que no dia do casamento, quando a festa terminasse e todos saíssem, o meu marido me daria uma coisa. Assim que todos foram embora, eu fiquei esperando e Miguel não me deu nada. Ele foi dormir bêbado... mas eu queria. Pensei que me daria no dia seguinte... ô gente, eu era uma menina sem maldade nenhuma.

Pari Kaki

Passou uma semana e chegou a hora do parto, mas eu tive uma eclampsia, fiquei em coma por oito dias. Quando acordei, o bebê que nasceu miudinho já estava em casa.

Quando voltei pra casa, soube que foram dias de muita apreensão e oração. Todo mundo se reuniu em oração pedindo ao Criador que não levasse mais um filho de minha mãe, porque senão ela não suportaria. E Deus me poupou.

A magia de ter a primeira filha nos braços é uma emoção única, fiquei muito mais perto de Deus quando pari, muito mais. Mas eu ainda estava no hospital e ela já estava em casa, eu já me via com ela em meus braços.

Deus, quando quer se afastar dos homens, ele se disfarça de criança.

Ela não merece esse castigo

Assim que todos souberam que eu havia acordado, o hospital lotou e todos queriam me ver. Miguel entrou primeiro, me disse que quase eu deixava ele viúvo, disse que ficou muito triste e como ele tinha que ser rápido, pois a mãe ia entrar em seguida, disse: "Olha, preciso muito fazer um pedido pra você". "Faça!", "Gostaria de fazer uma homenagem pra papai", "Como assim? Uma festa?", "Magina, é outra coisa!", "Uai?", "Gostaria que a bebê tivesse o nome dele... Eu já tinha falado com minha sogra, sua mãe, mas ela disse que era melhor esperarmos até você acordar".

Observação: o nome dele era Marciano, mas eu sabia que todos os filhos, ou quase todos, tinham como sobrenome o nome dele. Era Aparecida Marciano, Fulano Marciano e aí ia seguindo.

Quando Miguel disse que era essa homenagem eu disse: "Miguel, o nome de seu pai é muito feio, minha filha não merece este castigo. Deixo sim que você escolha qualquer nome, mas Marciana não, nem no sobrenome. Eu não vou seguir esta dinastia marcianesca de jeito nenhum".

Desta vez meu sogro entendeu e ficou tudo bem. Eu nem me lembrava das dificuldades que iria enfrentar, meu milagre miudinho cabia na palma da minha mão.

Com algumas gotas de água eu lavava ela todinha. Um dia balancei a mão molhada e uma pequena gotícula caiu no narizinho dela, ela quase sufocou. Ela dormia tão tranquila e tanto que por várias vezes eu ia lá pôr o espelho pra ver se ela respirava.

Eu tinha medo de perdê-la, nunca tive alguém ou algo tão bonito, me arrepiava só de pensar em coisa negativa. Ela foi ganhando gordurinhas nos braços, perninhas e eu ficava ali do ladinho dela crochetando.

Taí pra o que me serviu o tecer. Era a primeira vez que eu tecia pra uma boneca minha. Eu e Miguel não vivíamos pra outra coisa, era só pra ela. Kaki nasceu com 1kg e 900 gramas, era tão miudinha, mas muito esperta. Num instante engordou, cresceu, era o bebê mais sorridente do quintal. Logo andou e falou.

Mas foi, entre meus filhos, a que mais ficamos devendo porque éramos marinheiros de primeira viagem. A gente erra tentando acertar, mas tinha muita gente em volta, todo tempo, e isso impede a gente de aprender direito.

Nossa vida junto foi precária sempre, começou mal e só melhorou quando nos separamos e, como eu já disse, se os pais sofrem, os filhos é que pagam o pato.

A sorte, mãe, foi ter você por perto, que ajudou sempre, mesmo quando a gente não esperava.

Todo mundo entrava no meio

O médico que fez o meu parto, me encaminhou pra fazer exames de cabeça porque precisava investigar a causa da eclampsia. Ao mesmo tempo, como eu desmaiei na rua, precisava saber se eu não tinha batido a cabeça nalgum lugar.

Fomos então pro Beneficência Portuguesa e lá eu fiz chapas do crânio. Minha filha tinha três meses e minha licença maternidade estava no fim.

As brigas entre nós retornaram novamente, porque uma pessoa, que não vou contar o nome, dizia que eu não queria tomar conta da minha filha.

Todo mundo entrava no meio, Miguel se envolvia e era tudo como sempre. Tem uma coisa que eu nunca soube fazer, e ainda não sei, é ficar calma quando percebo que alguém está me caluniando. Era isso que ela estava fazendo.

Esperava o Miguel no portão, ele chegava às 11 horas da noite. Não sei o que ela dizia pra ele, mas entrava em casa bravo. Depois ela fazia o mesmo com todo mundo, igualzinho como sempre fez e eu, quando descobria, enchia ela de pedrada.

Ainda não disse, mas Deus me fez com uma super mira e eu a aperfeiçoei. Minha vida estava um inferno novamente. Agora era o quintal que me dizia: "Você precisa ir".

Tem gente que é inimigo e pronto, não adianta querer ser ou ver diferente. E esta pessoa sempre foi. Nem vou contar o que ela fez que foi a gota d'água. Mas eu tentei matá-la. Aí se encaixa o psiquiatra.

Eu já tinha o histórico da eclampsia, não foi difícil encaminhar. No início, eu aceitei porque eu tomava o Lexotan e o ódio acalmava, eu esquecia. Esquecia não, me acalmava. Mas se eu ficasse sem remédio, queria morrer ou matar ela.

Minha educação e a de todo mundo a meu redor foi assim. Então, estar ali com alguém falando de mim era normal. E estas pessoas nunca querem minha opinião, era coisa que eu estava já acostumada e, a meu ver, todos ali também.

Ao entrar na sala do médico era a mesma coisa, a mãe falava, falava em dado momento, o homem do outro lado da mesa batia com força na mesa e gritava meu nome. Em seguida escrevia coisas num papel receituário rasgava do bloco e entregava a minha mãe.

Comíamos algo na porta, uma coxinha, um cachorro quente e íamos embora. Por que íamos ali, afinal? Eu nunca havia perguntado. De noite, a certa hora, alguém me dizia: "tome este remédio". O nome? Lexotan. "O médico pediu pra tomar neste horário".

Eu nunca perguntava qual médico? Se era aquele mesmo que eu pensava, não falava nada, só gritava. "É pra você não ter mais problemas".

Eu estava gostando de ter alguém com cuidados comigo e me deixei levar. Uma coisa era verdade, eu havia ficado em coma por oito dias, isto era fato. Era bom ter alguém cuidando de mim e até ficavam com a Kaki, que era ainda um bebezinho muito fofo, muito bom de cuidar.

Diziam que era pra eu "ficar sossegada". E sossegada foi coisa que eu sempre quis ficar. Em seguida eu ficava mole, calma, boazinha, cansada e dormia.

Isto durou dias, meses talvez. Por meses voltei naquela sala escura. Por vezes incessantes elas falaram de mim sem eu interagir. O homem batia na mesa e escrevia no papel. Rasgava o papel, entregava.

Comíamos uma besteira na porta e era só isso. Comecei a desconfiar que algo estava errado, porque as conversas e sussurros continuavam, como faziam quando eu morava na casa da mãe.

Era do mesmo jeito, estavam conversando, eu chegava e elas paravam. Como sempre havia sido assim, eu custei a imaginar que fosse algo contra mim.

Vendo a desgraça penetrando em mim sem saber o que fazer, sem entender até. Foi um tempo que houve silêncio em casa, no quintal. Todo mundo estava muito mais silencioso e satisfeito. Sem reclamações, nem queixas de nada.

O quintal insistia em tomar conta de mim, manter o comando da minha vida. Eu, casada, querendo viver a meu modo e sempre tinha alguém ali de prontidão, de vigília.

Neste tempo eu já estava desenvolvendo o sintoma de depressão e nem notava, ainda não se falava nisto, ou melhor, até já se falava, mas tinha outro nome: era "falta do que fazer". Quem ia aos hospitais, era diagnosticado como DNV, Distúrbio Neurovegetativo.

A mudança

Num dia estávamos brigando e meu sogro chegou. Quando viu nossa discussão, quis saber do que se tratava e eu contei. Então ele, que era uma raposa veia, aproveitou a minha burrice e me disse que minha família não gostava de mim. Bingo! Era isso e ele percebeu tão cedo.

Aí veio o convite: "Venha morar em minha casa, eu te recebo de todo coração". Bingo de novo! Eu queria sair dali, agora seria a hora. Comuniquei o fato, ele desocupou um cômodo de sua casa, arranjamos um caminhãozinho e fomos embora pro Jardim Fontalis.

Naquele tempo, o bairro só tinha três ruas e eram Rua A, Rua B e Rua C. Fomos pra B.

Seja bem-vinda

Quando o caminhão parou na frente da casinha, eu desci, todo mundo já me esperava. A casa era bem humilde, era domingo, Seu Marciano já esperava na porta de entrada.

Ele me chamava de Jê. Ao me ver, tirou a camisa do corpo e estendeu no chão, bem ali na minha frente e disse assim: "Jê, minha norinha, seja bem-vinda, pise na camisa deste seu servo e de hoje em dia, se precisar, pode pisar até na minha cabeça".

Eu não consegui pisar na camisa dele, mas vocês hão de convir, parecia que minha vida ia mudar e mudou! Quando eu vi que o cômodo não tinha piso, eu estranhei. Nunca morei em casa sem piso. Ele saiu e dali a pouco voltou com vários homens, cimento, areia e antes do fim da tarde o piso foi feito.

Aí eu gostei!

A diferença entre o lugar de onde saí e o novo lugar era gritante. A casa da mãe era de laje. Lá era de telha. A casa da mãe tinha banheiro há muitos anos com privada e chuveiro. Lá era latrina e não tinha água, tampouco chuveiro.

A latrina ficava na beira de um barranco, pendendo pra rua em frente a um buteco. Todo o resto dos pisos, das casas do quintal era de chão batido. De tarde tinha um costume que em casa não tinha mais: esquentar água pra tomar banho.

Se quando eu cheguei ele estendeu a camisa pra eu pisar, uma semana depois já estava falando pra Miguel que era preciso me bater pra eu não dar mau costume às outras. Era "educação", dizia ele.

Mas isto não era tudo.

Um aninho

A segunda gestação é uma mistura da porra. No meio desta bagunça toda, eu engravidei de Tiana. Kaki estava com 1 aninho.

O que nos fez dar uma pausa foi a doença da nossa sacerdotisa, Dona Maria Preta.

À Dona Maria Preta, com carinho

Existem mulheres que vem com o dom do cuidar, Dona Maria foi uma delas. Cuidam dos seus filhos e dos filhos do mundo.

Quando dei por mim e prestei atenção, Dona Maria já estava totalmente envolvida em meu caminho. Mulher muito séria, igual a mãe. Era muito difícil ver elas sorrindo, a não ser uma vez ou outra em volta do poço. Até em dia de festa elas usavam suas carranquinhas.

Porém, ela era dócil, falava baixo. Até pra ameaçar ela falava pausado.

Vivia em companhia de um irmão e uma garotinha que foi adotada por ela. Os três moravam bem ali onde é a Rua Diva Rodrigues de Oliveira, bem pertinho do Bar do Seu Gonçalo.

O quintal da casa dela era pequeno, mas vivia cheio de pessoas que ela ajudava, de outros que ela atendia e dos seus filhos de santo. Eu não sabia que a estes quintais se dá o nome de roça.

Nem de longe imaginava que ali estava toda a história que eu buscava. O portão da casa era de madeira e era um portão baixo, que vivia sempre aberto.

Todos os finais de semana tinham dança e toque de tambor até certa hora. Nem todos falavam bem dela, os intolerantes a mal diziam por causa de sua religião, mas não saiam de lá.

Diziam tanta coisa sobre ela que acho que nada era verdade. Falavam assim: "Quem mexe com essas coisas aí, Deus castiga, não ajuda". Quando Dona Maria Preta adoeceu, ouvi muita gente miserável dizer: "E agora, cadê a santaria dela? Onde está?". Muitas mulheres que falavam mau de Dona Maria mandavam seus filhos lá pra ela benzer, dar remédios, conselhos.

Era só ficar desenganado da vida e do médico e pronto, ia dar lá na soleira da porta de Dona Maria Preta. Nesta época, nós estudávamos numa escola que era dentro da igreja católica, a Nossa Senhora do Carmo.

Nossas professoras eram todas jovenzinhas, filhas dos portugueses da região ou freiras. Então a casa de Dona Maria era um complemento no nosso aprendizado, ela era nossa mestra negra.

Quem não a conhecia tinha medo, era preciso entender o seu jeito pra ficar à vontade em sua sombra. Eu não ficava, ainda mais quando alguém dizia que a gente era gado dela.

Eu num era gado, mas gostava de olhar as danças, ver o ruflar das saias, tantos e tantos de pano sobre pano girando até o êxtase, às vezes nem parecia que aquele corpo era o enchimento da indumentária. Era bonito mesmo, era mágico, eu me sentava num banquinho e ficava olhando, olhando até adormecer.

Ali não tinha o senta, levanta da igreja, nem o forfel dos evangélicos. E o tambor acalentava. Ela dizia umas coisas engraçadas, era coisa séria, mas era engraçado. Dizia assim: "Tem alguém atrás da minha porta querendo falar com você" ou "Tem alguém te chamando pra uma festa" ou "Eu vou bater na cangaia que é pro burro entender".

Seu quintal era repleto de Espada-de-são-jorge, daquelas que ela distribuía a larga pra nossas mães usar na gente.

Atrás da porta de sua cozinha, tinham duas espadas pregadas em cruz e ela dizia que era "pra acalmar minino brabo". Nossa vizinha tinha um rapazinho que merecia atenção especial, porque ele fazia fogueira bem embaixo da TV. Quase vendo a hora do doido botar fogo na casa.

Dona Maria curou ele, mandou a mãe dele bater nele com Espada-de-são-jorge. Ele era quem mais levava Espada-de-são-jorge, viu? Oh minino difícil de amansa!

Tinha um companheiro de rua que era terrível conosco e com todo mundo. Ele era muito violento. Era filho de um homem que fazia garrafadas e mezinhas, era o curandeiro. Dona Maria sempre dizia pra o pai dele: "Seu filho tem um sério compromisso com a algibeira alheia. O senhor precisa botar a barba de molho". Eu nunca entendia o que ela queria dizer.

Quando ele ficou rapaz, casou-se, mas não trabalhava. Só roubava e logo foi morto por uma vítima, quando tentou assaltá-la. Todo mundo tinha medo dele. E como miséria chama miséria, mataram os dois filhos dele do mesmo jeito.

Dona Maria era conselheira de todo mundo, as moças que estavam em idade de namorar, recebiam conselhos. Casais que nunca se davam, recebiam conselhos. Pais que eram muito violentos, recebiam chamados.

Até casos de gravidez indesejada também eram resolvidos por ali. Na hora que era necessário guardar segredo, o segredo era guardado. Todos precisavam dela pra isso ou pra aquilo, inclusive os que falavam mau.

Chá de esquecimento

Caro leitor, não faça caso de toda minha narração a partir daqui, porque nunca fui pessoa digna de confiança, minha imaginação é fértil e cria fatos que só ela viu, não levem o que direi daqui em diante ao pé da letra.

Minha história tem pontos baixos e menos louváveis. Muitas vezes, Dona Maria desacreditada e ao mesmo tempo solicitada, precisava ajudar as famílias em assuntos impossíveis, muita coisa que nem Deus, nem a polícia resolveram ficar apaziguando ali na casa dela. A casa de Dona Maria era o onjango possível dentro da sociedade racista que nos rodeia. Assuntos que feriam o decoro das famílias.

Como sempre, em todo lugar onde tem uma mulher negra a serviço de uma comunidade, esta está à frente de tudo mesmo. Dona Maria era parteira, creio que sim, mas já havia algumas maternidades na região, mesmo assim era normal parir em casa.

Foi um tempo escuro pra muita gente que engravidava e um assunto sério mesmo, até perigoso. Algumas muitas mulheres engravidavam de homens invisíveis e algumas meninas ficavam estranhas, de repente.

Ficavam de passagem pela casa de Dona Maria e depois voltavam pra suas casas, pálidas feito papel do caderno. A gente não sabia o que tinha na casa que as deixava daquele jeito.

Apesar da ordem de guardar segredo, estas pessoas ficavam marcadas pra sempre e todos do bairro se afastavam dela. Quando a gente perguntava "porque não podia falar com elas?", só vinha a resposta: "porque não!".

Mais tarde descobriríamos, muitas de nós pelo mesmo caminho, que elas tiveram vida sexual precoce e não raro, na maioria das vezes, a violência fora praticada por algum homem da própria casa ou bem próxima. E pra livrar a honra da casa e a família de vergonhas, a culpa caia apenas sobre a mulher.

A pessoa que sofresse abuso sexual era acusada de ter provocado o marmanjo mesmo se ela tivesse 5 anos e ele 40. E não mudou muita coisa nos dias de hoje.

Nunca esqueço que no preparo pra primeira comunhão, lá no convento perto de casa, nós fomos pro confessionário pra falar se já havíamos pecado contra castidade, coisa que nem de longe sabíamos o que era. Este pesadelo já havia visitado muitas mulheres e crianças dali.

Estas pessoas marcadas não podiam nem entrar pro grupo. Mas, afinal de contas, o que a fé tem a ver com virgindade?

Vivemos muito tempo de nossas vidas fingindo que nada disto tinha acontecido, porque a comunidade encobria de tal forma que até a vítima tinha dúvida se havia acontecido ou não. Lavavam as mãos e contavam só o que era relevante.

E assim todos se agradavam, mortais e imortais. Era briga de cachorro grande e um bom chá de esquecimento era servido nesta farra de destruir pessoas.

E não pensem que esqueciam, mas tapeavam bem. Hoje em dia o assunto está escancarado, era preciso que isto acontecesse. Sempre foi muito mais fácil fingir não saber e agasalhar a verdade no porão do subconsciente, colocando sobre ela o peso das virtudes não vividas e continuar e continuar chicoteando a humanidade com estas tais verdades supremas.

Que cada um modelaria pra si e pra os que mais gostavam. Era assim para os meus, o benefício da dúvida, para os outros, a lei.

Por um instante saí da história, faço isto com frequência.

Quando não se resolvia o problema na casa, então a pessoa sumia, ia visitar um parente distante e só voltava quando o problema fosse resolvido.

Faz sentido? Ali entre nós tinham mulheres que recebiam homens, eram mulheres de programa e, no entanto, gozavam do respeito da comunidade. Eram estas que a gente sempre via rodeando o pronto socorro de Santana.

No entanto, vi meninas acordarem deste pesadelo com a vida totalmente modificada. De repente ela saia da casa, da escola, perdia até o nome e virava "aquela". E tinha sorte se fosse aceita como empregada na casa de alguém.

Diziam assim: "Esta menina não é mais nada". Mas o homem se tornava um herói, recebia tapinha nas costas, era chamado de garanhão. As mães se orgulhavam em dizer: "se der mole, meu filho, coma, pois você é homem".

E diziam coisas piores como "prenda suas cabras que meu bode tá solto". Muita gente se descabelou ao descobrir que seu animalzinho estava pastando no quintal da casa.

Sendo mulher e sofrendo uma violência tão grande, daí pra frente ela só teria por companhia o travesseiro ou as pedras da rua. Pras que ficassem, talvez a aguardente embaixo da pia lhe fizessem companhia na grande noite que se abria em sua vida.

Teve uma menina que foi vítima ainda muito pequena e passou a vida toda (a vida toda era 11 anos talvez) sendo chamada de Eva, pecadora, perigosa. Quando mais tarde teve o primeiro namorado, tinha medo dos carinhos dele. Ela sabia que com certeza ele havia sido alertado sobre sua reputação.

Ela não estava errada na verdade, ele só queria mesmo abusar dela novamente e como não conseguiu, passou a agredi-la. Ele gritava com ela: "Já deu pra todo mundo e vai negar pra mim!".

Ela casou e o marido jogava na cara, porque a sua mãe achou que o moço tinha que ficar sabendo. O casal teve uma filha, o marido determinou que sua esposa tinha que ficar trancada em casa e só a mãe dela tinha a chave, além dele.

Um dia, um parente sensível à situação da moça que sofria abuso do marido aos olhos da mãe acabou com o desespero dela. Ele fez a mãe soltar sua filha e fez o marido a deixar. A moça não respondia mais por si, havia ficado muito tempo presa dentro de casa.

Então ela virou evangélica e aí sim se convenceu que era pecadora mesmo. Ela enlouqueceu, anda até hoje pela Avenida Sezefredo, de um lado pro outro. Ela tem a minha idade, nós estudávamos na mesma sala. É uma condenação sem fim.

Quando a vejo jogada nos bancos nos pontos de ônibus e alguém diz: "Olha esta vagabunda aí fazendo vergonha pra família", tenho vontade de acolhê-la como já fizemos várias vezes, mas ela não acredita mais, porque já sofreu abuso de toda qualidade ainda mais agora como moradora de rua.

Outro drama era de uma mãe solteira. Ela teve várias gestações, uma seguida da outra. Era curioso porque "era uma pessoa muito caseira", diziam as pessoas próximas.

Mas como sexo se faz em segredo, sabe-se lá quem era que estava nos segredos dela. Ela conseguiu abortar algumas vezes, noutras a criança foi dada em adoção. Veja como é a situação: quando ela decidiu ser mãe, teve que se virar sozinha e cuidar de sua filha.

Até que num novo aborto provocado com uma agulha de tricô, ela morreu. A filha dela, agora sem mãe, seguiu sendo criada pela família. Curiosamente, assim que a garota ficou mocinha, teve o primeiro filho.

O mesmo mistério se repetiu várias vezes, até que com a morte de sua vó, se descobriu que o seu pai, era o avô e esse mesmo avô era também o pai dos filhos dela. Nós tivemos aqui no bairro as nossas próprias rosas púrpuras.

Todos estes casos, Dona Maria Preta dava ciência, um por um. Às vezes alguém dizia: "Vamos chamar a polícia?". Pra quê? O delegado era pai de um bom tanto de moleques ali nas redondezas. "O padre então?". Não é de hoje que tem histórias de filhos de padres em tudo que é lugar. Uma coisa era certa, a culpa nunca foi do homem.

Dona Maria cuidou delas na época, mas, com a sua morte, não teve outra sacerdotisa que ocupasse o seu lugar. E isto com a complacência da mãe e várias irmãs. Dona Maria nem condenava nem absolvia, nem pedia obediência, pedia ponderação.

Há no mundo dois tipos de pessoas. Um tipo que sofre e se torna bom por compreender as dores alheias e tentar curar, por tomar pra si a dor do outro. Dona Maria era esta pessoa.

E o segundo tipo é aquele que sofre e se torna covarde, com ele e todo mundo.

A vida é uma guerra, o tempo todo. E uma guerra doméstica é a mais cruel delas. É uma violência que agride, abandona, humilha, destrói e acaba com a vida emocional do indivíduo. E estão na mesa, na sala, no quarto, na escola.

O rejeitado recebe o recado que só pra ele é reservado. E quando o ser, até então divino pela criação, vai recebendo recado que ele não é mais a aparição angelical de outros tempos? E o que acontece com o gato quando não quer viver a vida de seu dono só porque ele lhe dá um pires de leite?

E é um olhar de soslaio, o bocado menor servido com insulto, que eu aprendi a chamar de bocado amargo. É o tomar banho de bacia, por último, depois que todos já se lavaram, peidaram e mijaram naquela água turva e fria.

Ninguém vê a mágoa se formando no coração do rejeitado. Mas quando ele amanhece pendurado pelo pescoço numa corda, todo mundo fala assim: "Por que não procurou ajuda?".

E ver que todos tem de você só as piores lembranças, nunca ter nada de bom, nem de bonito, não ser ouvido, sequer lembrado.

E se sentir um estranho sem saber pra que está sendo criado, porque é jogado todo dia pro nada. Apenas os colegas de copo e de cruz sabem o que é isso. Esperam que um dia, do céu, chova o perdão, além das pedras. Mas por quê?

Quem vive assim nem sempre se torna pessoas melhores aos olhos de seu grupo. Mas se fazem fortes, se aprestam cedo pra luta, se acostumam cedo com pouco pão e muito suor.

Enfim, as meninas, sempre que podiam, desviavam da casa de Dona Maria e está dava uma certa folga fingindo que não via.

Arara faladeira

Dona Maria Preta arranjou uma arara faladeira que provocava as pessoas que passavam na rua. A arara ficava em cima do muro em frente à casa dela.

Pra ir pra escola, passávamos bem ali. Íamos em grupo fazendo algazarra, falando todos ao mesmo tempo.

Não sei por que cargas d'água a arara aprendeu a chamar meu nome e juntava a ele qualidades a seu gosto que eu não gostava.

Ela me via e gritava: "Jacira boba! Jacira besta!". Dizia o que lhe vinha à mente estreita e isso me irritava de tal maneira que eu enchia o muro de pedradas. Já disse que Deus me deu mira e eu aperfeiçoei?

Dona Maria me advertiu várias vezes. Ela tinha esta forma de educar e o fazia bem tranquila, pausando na fala. Ela só falava com a mãe no último caso.

Certo dia, vou eu passando e a arara provocou, eu joguei a pedra que acertou direto nela. Caiu do muro e machucou a asa. Como pequeno guerreiro, eu acertei o alvo, tinha que ser condecorada.

Mas fiquei assustada, a pedrada era só pra assustar, não pra machucar. Dona Maria falou que se a arara não melhorasse, eu ficaria ali no muro em seu lugar.

E acredite leitor, eu me via ali no lugar da arara. A mãe dizia sempre que não queria queixas em nossa porta.

Cheguei a sonhar com a possibilidade: eu no muro pra lá e pra cá... e sentia calafrios. Dona Maria renovava a fala tranquilamente, olhando nos meus olhos. Sempre tive imensa preguiça de rezar, mas, neste tempo e à contragosto, rezei, fiz promessa de criança, risquei o chão com pólvora e pemba. Eu era uma mini sacerdotisa já.

É bem verdade que nunca cumpri, nunca paguei promessa nenhuma. Sosseguei quando ela sarou, voltei a treinar a mira que eu havia jurado não atirar mais pedra em ninguém e em ave nenhuma!

E, para garantir, mudei de caminho pra ir pra escola. Sabe, caro leitor, nunca consegui pagar promessa alguma. Mas toda vez que passava por novo perrengue, fazia promessa nova.

Trocava ideia com o mesmo santo e me responsabilizava pagar a dívida anterior junto com a nova, já que era certo que ele me entenderia.

Mas, assim que tudo se resolvia, eu esquecia, só lembrando quando eu precisava outra vez.

Já cheguei a dever mais de mil Ave Marias. Umas centenas de Salve Rainhas. Uns tantos Credos, centenas de rodadas de rosários e uma infinidade de Pai Nossos.

Paguei de outro jeito, à Nossa Senhora Desatadora dos Nós e Santa Clara. Toda vez que vou ao samba da Nega Duda, peço licença a Xangô e peço a ele que encaminhe a elas meus agradecimentos.

Por fim, pensei, como bom caloteiro, foi Deus que fez o homem a sua imagem e semelhança, não foi? Assim sendo, dei tudo por quitado.

As festas de Cosme na casa dela

Eu esperava, contava nos dedos e nunca fugia, digo isto porque já contei aí pra trás que da missa, do culto, eu escapava sempre que podia, né?

Mas nas festas de Cosme era diferente. Não tinha batuque, mas tinha encanto e muito doce. E tinha os olhos de Dona Maria Preta em seu gado.

Nas vezes que faltamos, tivemos uma surpresa desagradável. Dona Maria não sabia guardar segredo. Num dia em que se encontraram, ela foi logo perguntando, depois dos cumprimentos: "A criançada ficou doente nos festejos de Cosme?", "Não, por quê?", "Dei pela ausência delas na festa", "Mas elas foram!", "Foram não, cumadi", "Foram sim, madrinha."...

Eram "madinha" e "cumadre", não sei como era esse batizado, mas acho que era porque eram mais que amigas. "Enfim, foram ou não foram?". "Foram não cumadi, conheço meu gado pelo cheiro e este eu não senti, mas não vá castigar elas por isso, viu?"

Daí dizia pra gente: "Fica triste com madrinha não, madrinha não pode mentir". Dona Maria era engraçada, se não quisesse que mãe batesse, então por que dedurava?

A mãe não sabia e nem era preciso saber que Dona Maria tinha uma bacia cheia de bolinhos de chuva e, quando acabava, Yao fazia mais. Eu queria me chamar Yao, filho de santo, sabe? Yao Roque de Oliveira. Lindo, não?

Os bolinhos de chuva tinham açúcar e canela iguais aos que encontrei dia desses lá na Casa das Áfricas. Só que na casa da Dona Maria ficava em cima da geladeira, só na casa dela tinha geladeira.

Dona Maria visitava também as casas de quem adoecia. Quando a gente engravidou, lá estava ela pra acalmar os ânimos. Era uma apagadora de incêndios.

Não disse uma palavra contra meu vestido de noiva branco. Disse que só se casava uma vez e que isso de cor de roupa era besteira. Ela se preocupava mais era com o fato de o noivo não pregar um prego numa barra de sabão. Ela queria dizer, o pior estava por vir.

Acalmou os ânimos, as falas. Mas ela disse que se fosse impedir, teria que impedir a coisa toda. Mas tem coisa que a gente tem que passar, senão não aprende. Quando ela foi na festa, ela falou pra eu não ficar triste com quem não foi.

Na verdade, não foi a cor do vestido que as impediu, estão amargando as oportunidades que não se deram, amargando as próprias santidades perdidas.

Dona Maria se cansou. Ficou doente logo depois do meu casamento. Diziam que "era doença ruim". Como se existisse "doença boa", mas nós sabíamos o que era este mal, tão raro na época. Quando íamos visitá-la, ela estava lá em sua cama, com suas filhas de santo ao seu lado.

Meu sogro também era seu filho de santo. Foram muitas novenas, trezenas e muitas calúnias também.

Nos dias que antecederam o seu desligamento, as visitas eram mais constantes. Veio gente que a gente nem conhecia. As pessoas saíam da casa com os olhos rasos d'água. Já fazia muito tempo que os tambores haviam silenciado e Dona Maria resistia bravamente contra o câncer de útero que ainda não tinha tratamento.

Foi neste período que eu mudei para o Jardim Fontalis, grávida de Tiana. Numa noite eu preparava a janta, era uma noite muito quente apesar de ser inverno.

De repente, uma mariposa invadiu a casa, deu várias voltas e saiu... deu voltas no quintal e entrou na casa da minha sogra e da minha cunhada, deu seu recado e foi embora. Lembrei da fala da Bisa na fogueira.

Lá nas brenhas, quando a gente morre, nunca morre de vez, primeiro é preciso dar um jeito de avisar as pessoas pra gente não ser devorado pelos urubus. Nós sabíamos que ela tinha morrido.

Apaguei o fogo das panelas, nos juntamos pra falar do assunto. Com pouca hora meu sogro chegou, confirmando o que suspeitávamos. Ela havia entregado a alma, Dona Maria havia partido.

Fomos todos pra casa dela a pé. Quando chegamos lá, o corpo já estava sendo preparado.

Dona Maria foi a nossa última sacerdotisa. Daquela casa nenhuma de seus filhos ou filhas deu continuidade ao seu legado.

Algumas até tentaram, mas não tiveram a mesma credibilidade. Aprendi pouco com ela, não tivemos estímulo nem interesse. Só agora, tanto tempo depois, fazendo esta reviravolta no meu baú de memorias, a encontrei.

Uma mulher que passou pela minha e pela vida de tanta gente, agregando tantas qualidades ao mesmo tempo. Só consegui perceber a colaboração dela na minha formação de ideias sobre tanta coisa agora.

Hoje me percebo sensitiva e trilhando o mesmo caminho de pedras que ela trilhou para resistir. Eu vivi todo este tempo sem crer em religião direito, mas nunca deixei de crer na necessidade da união do grupo.

Mesmo apesar de frequentá-las, nunca estive presente. Nunca achei que Deus nos castiga, por tão pouco, nem por coisa nenhuma. A gente é que se castiga, por várias razões.

Uma das razões é a fome. Fome de tudo o que lhe foi negado e vivem cegas, tateando mentiras tentando se encontrar.

O bom é que o que é plantado ao nosso redor, nunca fica esquecido e na hora que a gente acorda está lá, esperando a gente sair do estado de dormência, igual algumas sementes.

Estou percebendo minha sensibilidade pelas coisas intocáveis que não dei valor, por não entender o valor que elas tinham. Foi a partir de então que comecei benzer como Dona Inês me ensinou. Reservar minhas energias como minha mãe me ensinou.

E resgatar o dom de costurar retalhos de velhos sonhos, como fazia minha Bisa Emereciana. Foi aí que encontrei a Dona Maria Preta, nossa sacerdotisa.

Peço agora a sua benção, minha mãe, mesmo que tardiamente.

Tocando o barco

Agradeço a entidade que sempre esteve a meu lado, até nas horas que duvidei dela.

Que guardou o meu espírito toda vez que caí e por não saber como me levantar, a ofendi por ignorância, porque perdi a fé, entrava e saia de episódios de depressão constantes e por não encontrar um caminho que melhorasse minha realidade, perdia a vontade de continuar tentando.

Aí ele sempre me afagava com carinho e sussurrava dentro de mim: "Tenha calma, tudo vai passar, sua vida ainda vai melhorar muito". Eu tinha mais raiva ainda porque eu tinha pressa de ter paz, pra resolver minha vida e não acreditava que havia saída daquele lugar onde eu estava pra um lugar melhor.

Tente, meu caro leitor, viver num mundo sem possibilidades, com um público que só lhe atira pedras e, mesmo assim, se manter forte e não fraquejar. Eu até tentava, mas fracassava. Era uma realidade contra um pensamento.

Afinal de contas, qual era o Deus a quem eu deveria me apegar? Eu ainda não sabia, fui criada na servidão pelo sistema escravagista que sempre nos quis e nos quer cativos, pra ser ninguém.

Esta entidade que me protegia e em sonho me mandava esperança, força e fé em dias melhores, agora sei que era um ancestral meu, ninguém está abandonado diante de sua ancestralidade. Ubuntu é isso.

Chamado do tempo

O tempo passou e foi chamando quase todos. Tio Cido foi acometido de um mau que o jogou na cama por muitos anos, nunca mais o vimos. A esposa dele não permitia. A Tia trancou ele a sete chaves e nunca mais.

Não fomos nem no enterro. Será que foi a vingança dela?
O Conselheiro já havia sumido.
A Bisa também já havia partido.
Depois o Tio Zezinho.
Em seguida, foi embora a esposa do Tio Cido.
Um tempo depois, Dona Maria Preta.
Se foram, mas chegaram um bando de crianças.

Era a renovação e eu não era mais criança.

Remédios que calam

Lembra que era você que me levava ao médico, feito um zumbi, me arrastando pra uma vida sem sentido? Era moda.

Vendo a desgraça penetrando em mim, sem saber o que fazer. Foi um tempo que houve silêncio em casa ou no quintal. Eu já era casada, mas mesmo assim todos insistiam em se manter no comando da minha vida.

Por qualquer barulhinho a noite batiam na minha porta e perguntavam: "O que está acontecendo aí? Deixe os vizinhos dormir...". Eu sou barulhenta, sim, qual o problema? Agora eu sei. Era o medo de me ver feliz. Se teve uma coisa em casa que fiz com muito empenho foram as crianças.

E o erro não foi elas terem vindo, mas sim o hábito de Miguel não trabalhar e ser sustentado pela igreja, assim como meu pai. Talvez fosse isso que lhe preocupava naquele momento: a alegria debaixo dos meus lençóis.

Gostas de controle, não é? E não saber o que ia ali no vai e vem da vida, descontrolada debaixo de lençóis que nem a cor lhe era permitido saber, era muita ousadia.

Somos muito parecidas e agora sou uma mulher, sei bem como é. Não tinha paz em nosso quintal, mas tinha silêncio. Então parecia que estávamos em paz.

O doutor batia na mesa pra eu levantar e abaixar a cabeça, eu obedecia. Na sala de espera, eu e outros zumbis esperávamos em silêncio enquanto vocês teciam comentários sobre nós, foi a primeira vez que ouvi a palavra hiperativo. Eu? E era de mim, de nós, que falavam.

Era receitado pra mim Diazepam, Gardenal, Lexotan e outras drogas. Eu tomava uma de noite e dormia como um anjo. Era outra forma de viver, me sentia igual os meninos quando fumavam maconha.

Mas sem saber o que era aquilo eu sabia, mas me dava uma calma no coração. Uma paz, uma vontade de querer se desarmar e deixar vir o que quisessem que viesse pra mim. Mas aquilo não deu certo por muito tempo, aquele idiota batendo na mesa e mandando em mim feito sua cativa não duraria muito tempo, você deveria saber disso.

Estes remédios por si só vão perdendo a eficácia e eu comecei a demorar pra pegar no sono e pude ouvir o que diziam sobre mim e o remédio. E, apesar do prazer que me dava estar drogada sem ter que prestar contas, eu acordei! Então comecei empurrar o comprimido pra baixo da língua.

Como vocês eram tolas. Mas eu era mais, se eu não tivesse alarmado, poderia estar vivendo assim até ontem.

Eu já era casada, já tinha uma filhinha, gostava de ser mãe, de jogar queimada, de ir a festas, de ficar bonita, de dançar.

Pode piorar

Não demorou muito e eu tive um surto, um surto de verdade Uma dose maior de remédio pôs tudo em seu lugar, agora alguém me segurava e o remédio me entrava goela adentro.

Miguel ou meu irmão faziam isso pro meu bem. Com o consentimento de toda família, qual mãe faria algo pra prejudicar uma filha? Na verdade, era bom ficar entorpecida porque assim eu não sentia nada, nada.

Tentei suicídio três vezes sem conseguir, não saía na rua, mal comia. Aí vieram as possibilidades de encosto. Moças bonitas tem sobre elas olho grande, olho gordo.

Eu, por ser tipo comum, estatura mediana, parda, com fumaças de conhecimento das coisas, só me caberia na pilha de direitos ter encosto. Que olho poderia se engordar ali? Era encosto.

Me sentia um zumbi mesmo e quando eu contava pra alguém pensando que ia conseguir me ajudar, era em vão. Aquela pessoa que se aproximava de mim só vinha pra se aproveitar.

Seguia sobre mim uma cadeia de pessoas que queriam o meu melhor e o meu melhor, na visão deles, era o afastamento de tudo o que me alimentava: papel, caneta, lápis, amigos, estranhos e músicas que eles não entendiam e achavam nocivas, gente como Caetano, Gil, Belchior, Trio Esperança, Chico Buarque...

Diziam: "Cumadi, ela piora a olhos vistos!". E outra dizia: "Dona Maria, eu já vi sombra sobre ela, parece bem o Tranca Rua ou uma Pomba". A única pessoa que não via novidade em mim era Dona Maria Preta: "Ela tá é cum raiva, muié, espuma de ódio, vai ficar louca". Daí, tome calmante.

E pra piorar aquele meu ex-namorado ficava o dia inteiro sentado no escadão zombando de mim e me pedindo outra chance ou me ameaçando. Ninguém dava conta disso e nem eu iria dizer, eu não confiava em ninguém pra tanto.

Eu emagreci, fiquei couro e osso e até pensei em fugir, mas eu pensava: "Como ir embora com alguém que eu já sei que não gosta de mim e nem trabalha? Esse cara não significa mais nada pra mim, esse bosta".

Foi então que eu pensei: "Se ficar aqui, vou morrer mesmo". Eu já sabia que solução fácil não era solução. Eu precisava sair dali, não fazia mais sentido tentar conviver naquela casa, naquele lugar.

Dedo podre

Como hoje diz meu menino: "Mãe tem dedo podre pra romance". Ele está certo.

Eu e Miguel vivemos juntos igual cão e gato por dez anos, fizemos quatro filhos, mas foi com ele que eu senti o que era sentir amor.

Mas antes disso, com 13 anos, me casei, sem importar e sem saber o que era gostar. Eu queria ir embora, eu precisava ir embora. A casa não me cabia.

E esta é sem dúvida uma das piores sensações que já tive, a de sentir o coração apertar quando chega a hora de partir de casa, principalmente porque ela, em outros tempos, era tudo pra mim.

O que afinal de contas teria contribuído pra eu me perder tanto na vida e ela se perder tanto de mim?

E eu não sabia sentir o que me afastava dela. Só sabia que tinha que entrar e ela não me acolhia, ela não me cabia mais. Foi por isso que saí, quando tive coragem de ir embora sem saber pra onde estava indo. Eu, dentro dela, não existia mais.

E se voltei foi porque descobri que era de mentiras o novo mundo, mas eu pensava que sabia tudo. A gente sempre pensa que sabe tudo.

O olho do próprio filho

Hoje consegui voltar, aqui estou.

Décadas se passaram e só hoje fiquei boa para estar aqui.

Senti uma dor tremenda quando minhas filhas foram embora. Mãe, acho que agora sei o que você sentiu, sei o que são noites sem dormir, dias sem comer e vagar pelo mundo perguntando "Cadê? Por quê?".

Como Deus permite que pessoas que me mostraram o verdadeiro amor me tratassem assim? Foi excesso de zelo. Até as plantas precisam respirar e correr riscos e minha marcação serrada não permitia.

Meu excesso de proteção foi tanto que fez com que minhas filhas caíssem na armadilha de sair de casa pra tentar ser feliz, sem estarem preparadas pra sair.

Uma pessoa que pensei que era minha amiga me disse uma frase muito real em relação a meus filhos e filhas: "Jacira, preste atenção, dá um tempo".

Tem um ditado de que o Diabo achava o olho do próprio filho tão lindo que cuidava pessoalmente a todo momento e tanto alisou que acabou furando.

Se a gente não tem respostas, acaba por cavar mais perguntas. Aprendi muito com esta fala.

Silêncio

Hoje entendo tudo o que me pôs pra fora. Foi um processo longo e dolorido.

Sabe aquela fala da casa: "Se apanhar na rua, vai apanhar em casa"? Eu já tinha apanhado muito e não sabia me defender. Não sabia dizer aos meus novos "amigos" na escola nova, que eu não gostava de apanhar e nem podia apanhar deles, senão minha mãe brigava comigo.

Mas eles não me ouviam, tinham plena liberdade pra bater em quem quisessem, já que os grandes não nos defendiam. É assim que aprendemos a apanhar e calar.

Lembra que a professora da minha irmã foi bater nela e ela se defendeu e por esta razão apanhou de você na própria escola, pra dar exemplo aos outros sendo que a professora era quem estava errada?

Ela nunca mais foi à escola, até ontem. A gente aprendeu a sofrer calado. O silêncio imposto fere e arma, viu?

A professora batia nas mãos da gente com madeira, as mãos doloridas congeladas pelo frio, não conseguíamos segurar o lápis, tampouco escrever. Aí o bilhete corria e em casa outra surra. Como entender, como explicar?

Éramos chamados de vários nomes, pouco ficávamos em sala de aula, a gente tinha que lavar todas as latrinas da escola e as professoras nos acomodavam pela cor da pele. Nosso lugar era no fundo da sala, elas diziam que dava pra sentir nosso fedor lá na mesa delas.

Ninguém brincava com a gente no recreio. Eram só palavras que doíam. E mesmo que me doesse, preferia as ofensas, porque só doía pra dentro. Falavam de você também, do nosso cabelo "bombril", me chamavam de "filha de lavadeira, enjeitada, gente baiana". Eu sobrevivi!

Mas fui ficando muda, faltando pedaço, guardando ódio no peito e seguia eu e minha solidão. Só as pedras da rua sabem como doeu em mim tudo isto.

Recados da casa

A Casa deixa recados por onde passa.
Ô Canto do castigo,
sempre brigou comigo, sempre me olhava assim.
Ô Canto maldito,
que nunca pensa em morrer.
Ô Canto que gravou meu choro,
assombrou meu pesadelo.
Eu cresci, ele é pequeno,
mas nunca pensa em morrer.

Outra coisa da casa que nunca me abrigou, nem me defendeu. Fui criada pra servir, só isso. Era preciso obediência ao padre, à freira, à mãe, à vizinha e a eles, meus irmãos. Até o sapato deles eu tinha que amarrar.

Mas eu era a caçula, qual era o problema? E que culpa tinha eu se eles tinham ficado no internato por tanto tempo? Como odiei conhecê-los.

E casa falava mais: "Mulher não precisa estudar, mulher é pra gastar no tanque, na pia, fogão, tem que ser prendada, senão madame não aceita".

Se manter de pé

Eu compreendia muito pouco do que o mundo queria me ensinar e o que eu entendia. Eu não queria apenas reproduzir, nunca quis. Tentei muito fazer com que me compreendessem. Impossível, e tentei até fingir, isso foi a pior coisa que eu fiz, só me machuquei mais.

Eu era tão desinformada a respeito de mim mesma, as conversas eram tão cifradas sobre nosso futuro que eu casei grávida e ainda esperando a tal surpresa, ou seja, o que meu marido iria me dar ou me pedir na noite de núpcias, tudo isso por conta da falta de comunicação.

Sabe leitor, apesar de ser uma história de café de mãe e filha, sei que você é curioso e, por esta razão, está louca que vos fala dá um giro na linha do tempo pra que você bote a cara pra dentro desta cozinha em movimento e desfrute do nosso passado e, quem sabe, viaje na sua própria infância. Eu sou um tanto bem louca, tenho delírios, você vai encontrar muita gente que vai ler e dizer: "É ficção!".

Lembro das conversas em volta do poço, das mães de meninos: "Beija fulana!", "Beija Cicrana, que você é homem!", "Foi feito pra isso!". Depois dizem bem alto o que elas pensam de si mesmas: "Prenda sua cabra que meu bode tá solto!". Elas falavam e seus bodes complementavam, com um sorriso.

Como se fôssemos animais soltos no pasto, prontos pra ser cobertas por outro animal. Ora, somos gente!

Eu, ou melhor, todos nós crescemos sem saber nada sobre nossa cultura, de onde vieram nossos ancestrais, o que comiam, como festejavam, plantavam, teciam, se curavam, se casavam... não nos é dado o direito de saber de nós e se não fossem um bando de negros corajosos, homens e mulheres que ousaram dar a cara a tapa e até a vida pra nossa história ganhar evidência, se não fossem eles, estaríamos ainda na escuridão que sempre nos cegou e negou os direitos.

E não é à toa que somos tratados neste sistema escravocrata até hoje, jogados nas periferias, com péssimas escolas, sem infraestrutura, sem apoio, sem cultura e sem poder reclamar, acuados pela polícia, mal curado pela medicina, enquanto nosso sangue e nossas lágrimas e suor escorrem esgoto abaixo. Aqueles que vivem desta exploração comemoram.

Até hoje, pouco ou nada foi feito que nos alivie o peso dessa carga. Não temos respeitados nem o direito de ver nossos livros nas livrarias de grande porte.

Graças ao esforço de muita gente, encontramos outros meios de nos representar. Nossas casas de cultos são apedrejadas, queimadas, saqueadas por pessoas em um delírio religioso que querem a todo custo um mundo só deles.

Se ainda muito do nosso legado nos resta, é porque existem verdadeiros santuários que os protegeram pra chegar até aqui. E há em nós uma memória incrível e um imaginário fantástico que consegue tirar leite das pedras que nos são atiradas a cada segundo num racismo fatal.

Nenhuma data de feriado nos representa totalmente, ou quase nenhuma. E as tentativas são burladas pelos meios de comunicação. Não estamos nas mídias de comunicação como pessoas que podem progredir. Como pode alguém comer uma feijoada, desprezando um ancestral meu?

Dançar um samba ou um dos muitos ritmos trazidos pra cá, pra enfeitar os que aqui já estavam? E a seguir, maldizer ou amaldiçoar o Canto de Aruanda, de onde ele foi entoado pela primeira vez? E como pode criar-se filhos estéreis à origem de sua própria cultura?

E como uma mãe guerreira pode ser transformada em uma mãe de fantasia? Como? E como há pessoas que ainda acreditam que o fato de eu não ter tido uma boneca negra nas mãos não me traria a este lugar? Não foi a ausência da boneca não. Nunca gostei de bonecas, gosto agora. Foi a ausência da história, da minha ausência de tudo.

Não é verdade que, para os sem história, qualquer uma serve, jamais. Só a verdade nos salva. Eu estive dentro da maior imagem de formação pra minha vida: a família e a minha comunidade.

Mas muitos outros, num descrédito total de si mesmos, que por não se reconhecerem, tentam se parecer com tipos patéticos que nunca nos representaram, que detêm quase tudo do nosso país em suas mãos e jamais largarão o osso, passam o bastão de pai pra filho, assim como nós passamos aos filhos a graça de viver com o que temos.

Agora já com um pouco de conhecimento, sem direitos garantidos, mas iludidos, jamais!

São pouquíssimos os negros entre nós que se creem negros. Sabe-se lá o que é isso. A negatividade ser tão grande que faz com que um indivíduo mire sua pele negra e não se reconheça.

Será que um japonês tem este problema, mesmo que seja criado no Himalaia? Quando é que vamos chegar a uma condição de ensinar aos nossos mais que o endereço de casa e o sobrenome emprestado pela pessoa que explorou nossos avós e até os matou?

E ainda estamos ligados a eles, trazendo atrás do nome de batismo o "de" ou "da", símbolos de pertenças.

Ainda estamos atrelados a suas mercadorias, somos um mercado de consumo, ainda somos suas "Oliveiras" que nunca nos trouxeram frutos de nosso próprio interesse.

Nas únicas oportunidades que temos de reverenciar nossas divindades, malocam-se entre nós, mais uma vez, um tanto de gente contrária, pondo uma festa tão linda e pacífica em risco.

Mas pro inferno vá quem não gostar do que eu digo.

A política e a natureza me ensinaram como sou uma peça importante neste jogo e de como eu preciso de você e de todas as mulheres e homens de boa vontade e como as mulheres precisam de mim também. Já estive no umbigo do mundo, já fui aos infernos e voltei.

O inferno é dentro da gente, sei bem como é. Não estamos erradas em não baixar a cabeça, temos que estar sempre em guarda. É preciso lutar contra, sim! É nosso direito, sim!

Mas nunca poderemos esquecer que sozinhas não temos força. E foi por esta razão que voltei a mim. Foi por isso que voltei a pensar em nós duas, mãe. Você foi tão vítima quanto eu. Como eu poderia saber naquele tempo? Como?

Como que, sendo eu enviada por Deus pra trazer pessoas ao mundo, pude ser transformada num mero instrumento de barganha inútil tratada como peça descartável, se aos 4 anos de idade eu já sabia tudo sobre o ciclo do pé de feijão?

Por que então tive que ser destruída por um sistema de educação europeu omisso que só serve pra nos descaracterizar e nos tornar esquecidos de nossos dons? Nos impedem de cumprir nosso papel, nos ameaçando com a ninguendade, jogam pedras nos nossos santos, jogam areia nos nossos pensamentos pra depois, numa unificação covarde, vir nos dizer: "somos todos iguais". Não somos iguais coisa nenhuma, mas queremos direitos iguais.

Ninguém sobrevive sem o respeito, seja homem ou mulher, mas toda falta de respeito que é imposta ao adulto bate nele e derrama nas crianças que virão a ser seres faltando metades de suas essências.

Nascemos dotados de toda informação que precisamos e somos massacrados por interesse de uma minoria que insiste em nos querer escravos. Por que eu tenho que ser submissa? Se eu também, como todo mundo, só quero o melhor pra minha gente?

Mãe, eu sabia o tempo todo que você era o meu modelo de grandeza, força, coragem, mas como tantos eu me perdi e mesmo sabendo que estava errada, continuava errando toda vez que queria seguir sozinha.

Eu queria ser igual a você, mas queria ir mais longe, muito mais que você, mas ao mesmo tempo, por não entenda-la, eu fugia de você.

Alguma coisa estava errada, mas o quê? Mas hoje, acho que é o nosso dia, justo hoje mãe, que estamos aqui, vamos tentar nos curar por dentro.

Vamos ver se hoje fechamos as nossas feridas, aplacamos nossas dores, tirando a mágoa e os espinhos das palavras que foram mal ditas, trocando falas ruins por falas de flores. Hoje não somos mais apenas mãe e filha, somos duas mulheres.

Então vamos fazer o possível pra aflorar o melhor em nós sem pensar no modismo que o mundo nos impõe. Pois tem meninos e meninas que nos foram confiados pela divina providência, pra serem educados e guiados da melhor maneira, são nossos descendentes, não podemos fazer feio, Maria.

Nossas meninas não podem mais sair de casa como eu saí, vazias de si mesmas, escravas de um casamento com a fatalidade, deixando de ser cativas da família e sendo entregues a outra família e sendo educadas pra ser subservientes.

Não há nada de errado com a nossa cozinha ou nossos brinquedos, a não ser as palavras mal usadas e os direitos ausentes. São elas que, usadas de forma vil, nos enchem de medo e dedos pra não querer aceitar a própria cor da pele.

E o que dirá da própria história? Como pode uma comunidade desconstruir uma criança ao ponto de, aos 11 anos, ela não saber mais quem é? Eu pergunto e eu respondo.

Uma comunidade desconstruída que se transformou num exército de reservas e segue a vida afora, jogando cal naquilo que seria a reconstrução de si mesmo. Foi assim que aos 13 anos eu precisava sair pra viver, fora do ambiente familiar, pra escolher qual seria o meu lado: se eu iria resistir e baixar a cabeça ou lutar.

Mãe, vejo agora que temos um mundo bem grande de solidão pra resolver entre nós e precisamos dar este passo, beber este café.

Só é feliz quem se liberta e se ama, abra suas correntes, seus algozes se foram, não estão mais aqui. É verdade que ainda sofremos com agressões deste tipo, sim, mas não estão na nossa sala.

Deite suas cercas e me liberte pra que eu possa aprender como se faz e criar coragem pra libertar minhas meninas. Nós nos omitimos muitas vezes, precisamos muito pensar no tanto de culpa que é nosso.

Depois deste café, quero voltar noutro dia pra falarmos das nossas matriarcas, de suas bravuras, aventuras, de como reagiram a seu tempo. Enfim, de como somos filhas de mulheres que nos deixaram aí um grande legado, mesmo que sejam elas brancas e nós negras. São nossas ancestrais e não se destitui uma família por conta da cor da pele.

Afinal de contas, era o que tínhamos. Nós viramos e recriamos o mundo à nossa maneira. O problema maior é a falta de tudo o que nos é negado do nosso próprio legado.

O roubo de nós mesmos, a destruição de nossos potenciais, ideais e, com isto, toda nossa possibilidade de evolução.

Quero fazer as pazes com todos homens e todas as mulheres, ouvi dizer que quem não se perdoa, Zambi manda de volta pra Terra até se perdoar, então é melhor irmos começando. Faremos um belo enterro simbólico do passado e recomeçaremos melhor.

Há muito que nossas matriarcas veem dizendo coisas que ficam e que passam, de geração pra geração, de acordo com o valor que damos a elas.

Relembrar ajuda a curar velhas feridas, além de ensinar a buscar o que foi bom e a gente não conseguia entender. Isto é beber a água da cabaça também, entende?

Cheguei a este ponto de entender as coisas debaixo de vários golpes, mas não quero que passem através de mim, quero aprender mais, pra ser melhor.

Não serei transmissora de segregação nem de machismo, paternalismo, homofobia nem de coisas que fazem mal às pessoas, só porque tive uma infância difícil. De jeito nenhum!

Lutarei contra tanta violência plantada na sala das casas. Nunca direi que foi fácil chegar a este ponto de entendimento da vida, demanda paciência, atenção e conhecimento de todos os fatos por vários lados.

Pôr o dedo na ferida é pensar se está pronto e se preparar pra doer, se tiver que doer. É coisa de muita coragem. Sei que levantar de cima do próprio rabo é enxergar que bem medido e bem pesado, nem somos iguais, mas precisamos uns dos outros pra fazer valer nossos direitos, porque estes devem ser iguais pra todos.

Quem não está acostumado a fazer a sua lição de casa, vai ter que aprender. Minha intenção ao escrever tudo isso não é punir ninguém, é só pra lembrar que a sala de casa diz muito sobre as nossas dores, é lá que conhecemos toda família de verdade, sem filtros.

É lá que toda família é sagrada e tem sua revelação nua, diante dos olhares de si mesmos. Num grupo familiar, tudo é promessa. O louco pode vir a ser são, o vadio pode vir a trabalhar, o mentiroso pode vir a entender um dia o valor da verdade, o tarado sempre será defendido como doente, o larápio pode nunca ser pego e os pecadores tem sempre uma via de mão dupla pra ser castigado ou absolvido.

A sala condena ali em família, mas o segredo nunca é revelado pro mundo, nem sob tortura. Porém, toda família tem um incompreendido, aquele onde todos os males sobre caem, quando faz o que é bom, ninguém reconhece. Quando erra, ninguém perdoa. Na minha família, esta pessoa sou eu.

E como todo mundo, quero meu reconhecimento, senão não guardo segredo de ninguém. Primeiro porque sou escritora, segundo porque ninguém nunca tem tempo pra me ouvir.

Eu, como todos, quero ser reconhecida. Só isso. Reconheça-me.

Arrumar a casa do pensamento, pôr os pingos nos 'is' é raspar o fundo da cuia. É minha intenção agora estar de boa comigo e isto pra mim é fazer a cabeça. A minha.

Apesar das críticas e assuntos tristes deste livro, quero que saibam que é preciso ler sobre a minha vida inteira pra entender, ou melhor, tentar entender meu raciocínio. Algumas folhas corridas não dão conta de uma vida. É preciso ler as entrelinhas do meu pensamento, as letras miúdas no rodapé dos meus segredos e espremer o caldo da garapa do meu engenho e filtrar os caldos que eu não contei e nem contarei, porque ainda quero cismar.

O que foi nascer pronta e ir sendo destruída dia após dia? Pela vida, pela escola, pela história, pelas pessoas? E ter a seu favor a intuição, vultos, presságios, coisas que nem sempre merecem crédito diante de um mundo sem espaço pro real e pra criação popular.

É preciso destruir uma criança pra criar conserto pra gente grande, depois que este ser, crescer.

Ser criado sem ter noção de onde se vem e pra onde se vai, deveria sim ser considerado um crime, é uma agressão ao futuro.

Zambi, o Deus incriado no qual eu creio, me pôs aqui com uma missão tão grande que eu quase falhei por falta de ferramentas. Então, achou de me mostrar primeiro como é difícil ser criança e ao mesmo tempo, como é difícil educar uma criança.

Eu tive apoio e companhias que são negados pelo meu próprio meio a todo tempo. Tenho certeza de que ele sempre soube na ponta de seus dedos que no final tudo daria certo, afinal sou uma amálgama de meu Deus. Mas também um dia perguntarei a ele: "Por que me fez tão só?". Penso que é porque me fez poeta também.

Sou muito grata por fazer parte desta família, desta linhagem de mulheres que hoje sou responsável, hoje sou eu que estou de posse do caderno, sou eu que conduzo a carruagem.

São décadas que não cabem em poucas folhas, ainda vou fazer muita libação, muita fumaça, muito benzimento e aprenderei muito mais, porque aprendi abrir as portas do coração.

Termino aqui te agradecendo novamente mãe, porque hoje sei que cheguei ao ponto em que cheguei porque você caminhou comigo com muito amor de servir, mas com bastante coragem pra suportar.

É pena que, por ter sofrido demais, também fez do amor coisa sem futuro. Nunca permitiu sair de você atos que fortalecessem nosso vínculo, você nunca me permitiu amá-la, nunca. Eu quase sucumbi.

Mas assim como você, também duvidei depois. Aprendi que a forma de você me amar era com cuidado. Eu também falhei neste entender.

Ontem, hoje me redimo diante de teus pés pra dizer que entendi você. Eu também uso os atos, mais que palavras, pra dar a entender que sou assim, que amo também.

Mães como você, presentes, são a força que nunca seca e ela sabe que haja o que houver, todo filho volta um dia. Até eu aprendi, adivinha como?

Não tomamos este café de uma vez porque pode queimar nossa boca, mas temos sorvido gole por gole e isto é o que importa.

POSFÁCIO

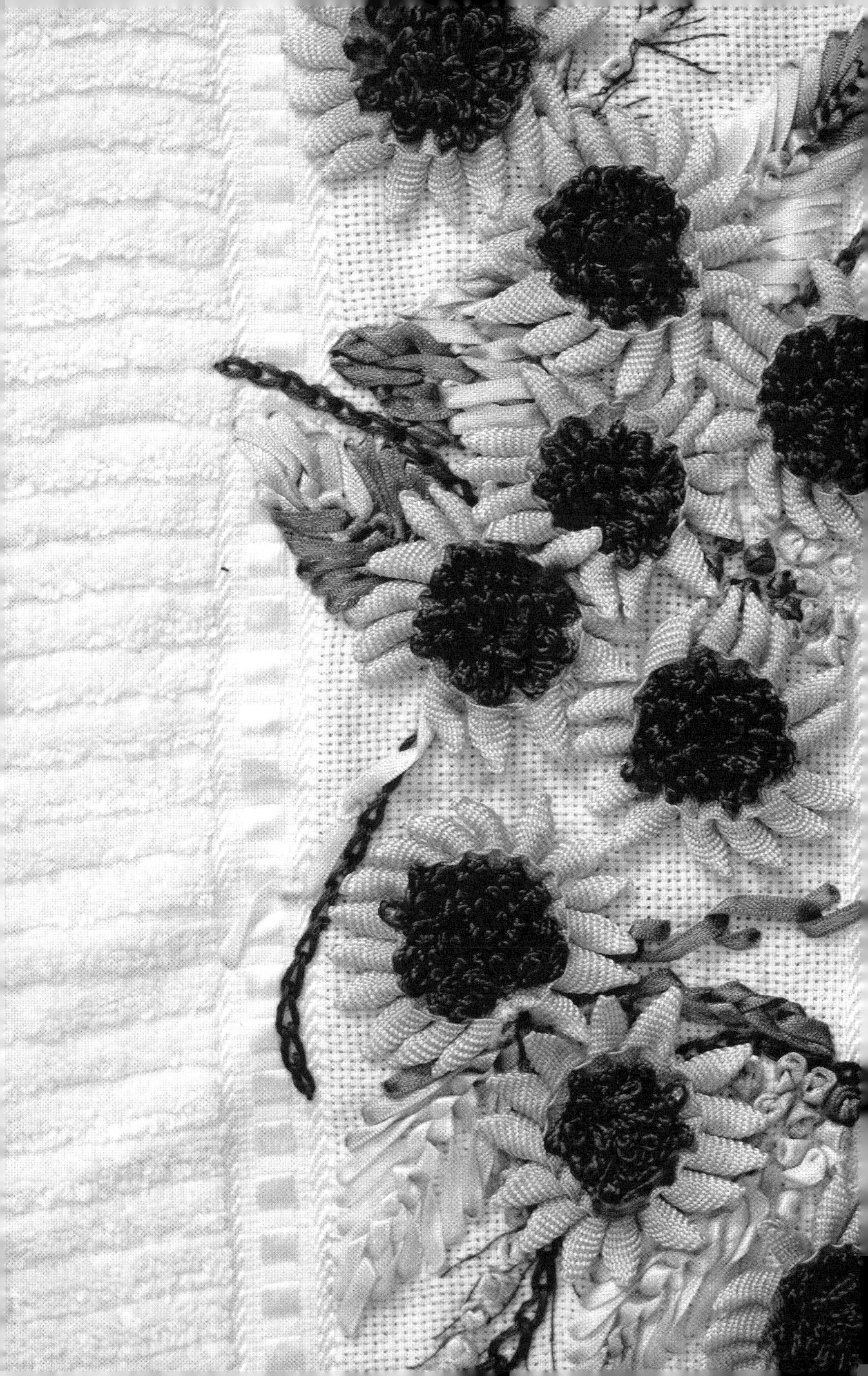

Obra
A energia está no ar
Girassóis de Ataliba

Técnica
Bordado de sinhaninha

Indo embora

Caro leitor, cara leitora até aqui vão se bem um pequeno mapa da minha infância. Ou as conclusões que eu tirei dela.

Agora na revisão reli, ponderei, descrevi um tanto, incluí gente e descartei outras. O fato é que posso dizer nestas maltratadas linhas que estou ainda receosa de dizer o que realmente vim pra dizer.

Não é fácil falar sobre uma vida invisível para o caro leitor, não qualquer leitor, só aquele curioso que vai até o fim, mesmo que de uma certa distância.

Era por isso que eu não queria escrever. Mas escrever é como navegar, é preciso. Navegar mares alheios é fácil, cuidar das próprias águas é coisa pra gente valente. Eu sou.

Senão, como teria eu rompido esta barreira pra estar aqui agora de peito aberto? Uma das razões é que preciso deixar o passado imutável, lá no passado. A segunda é porque eu digo e insisto, a fala é um processo de cura de mim mesma. A terra que me pariu, não pode me receber de volta cheia de mágoa.

O tempo passou e eu cresci, cresci sem me ver crescer.

Eu não vi o tempo passar, minha angústia e minha preocupação estavam centradas em entender as pessoas à minha volta. Ou entender apenas uma delas, porque quando uma pessoa me fugia à regra, era normal.

Me explico: tem gente que realmente não era pra ser. Nem amigo nem nada, mas vivemos lado a lado cinco, 10 anos e eu nem notei. Eu baseio minha existência em serve e não serve. Mas, ao que me pareceu na infância, era que existiam dois lados, o meu e o outro.

E o meu jeito de ver era tão ingênuo, que era antes de tudo engraçado. E se tornou errado. Depois, trágico. E, de repente, eu que buscava ser entendida, ser reconhecida, me tornei indesejada e quis eu também me apartar de todos.

A menininha bonitinha e peralta do pé de feijão, do quintal da minha mãe, aquela que sonhava que quando crescesse seria igual a mulher que fumava cigarro de palha e empinava pipa junto com a gente, agora tinha vergonha de toda sua bagagem e muito, muito ódio de ter nascida tão boba e ter acreditado numa vida tão simples.

E eu achava que poderia sair dali e deixar toda aquela gente pra trás e pronto, recomeçar noutro lugar. E só o tempo ensina pra gente, onde o tempo quer a gente e, seja cantando ou chorando, a gente nunca se desloca pra o lado que quer. O vento leva a gente.

Mas tenho plena consciência de que não nasci amarga, tive que me armar com esta armadura pra conseguir chegar até aqui, viva!

Naquele tempo, nada mais valia a pena, a não ser recomeçar noutro lugar. Neste rastejar à procura de respostas, eu me sentia, ora culpada, ora inocente.

Ainda hoje a sociedade culpa os jovens por não entenderem a forma medíocre de como são orientados pra vida.

Sequer eu conseguia explicar pra mim mesma o ocorrido sem duvidar de mim. É isto que dizem, os jovens de hoje... Ainda ontem um taxista falou assim: "Dona, os jovens de hoje só querem fumar maconha e roubar". E eu disse a ele: "Os jovens de hoje são um retrato dos seus pais, do Estado". Retrucou: "Mas no nosso tempo também tinha droga e a gente fez tudo direitinho, tamo aí vivendo". "Então era um sonho seu ser motorista de taxi?".

Ele ficou mudo, o silêncio calou ele, ainda não descobriu que é só um a mais neste exército de reserva que ao Estado tanto faz se viver ou sobreviver.

Ele é prata da casa, mão de manobra. Ele não sabe que seus ancestrais não vieram ao novo mundo a convite.

E eu resolvi deixar que ele siga na sua própria ilusão, de idealizador da nação. Que direito tenho eu de tocar na ferida de quem está feliz com seu papel, só porque ainda não encontrei o meu lugar?

E, de mais a mais, no meu tempo não existiam drogas como tem hoje, além do governo. Sou do golpe de 64, e só tinha um maconheiro no meu bairro. O que até nos dava um certo orgulho porque ele trabalhava, tinha endereço fixo e falava de política, coisa que nem de longe a gente sabia o que queria dizer esta palavra.

Não, meu amigo taxista, não somos do mesmo tempo, temos anos luz de diferença e nem sei dizer se felizmente ou infelizmente. Somos sobreviventes. Eu só sobrevivi.

É com o espírito carregado de mágoa que chego a estas linhas. Eu gostaria de deitar aqui o ponto final e pronto. Meu coração trepida e meus olhos embaciam ao imaginar o assunto que escreverei.

E não foram nem uma, nem duas, nem três as vezes que fechei os olhos e a boca desejando que tudo isto fosse somente um conto de terror com final feliz, onde a qualquer momento uma porta se abriria e eu seria salva.

Acho que chegou a hora da minha verdade mais uma vez. Tentarei ser breve e, na verdade, não espero mais compreensão de ninguém, porque o que está feito, feito está. E as marcas que se calam estão pra dentro de mim.

Até hoje tenho sinais e sintomas toda vez que tento realizar um sonho, como este agora. É um vozeirão dentro da minha barriga, são as pernas a amolecer, a voz dizendo que não dará certo. Que seja lá o que for, vai dar errado. Que ninguém vai entender. Que todos vão rir. Que eu vou ficar de castigo e minha infância foi posta de castigo.

Eu preciso deixar que ela se vá, mas eu não a vivi, a vida me cobrou seriedade e cuidado demais. E eu quero que ela passe, já que não veio pra ser.

As marcas do tempo ainda gritam: "Isso não é pra você!"
Elas gritam
e suo gelado
e perco o sono,
acordo sobressaltada,
com o coração acelerado.
Pois aconteceu já o que a intuição me avisou quando disse: "Não escreva mais".

E eu não obedeci e tornei escrever. E nem eu era mais eu de verdade. E quantas vezes aqui, nesta revisão, ainda tenho a voz que me nega, de todas elas, me amaldiçoando as parcerias, como se pra mim nunca coubesse um final feliz.

Fazendo isto com palavras e atos e dizendo: "Ao entrares na igreja toda de branco, a casa estará vazia". Não estarão. Entrarás linda e todos gargalharão, até Nossa Senhora do Carmo. Tu irás, o padre não. No final, rolarás as escadas e morrerás na pista da Antonelo da Messina.

As mulheres que me puniram estão sempre no meio do sonho, em forma de pesadelo, como as moiras. Elas ainda estão em mim, eu sinto agora tentando impedir que eu escreva.

E com certeza irão estar na editora, nos saraus, nas livrarias, bibliotecas, no mundo.

Com outras caras, outras palavras, mas com a mesma inveja. Com o mesmo medo da minha vitória já que tudo fizeram pra impedir minha voz.

E novamente cito a poeta que me encoraja e põe forças as minhas ações dizendo: "Vá em frente, Russa!", também como Bethânia,

*"Quem não dança minha dança,
melhor nem chegar.
...
Se puxou o punhal, tem que sangrar
...*

Ei sacode a poeira
Imbalança, imbalança, imbalançá
Feche a cancela aí, nego
...
Não deixe o diabo entrar".

Vou rasgar a terra que me pariu e espero que entenda, afinal, porque fugi tanto deste momento. Ao mesmo tempo, coloco mais uma vez a mão e não mais o dedo nesta ferida aberta na esperança de curá-la.

Como disse o poeta Pessoa, era como se:

"A sonhar eu visse mundos
Minha vida um sonho foi.
Cerra teus olhos profundos
Para a verdade que dói.
A ilusão é mãe da vida:
Fui doido, e tudo por Deus
Só a loucura incompreendida
Leva avante para os céus".

E que Deus ou o diabo me sustentem, ao sair deste tribunal.

Agora não usarei nomes, além do meu, porque todas e todos eles ainda estão por aqui. E agora talvez queiram, mais uma vez, apresentar sua defesa, coisa que não me interessa mais. E, mesmo assim, sei o tanto que me vai doer. Conclua como quiser.

Nunca pense que eu tinha bastante raiva dela, o que eu tinha era medo. Muito medo. Antes que me pergunte "quem é ela?", eu relembro: disse que não direi nomes. E não era medo da ação dela, eu tinha medo das palavras dela na sala.

Diante das pessoas que me prejudicavam, ela fazia silêncio, só obedecia, dava as costas e me deixava lá. Talvez fosse medo também. Era disto que eu tinha raiva.

Era uma vida dura, cheia de sangue, suor e lágrimas. Era uma vida longe. Que se eu sair na rua, entre as pessoas que preferem viver na rua, vou ouvir muitas iguais. A sala da casa expulsa, condena. A Vila expulsa. O Brasil expulsa. Era isto que dizia a música de Seu Gonzaga.

É isto o que tem por trás das vidas dos ébrios, loucos e cangaceiros. A palavra que condena, ou a ausência dela, na defesa. Hoje, depois de também ser posta à prova milhares de vezes, sei que é um jeito de desencorajar a mulher, principalmente a mulher negra dizendo: "Você não é capaz de seguir sozinha, nem educar ninguém porque não estudou pra isto. Você não está pronta, você falta ser...".

Como eu já disse, tão logo menstruei, logo dei de sonhar com o meu príncipe esperando que viria de além dos muros da estrada e me salvaria. E tudo seria feliz pra sempre. Logo tive o primeiro namorado, ou melhor, um abusador, que eu confundi com o príncipe porque ele dizia o que eu queria e precisava ouvir.

Eu acreditei na minha intuição, porque ele trouxe ao meu universo ainda infante as palavras que ainda eu queria e quero ouvir, estas das novelas: "Eu te amo!". Foi só isso. Eu me iludi com o príncipe encantado. Ele parecia a ponte que me levaria embora daquele mundo, por me amar.

Mas isso é fato contado. Você já leu, salvo detalhes tão amargos, tão ruins, que quero os poupar.

Além do mais, há tempos em que a casa me dizia: "Já é chegada hora de sair da escola". Já que todos já estavam trabalhando, estudo era pra os meninos, já para as meninas, era tanque e pia. E cobravam sempre o porquê de eu ser a única que precisava estudar. Quando digo a casa, compreenda todos.

A toda hora a casa, a rua, me ameaçava com o futuro incerto. Tudo o que eu quis, não foi possível. Havia ainda parreiras de chuchu a minha frente. E meu mundo ia até o Tucuruvi e acabava.

Eu não consegui nenhuma vitória sobre minhas aptidões. O serviço bruto era o meu lugar, tudo o que eu queria fazer era negado. E agora, o que seria de mim?

Quando não se consegue ser o que se quer, pode então ainda ser qualquer coisa ou ser o que outra pessoa queira que a gente fosse, sigamos.

Será preciso passar pela vasta estrada de toda jornada desta minha vida que não acaba aqui, pra saber tudo sobre tudo. Por enquanto digo: eu ainda não entendia as atitudes dela. Ainda hoje não entendo.

E chego a pensar que agora farei como os escritores de novela que: "Por não conseguir resolver suas dores em casa, conta pra todo mundo, tentando se encontrar".

Pra mim, isto é parte de um sonho que Bethânia que me cantou,

> *"Sonhar, mais um sonho impossível,*
> *lutar quando é fácil ceder,*
> *vencer, o inimigo invencível,*
> *negar, quando a regra é vender*
>
> *Sofrer a tortura implacável,*
> *Romper, a incabível prisão.*
> *Voar, num limite improvável,*
> *tocar o inacessível chão.*
>
> *É minha lei,*
> *é minha questão,*
> *virar este mundo,*
> *cravar este chão.*
>
> *Não me importa saber*
> *se é terrível demais,*
> *quantas guerras terei que vencer*
> *por um pouco de paz.*

E amanhã se esse chão que eu beijei
for meu leito e perdão,
vou saber que valeu
delirar e morrer de paixão.

E assim seja lá como for,
vai ter fim a infinita aflição
e o mundo vai ver uma flor brotar
do impossível chão".

Às vezes vejo em mim aquela negrinha chamada carinhosamente de Russinha, pois, no sol, meu cabelo tem reflexo avermelhado, chegando ali naquele caminhãozinho, com as tralhas de casa, o cachorro Lulu, todas as galinhas num balaio.

Era um novo lugar cheio de possibilidades. Minha infância ficou enterrada lá no passado. Ou a ausência dela. Pensando assim, acho que esta é mais uma oportunidade de ser ouvida. Pode ser que dê certo.

Pode ser até que eu encontre aí o meu príncipe encantado, ou todos eles, nunca saberei se nunca tentar. Há dentro de mim um grande amor a ser compartilhado, eu sei. Preciso tentar, agora numa escala maior.

Já me disseram várias vezes que triste é o destino de alguém que se atreve a não entender onde é o seu lugar. Ela pode ser punida e cair no fosso, eu sei disso. Mas por ter dentro de mim, uma criança que precisa crescer, nunca desistirei de tentar.

Se agora alguém ficar sabendo leitor, foi você que contou.

Café

Este livro é composto em fonte
Myriad Pro e SignPainter.